怀着建构上课堂：

初中文学

作品单元主题教学的
研究与实践

陈玲梅————————著

中国文联出版社

图书在版编目（CIP）数据

怀着建构上课堂：初中文学作品单元主题教学的研
究与实践 / 陈玲梅著. — 北京：中国文联出版社，
2023.11
ISBN 978-7-5190-5358-1

Ⅰ. ①怀… Ⅱ. ①陈… Ⅲ. ①中学语文课—教学研究
—初中 Ⅳ. ①G633.302

中国国家版本馆CIP数据核字（2023）第218462号

著　　者	陈玲梅	
责任编辑	刘　旭	
责任校对	秀点校对	
装帧设计	刘贝贝　李　娜	

出版发行　中国文联出版社有限公司
社　　址　北京市朝阳区农展馆南里10号　　邮编　100125
电　　话　010-85923025（发行部）　010-85923091（总编室）
经　　销　全国新华书店等
印　　刷　北京四海锦诚印刷技术有限公司

开　　本　710毫米×1000毫米　　1/16
印　　张　17
字　　数　294千字
版　　次　2023年11月第1版第1次印刷
定　　价　58.00元

目 录
CONTENTS

上 篇

初中文学作品单元主题教学策略

文学作品单元主题教学探究之人物形象分析

两年多来，我就文学作品单元主题教学展开了探索与研究。作为一线老师，我深深地体会到了教学工作离开学生和课堂是毫无价值的。现阶段的中学生性格活泼，求知欲强，可塑性强，但是阅读能力、鉴赏能力有限。基于此，我将文学作品单元教学进一步明确为基于深度学习而展开的初中语文教学研究。

语文课程标准指出："欣赏文学作品，能有自己的情感体验，初步领悟作品的内涵，从中获得对自然、社会、人生的有益启示。"我希望，在教师引领下，学生能够围绕着有挑战性的主题展开学习活动，全身心参与，体验成功，获得发展，逐步提高学生的阅读能力、理解能力，从而提升学生的审美能力。

作为文学作品单元主题教学的小分支——人物形象分析，这一板块，我从人物形象分析的作用、人物形象分析的方法以及人物形象分析的意义三个方面展开研究，构建创新思维模式，为学生学习、研究及自主发展奠定坚实的基础，进而推进学生文学作品单元主题教学的深度学习。

在初中语文教材中，散文中的人物形象真实，通过人物形象的刻画突出真情实感；小说的人物形象则通过人与人之间的关系凸显主旨，以九年级上册第四单元中的小说《我的叔叔于勒》为例，莫泊桑的作品总能带给人以思考和启示。如《我的叔叔于勒》中"我"的形象，一个涉世未深、天真单纯而又有同情心的孩子，作品是从孩子的视角来看他们所处的资本主义社会的状况。特别是其中的句子"我心里默默念道：'这是我的叔叔，父亲的弟弟，我的亲叔叔'"，要深入分析，引导学生思考这句话背后的细节和内涵，这是"我"对于勒叔叔心灵的呼唤、亲情的呼唤，在孩子身上，寄托了他们对社会的理想和希望。再联系九年级下册第二单元的小说《孔乙己》中的小伙计，即"我"的形象，可以看出儿童视角的独特性对人物形象分析具有深刻意义。从《我的叔叔于勒》到《孔乙己》，逐步推进，深入挖掘，学生在文学作品的阅读中不自觉地成为审美主体，进入情感的渐进过程，便有了课程标准中所说的，对作品中感人的情境和形象，能说出自己的体验，能品味作品中富于表现力的语言。

在探索和研究中，人物形象分析能够有利于引导学生了解作品中的情节，把握人物情感世界，深入探寻文章的主旨……对学生文学作品的学习与理解有直接的帮助，也有利于学生解读文学作品的现实意义。就单元整体教学而言，要着眼于知识的内在联系和规律，帮助初中生建立和完善学习知识体系，最终实现学生能力培养的目标。

在统编版教材中，七、八年级以散文为主，九年级以戏剧和小说为主。接下来我将结合教学设计浅谈不同体裁人物形象分析的不同侧重与方法。

一、分析小说中的人物形象

小说的核心任务就是通过刻画人物、塑造典型人物形象来揭示社会生活的问题，从而去表现作品的主题，因此可以说人物就是小说的灵魂。

（一）联系上下文，观察情节与环境

如果要想更好地塑造灵魂使其丰满，必不可少的就是将人物置于一个特定的场合，再进行进一步分析。所以，在教学中教师会引导孩子们通过人物在这个场合中的表现来分析人物的思想性格，也就是让学生在了解背景环境后，借助故事情节分析人物形象。如九年级上册第四单元教学设计中，用题目引发同学们思考：小说《我的叔叔于勒》围绕菲利普夫妇对于勒态度的变化，讲述了一个曲折的故事。试根据下面的提示，从不同角度梳理课文的故事情节。

（1）开端—发展—高潮—结局（情节）

（2）原因—结果（逻辑）

（3）期待—破灭（心理）

（4）悬念—结局（技巧）

那么，学生们就在梳理情节的过程中能够联系上下文，分析背景以及特定场合下的人物的前后变化，不仅锻炼了孩子们从多角度思考，更让于勒的性格特征跃然纸上。

（二）抓住关键词，分析描写方法

小说中人物内心的喜怒哀乐，往往通过人物明显的外在表情、动作、语言等来展现。所以在分析人物时，要抓住关键词语，借助人物的神态、动作和语言、身份、地位等的描写来理解人物的心理，分析人物形象。如九年级下册

第二单元教学设计中问道：为了刻画《变色龙》中奥楚蔑洛夫的趋炎附势及势利的形象，运用了大量人物描写方法，请你结合文本具体的语句做简要分析。其中开头"军大衣"是沙皇警官的标志，也是他装腔作势、用以吓人的工具，交代了奥楚蔑洛夫的身份。结尾"'我早晚要收拾你！'奥楚蔑洛夫向他恐吓说，裹紧大衣，穿过市场的广场径自走了"这些语言、神态等描写塑造了他力图保持自己的威风，但对于自己不光彩的表演，却又感到难堪的感受，呈现在人们面前的是一个沙皇走狗夹着尾巴狼狈而逃的形象。

二、分析散文中的人物形象——关注文本细节，领会作者情感

除了小说，教师们对散文中的人物形象的教学也尤为重视。我们都知道散文中的人物形象一般不如小说的人物形象那样丰满、完整，有着"形散神聚"特点的散文的段落比较碎片化。所以，分析散文中的人物形象要关注细节，可以是人物的一个形态、一个笑容、一个动作、一个微妙的心理变化，或一组人物的语言、一个典型的细节等。我们通过这些细节逐步品味人物的思想感情，把握好散文最重要的是把握其中的情感内涵。

散文的语言优美含蓄，一字一句都传达着作者的情感。在教学过程中，教师会更注重对散文中的文本进行分析鉴赏，通过一遍遍品味和朗读，体会语言的张力与留白，引导学生感悟抓住文字后的魅力，抓住细节描写，在领会散文的朦胧感的同时还增强了学生的情感教育。如七年级上册第二单元《秋天的怀念》这篇回忆性散文，运用圈点勾画、抓住细节描写、朗读、小组讨论等方式，分别揣摩"我"与母亲的心理，进而最终引导孩子思考：文中的两个"史铁生"，你找到了吗？一个是当时不懂母亲的"我"，深陷痛苦、暴怒无常；另一个是读懂母亲的"我"，怀念母亲、悔恨愧疚、坚强振作。这篇散文的核心情感也通过人物的分析，鲜明地立于纸上。

三、分析戏剧中的人物形象——读出人物内心，走进戏剧角色

除了对小说、散文进行分析，表演戏剧中的人物，可能更会激发学生们内心的感触。九年级下册第五单元的"舞台人生"让我们体会到戏剧文学作为一种独立文体，与小说、散文有很大的不同。在读戏剧的时候，可以根据舞台说明加以丰富的想象，而演员也可以根据自己对角色的理解，在文字不多的舞台

说明背后，极力运用自己的表演来更好地塑造人物的形象特点。

新课标规定：语文课程作为一门实践性课程，应着力在语文实践中培养学生的语言文字运用能力。所以，教师要引导学生在真实的语言运用情境中，通过实践活动培养提升学生的语言建构与运用素养，培养学生高尚的审美情趣，丰厚文化底蕴。如九年级下册第五单元根据不同的教学内容设计多样的活动方式，由师生互动逐渐到学生独立活动，注重小组合作活动与个人活动相结合。在设计典型艺术形象的鉴赏环节，以学生为主体，由教师引导开展鉴赏活动；在典型艺术形象的创造环节，设计学生独立活动的经典配音、人物对比鉴赏、写微剧本，小组活动的课本剧改编、戏剧表演。层层深入地引导学生学会鉴赏与创造，走进剧本，走进人心。

在教学中教会学生人物形象赏析的方法后，更重要的是要让学生们知道分析人物形象的作用。归结起来，主要是五个方面的作用。

（一）从与其他人物的关系来看

一般多是对次要人物进行分析。次要人物能够对比、衬托、烘托主人公，突出主人公的特点，使主人公形象更加鲜明。如小说《故乡》中的杨二嫂的尖刻、自私衬托了闰土的憨厚朴实。

（二）从与故事情节的关系来看

即对故事情节发展的作用：贯穿全文线索、推动情节发展。因为人物形象的塑造和性格的完成，都与情节密切相关，人物的一言一行，都对情节产生推进作用。如《孔乙己》中的12岁的"我"既是孔乙己命运的见证人，使故事显得真实亲切，又作为线索贯穿全文，使故事情节集中，内容简要。

（三）从与文章情感的关系来看

即对文章情感的表达作用。我们知道，叙事性文学作品包括散文和小说两种体裁。散文是一种注重内心真实情感表达、抒情性强的文学体裁。散文往往不是直接抒情的，而是借助一定的形象来完成的。所以阅读散文，分析人物形象特点，才能进而体会作者在这个人物形象上表达的思想感情。如《从百草园到三味书屋》《再塑生命》两篇文章通过对寿镜吾先生和莎莉文老师的描写，表达了作者对老师的怀念和感激。在《阿长与〈山海经〉》中，鲁迅先生深情回忆了其与阿长的几件小事，表达了成年鲁迅对阿长的感激、怀念与深深的愧疚之情。

（四）从与文章主题的关系来看

即对文章主题表现的作用：揭示、突出主题。人物形象是文学艺术作品中的重要因素之一，叙述性的文学艺术作品大多数都是通过人物和人物的活动及其相互关系的描写来反映社会现实生活的。可见对于叙述性文学作品的理解和分析是建立在对人物形象分析以及人与人之间关系分析的基础上进行的。如《故乡》中着重描写了闰土和杨二嫂的人物形象，从而反映了辛亥革命前后农村破产、农民以及小资产者痛苦生活的现实。而"我"与闰土之间关系的亲疏变化则深刻指出了由于受封建社会传统观念的影响，劳苦大众所受的精神上的束缚，造成纯真的人性的扭曲，造成人与人之间的冷漠、隔膜。又如《我的叔叔于勒》通过分析菲利普夫妇对于勒从穷到富、再到穷的态度的几度变化，感受到资本主义社会在金钱势力统治下小资产阶级的自私冷酷、极度虚荣的心理，体会到在这种社会制度下小人物的辛酸与无奈。同时，也通过写若瑟夫对穷于勒的怜悯，表达了看重骨肉情意、同情贫弱者的思想感情。文学即人学，读懂了文章中的人以及人与人之间的关系，才能把握好作品的主题。

（五）从与文章的社会意义的关系来看

在经典文学作品中，人物形象就像带着作者感情的精灵，作者创造他们的意义在于那些人物在那些特定时期特定的心理都是反映社会的，都是社会的缩影。分析人物形象是为了更好地了解特定的人物在特定的时代存在的意义，我们分析他们的时候，其实就是在通过他们去体会一个时代的特点：在当时社会以及历史条件下，这样的作品人物形象有什么样的深刻影响。联系历史背景，从社会学角度阐述，小说人物形象代表了当时那种阶级及其所处的立场。因此，文学作品中人物形象的成功塑造，目的不单纯是为了愉悦人的耳目身心，更深远的意义在于，首先体现着作家审美理想、审美价值的人生图画，更在于在人类征服自然、改造自然、创作生活、延续历史的征程和变革中，起到监督、提示、促进的作用。如《故乡》一文中，"我"这个知识分子的形象，是一个在自己的"故乡"已经失去了存在的基础，失去了自己的精神落脚地的人，"我"像一个游魂，已经没有了自己精神的"故乡"，"我"在精神上是孤独的。"我"寻求人与人之间的一种平等关系，但这种关系在现在的"故乡"是找不到的，但"我"相信希望总是会有的。而作者鲁迅正是借"我"之口表达改造社会、创造新生活的强烈愿望。因此，分析人物形象的作用还要深刻理解人物对当时社会的思想指导、价值引领等方面的作用以及形象的艺术价值给人们带来的某种启示。

综上所述，在文学作品单元主题教学的深度学习下，要正确引导学生掌握人物形象赏析的方法，让学生真正领会人物形象作用、历史和时代意义，通过自己的欣赏和再创造的想象，进一步丰富人物形象的思想内涵。这是语文教学中的一个重要内容，其不仅能在有限的教学时间内，逐步提高学生的文学鉴赏能力，实现教学目标，更能使学生对人生、对社会的认识加深，使学生的自我灵魂得到净化，情感与思想得到愉悦和升华。

文学作品单元主题教学探究之修辞分析

一、概述

新课标规定：语文课程作为一门实践性课程，应着力在语文实践中培养学生的语言文字运用能力。我们要引导学生在真实的语言运用情境中，通过实践活动培养提升学生的语言建构与运用素养，培养学生高尚的审美情趣，丰厚文化底蕴。语言文字运用能力的重要评价维度之一，即是修辞。初中语文教学中的修辞教学，直接决定或影响着学生语文综合能力和学科核心素养。教师在深度学习的理念指导下，重视修辞教学的重要意义，以及因地制宜地开展有效的修辞教学，是对新课标要求的现实呼应。

二、修辞教学的重要意义

（一）有利于师生间的良性互动

以学生为中心、以任务为驱动的方法，是语文教学中的重要原则。语文教学过程不是简单的知识传递，而是师生互动的双向交流。教师引导学生通过自主学习和小组合作探究等方式对文本进行深度解读，学生在教师的指导下完成环环相扣、层层递进的学习任务来习得修辞的技巧和写作方法。在完成学习任务时，教师也尽力营造接近真实的情景来让学生把握文本的主题和作者的思想感情。例如，在学习《藤野先生》时，请学生以"记得他叫我"为开头，写一组排比叙事诗，重点从"我"的角度表达对藤野先生不可抑制的知遇之恩。在这一活动中，学生体会到藤野是鲁迅人生导师中最感激的老师，藤野的伟大人格是他时时会记起的，学生在活动中精读作者回忆与藤野先生交往的事，概括藤野的品质。

（二）有利于培养学生语言运用能力

初中语文教材中选取了不少名家名篇，作者在语言文字，特别是在修辞方面的造诣，使得这些作品成为进行修辞教学的良好载体。修辞手法的运用能让文章的表情达意更加生动、形象、精确、丰富。通过组织学生进行阅读理解，抓住文章的关键语句或字词，进行咬文嚼字式的赏析，让学生充分体会修辞在语言表达中的效果，感受修辞的妙用，增强学生对修辞的亲身体验，从而提高学生语言运用的能力。例如，在《雷电颂》中，"风！你咆哮吧！咆哮吧！尽力地咆哮吧""发泄出无边无际的怒火，把这黑暗的宇宙，阴惨的宇宙，爆炸了吧！爆炸了吧"这些语句中"咆哮、爆炸"使用了反复的修辞手法，对某个动作一而再、再而三地强调，词性上都属于动词，而且充满力量，表达了"风"和"雷"对旧事物有巨大的杀伤力，会带来变革，促使新事物产生的隐喻。

具体来说，包括以下几个方面。

1.增强学生语言表达的丰富性。

修辞，顾名思义，修饰文辞，它可以让平实朴素的语言变得丰富多彩，可以把抽象的事物变得生动而形象，把没有情感的语言变得富有气势，还可以突破感官的限制，化无形为有声。如在《安塞腰鼓》中，"骤雨一样，是急促的鼓点；旋风一样，是飞扬的流苏；乱蛙一样，是蹦跳的脚步；火花一样，是闪射的瞳仁；斗虎一样，是强健的风姿"这句话，运用了比喻、排比的修辞方法，形象具体地写出了舞蹈场面的壮美，突出了安塞腰鼓壮阔、豪放、热烈的特点。除了这些常见的修辞手法外，还有对偶、排比、回环、反复等，它们在使用的过程中让语言富有音乐感和节奏美，在语表形式上给人一种审美上的愉悦享受。通过修辞教学，让学生掌握语言使用的形式要求及技巧，在个人的学习和生活中加以运用，使自己的语言表达更加丰富多彩。

2.增强学生语言使用的灵活性。

修辞手法的使用让一些看起来不合乎语法的语言现象变得合理且富有文学韵味，在一定程度上消减了语法逻辑规律对学生语言使用过程中的禁锢，让学生可以灵活自如地使用语言，用富有个人情感哲思的语句去表达对世界万物的个人体悟。例如《紫藤萝瀑布》，描写了作者在紫藤萝前的所见和感想。当时弟弟身患绝症，作者非常悲痛，徘徊于庭院中，见一树盛开的紫藤萝花，睹物释怀，见花儿自衰到盛，心情转悲为喜，感悟到人生的美好和生命的永恒。"像一条瀑布，从空中垂下"用瀑布比喻紫藤萝，形象地表现了花之繁茂，隐含了生命的绵延长远。用"流动""欢笑""生长"使静态的花色跃动起来，表现出花的生机盎然。"仔细看时，才知道那是每一朵紫花中最浅淡的部分，在和阳光互相挑逗"运用了拟人的修辞手法，把紫藤萝写得很顽皮，也很可爱，仿佛是一个正在挤眉弄眼的顽童，对着阳光尽情地表演。在"'我在开花！'它们在笑，'我在开花！'它们嚷嚷"中，"我在开花"连续出现两次，运用反复的修辞手法，强调了盛开的紫藤萝花呈现出一派繁盛的景象。通过综合运用多种修辞手法，作者将紫藤萝花美好、繁盛、富有生机的特点表现得淋漓尽致。

3. 锻炼学生逻辑思维能力。

中学生正处于思维能力快速发展的阶段，但受限于生活经验的匮乏，导致其对文学作品存在理解上的困难，主要表现在形象思维能力的欠缺上，学生无法理解作者通过修辞手法传递出来的文本内涵。要重视修辞教学，教师通过引导学生知人论世，从语言的语表感知形式传递出来的语里意义，设身处地地感受作者情感。在语言分析基础上的文本解读，通过联想和想象的钥匙，触及学生思维的藤蔓，打开学生形象思维的大门。在《回忆我的母亲》中让学生通过品读重点语句，品析形象，体会浓浓的母爱。设置如下的教学活动：

请同学们发挥想象，用自己的语言完成排比句。

母爱如春雨，深情地滋润着孩子的心田。

母爱如_____，_____。

母爱如_____，_____。

三、提高修辞教学效果的方法途径

（一）创设富有趣味的修辞学习环境

如果教师在课堂上创设富有趣味性的任务活动，修辞教学的课堂上便会妙趣横生，学生学习、吸收、内化修辞的效率就会显著提高。因而，一方面教师要根据文学作品的教学内容和重点，另一方面要结合学生生活实际或时下热点，通过合理安排、巧妙嵌入来调动学生学习的兴趣，抓住学生的注意力，让学生自主自觉地学习修辞知识。例如，用"逢年过节家家户户张贴倒写的'福'字有何深意"这种贴近生活的方式讲解双关修辞知识；用广告标语"今年过节不收礼，收礼只收脑白金"引出趣味性的顶针修辞等。

（二）灵活使用多种方法学习修辞

1. 替换比较法。

通过将语句中的关键语句或字词进行替换，让学生直观感受作者在遣词造句上的高超本领，表现修辞效果的巨大魅力，在文字的赏析和阅读中给学生留下深刻的印象。例如，让学生去掉朱自清在《春》中写的，"小草偷偷地从土里钻出来，嫩嫩的，绿绿的"里的"偷偷地"，或将其替换成"慢慢地"，会让学生发现原文的语句更加耐人寻味，也更加生动形象。用"偷偷地"让人联想到小草生长的自然性和对春天的向往之情，为小草注入了生命的灵性。这种通过将未经使用修辞手法的平实朴素的语言与运用特定修辞手法的丰富精彩的语言进行比较的过程，也正是学生学习并模仿修辞使用的过程。

2. 语境适切法。

任何修辞的使用都离不开具体语言环境的制约，因此将修辞与语境结合起来，更能体会修辞的语用魅力和价值。这种基于具体语言环境的修辞教学，更能够提高学生对文本的理解能力和对思维的拓展。语言是思想表达的工具，修辞教学中语言形式和思想内容应该精讲细讲，语言材料和修辞的使用是怎么体现文章主旨思想的，更应该讲透彻。例如，大多数同学都能认识到《济南的冬天》中，"这一圈小山在冬天特别可爱，好像是把济南放在一个小摇篮里"这句话中比喻修辞手法的使用，但是如果要回答"作者为什么要用'小摇篮'作为比喻的喻体""本体和喻体之间的相似性表现在哪里"这些问题，就需要结合上下文的语境。

3. 类比联想法。

通过勾连新旧文本之间的共性，让学生在具体赏析语言的过程中联想学习过的修辞手法。在对修辞手法进行求同存异的认识以后，使学生更能够加深对修辞在形式和内容上方法和技巧的认识。同时，相同题材的文学作品使用修辞手法的不同，也能够在这种类比联想中凸显价值差异。例如，在熟悉文本的基础上，综合分析《三峡》《答谢中书书》《与朱元思书》《记承天寺夜游》四篇文章的景物描写，探究古人如何进行景物描写并进行个性化创作，实现由读到写的内化推进（见表1）。

表1

运用修辞手法		
《三峡》	夸张	"虽乘奔御风不以疾也"
	对比	"至于夏水襄陵,沿溯阻绝"VS"素湍绿潭,回清倒影"
《答谢中书书》	对偶	"小雾将歇,猿鸟乱鸣;夕日欲颓,沉鳞竞跃"
	借代	"沉鳞竞跃"
《记承天寺夜游》	比喻	"庭下如积水空明"
《与朱元思书》	比喻	"急湍甚箭,猛浪若奔"
	夸张	"水皆缥碧,千丈见底"

4.表情朗读法。

有些语言表达富有气势和力量感,我们就可以充分利用肢体或表情语言,以绘声绘色的形式呈现出来。例如在戏剧《雷电颂》中,"你劈吧,劈吧,劈吧!把这比铁还坚固的黑暗,劈开,劈开,劈开""把一切的有形,一切的污秽,烧毁了吧!烧毁了吧!把这包含着一切罪恶的黑暗烧毁了吧"这些语言使用反复的手法,对某个动作反复强调、呼喊,是生命的颤动,是灵魂的呼叫。我们在读到"劈""劈开""烧毁"这些词语时,配上劈砍、挥舞的手势,更能够表现语言背后的力量感,在这种巨大的力量背后孕育着新事物。

四、小结

修辞作为一种语言表达形式,其重要性不言而喻,在日常口语交际、阅读写作和文章鉴赏中尤为重要。《义务教育语文课程标准(2022年版)》指出:"义务教育语文的课程内容主要以学习任务群组织与呈现。设计语文学习任务,要围绕特定的主体,确定具有内在逻辑关联的系列学习任务组成,共同指向学生的核心素养发展,具有情境性、实践性、综合性。"在任务群建构的过程中,完成修辞教学体系的构建和能力的培养,在富有趣味的修辞学习环境中,使学生掌握有效的修辞手法,通过语表形式领悟其语用价值,真正发挥语言文字的价值,让学生感受语言文字的丰富内涵,透过修辞带动学生思维能力和审美创造的语文核心素养的提高,尚有可为之。

文学作品单元主题教学探究之语言赏析

扬雄曾曰："言，心声也。"情郁其心，下笔成文。能入选统编版教材之列的文章，皆为佳作。因此，走进文本，走近作者，需要字斟句酌。在进行教学设计时，针对语言进行赏析实属必然。其一，我必须明确何种类型的语言更具赏析价值。根据教学经验，结合教学设计案例，我发现更具赏析价值的语言集中于以下两类：其一是优美句，语言优美概念宽泛，大多数关联修辞运用、细节刻画、人物描写、辞藻华丽、章法巧妙等，具有很强的文学性；其二是关键句，凡是主旨句、关联主旨的抒情议论句、含义深刻句、在结构上有特殊作用句（首尾呼应句、过渡句等）都属于此。无论针对优美句还是关键句，在教学设计中都关涉以下几种学习形式：朗读、赏析、批注、仿写、补白等，其能力层级要求依次递增。

一、朗读感知文本

以声入情，加以配乐，在句子的朗读中体会作者的情感，是语文学习的重要方法。语言学习最直接的方式便是朗读，分为集体朗读、个人范读、分角色朗读、创意朗读等形式，比如《春》《白杨礼赞》《安塞腰鼓》等篇目便十分适合朗读，教师同时需要注意引入朗读指导。更高阶的朗读设计便可引导学生进行角色扮演，揣摩文本人物角色心理进行朗读设计，尤其是在语音语调方面。许多经典篇目如《皇帝的新装》《陈太丘与友期行》《庄子与惠子游于濠梁之上》等皆可做此尝试。

二、字句洞悉情志

针对字句的赏析是语言赏析中最为常见，也是最为必要的形式，通过字斟句酌，我们可以探析作者的情感动向。

关于字词赏析，其表达式大多数为：①请从某角度赏析某字词（某字词的表达效果），例证为"孔乙己摸出四文大钱"（这是孔乙己再次出场的付钱动作，一个"摸"字，表明孔乙己穷酸潦倒到了极点，从"排"到"摸"的动作变化，说明孔乙己的经济状况每况愈下，穷酸潦倒至极，也再无显摆之意）。②句子当中某字词能否改为其他字词并阐述理由，例证为"'未复有能与其奇者'的'与'能否改为'赏'，为什么？"（不能。"赏"是带着情感去观赏，"物皆着我之色彩"，但陶弘景心静更宁静淡泊，已经与自然融为一体，"不知何者为我，何者为物"。因此，"与"才是他内心的真实写照）。③如何理解文中某字词等，例证为"所谓'闲人'，作何解？"（表面上是具有闲情雅致的人，月夜处处有，唯有情趣高雅之人才能够欣赏；实质暗含了作者郁郁不得志的悲凉心境，闲人不过是自我安慰罢了）。

关于句子赏析，其表达式大多数为：①请从修辞手法或人物描写的角度赏析句子（句子的表达效果），例证为"百十个斜背响鼓的后生，如百十块被强震不断击起的石头，狂舞在你的面前"（这句话运用比喻的修辞手法，把打鼓的后生比作被强震不断击起的石头，生动形象地写出了西北后生们的力量美与豪放美）。②如何理解某句话，例证为"文末'实是欲界之仙都。自康乐以来，未复有能与其奇者'说明了什么？"（该句说明了作者沉醉于山水的愉悦，表达了能与古今山水知音共赏美景的得意之感）。③某句话有何作用，例证为"我想念昆明的雨"（该句前后呼应，点明中心即表达了作者对昆明的雨的喜爱与怀念）。④不提供具体句子，自找句子自选角度进行赏析，相对而言自由度较大，例证为"设置情感收集卡环节，即《秋天的怀念》中哪一句最能打动你？找出摘抄并进行赏析"。

字词赏析和句子赏析，二者具有关联性。句子赏析的所选角度之一可归结为变相的字词赏析，比如赏析句子中的人物动作描写抑或针对句中某个特色词进行分析。

三、批注言说心声

《义务教育语文课程标准（2022年版）》指出："欣赏文学作品，有自己的情感体验，初步领悟作品的内涵，从中获得对自然、社会、人生的有益启示。能对作品中感人的情境和形象说出自己的体验，品味作品中富有表现力的语言。"因此，在进行教学设计时可适当设计批注教学，打开学生的思维，让其言说心声。关于撰写批注（一般为文章重点、难点、疑点），需对学生进行指导：

1. 赏析式批注：从关键词、修辞手法、细节描写等方面进行赏析。

2. 评价式批注：对书中人物、事件、结构等方面进行评价。

3. 想象式批注：就阅读内容展开丰富的想象。

4. 质疑式批注：针对阅读内容提出问题。

同时要注意使用常见的圈点符号，包括波浪线"～～～"（优美句子）、三角符号"▲▲▲"（重点字词或关键字词）、横线"——"（重点句或关键句）、"‖"（划分段落）、"／"（划分层次）等。倘若让学生自行批注，自由度较大，但内容相对分散。因此在进行具体教学时，可设置为就针对文本的优美句子或重点关键句进行批注，甚至可设置角度，如从修辞角度或字词赏析角度进行批注。如此一来，批注教学设计还是回扣到字句赏析，其本质是相通的。例证为"一大把胡子的大男子，屈着膝，弯着腰，低着头在草地上爬着，一边不时回头偷看，一边大声学着鸭子的叫声"（批注：这里运用了动作描写，通过"屈""弯""低""爬""偷看""叫"等一系列动词写出了作者做鸭妈妈时的怪异举动，生动幽默地展现了作者和小鸭相处时的投入和忘我的研究精神）。

四、点仿提升文笔

学以致用，从来都是教学的应有之义。初中生思维活跃，模仿能力强，在教学设计中进行适度仿写有助于提升其写作水平。仿写所列例句大多数具备语言华丽、结构独特、章法别致的特点。在实际教学中，根据仿写内容可分为仿标题、仿句子、仿片段。对于仿写句子或片段，其技法都为句式一致（句子结构一致）、找出不变的词语（字数相等或基本相等）、修辞一致（结构形式相同，围绕一个主题）。不过仿写片段需考虑句与句之间的衔接和整体的结构设置问题，均需与示例相似或相同。例证：对于《陋室铭》的仿写（友不在多，知心就行。貌不在美，心仁则灵。斯是好友，唯吾真情。遭难舍身救，遇福共分享。彼此存信任，处事有默契。可以同生死，共患难。无争吵之乱耳，无猜忌之劳形。战国廉蔺交，盛唐李孟情。好友云："君交如水。"——《交友铭》）

五、补白增添意味

补白即补充空白，分为以下两种情况：

1. 对于节选教学内容的补充学习；

2. 针对文本具有深刻内涵的句子，继续挖掘其深意以达到深度学习的效果。

其表达式一般为：

1. 从删减的内容读出更多信息；

2. 请模仿某某的口吻将其心理独白补叙出来；

3. 角色扮演——基于原文，综合语言、表情、动作、服饰等元素进行展演。

以上三种表达式难度依次增加，对学生的思维能力锻炼层级逐层提高。补白的相关教学设计，对于打开学生的学习思维尤为重要。

学生在将节选文本还原到整篇文本的过程中，在不断揣摩文本深意的语境下（特别是针对主要人物的心理独白），能更好地深入文本。

例证：

1.《我的叔叔于勒》被选进教材的时候被删去了开头和结尾，现将开头和结尾还原。请你说说从中获取到何种信息？

2. 老师给出示例，学生们结合上下文及自己的理解，以第一人称的口吻将母亲的心理补出来。（原句：母亲就悄悄地躲出去，在我看不见的地方偷偷地听着我的动静。补：他现在这么难过就让他发泄吧，他一定不希望我看到他这个样子，我还是出去好了。但不能走远，我得留心点，就怕他一个不小心伤到了自己）

3. 演员说台词（屈原剧组：结合剧本台词，先谈自己对剧中某人物的理解，再展示对台词语气、语调的设想）。

六、语言赏析环节的设计呈现特点

语言赏析能够提升学生文字审美能力和阅读理解能力，是语文教学的重要组成部分。文学作品单元主题的教学案例，在语言赏析环节的设计呈现以下特点。

（一）注重传授方法，夯实学生基础

课例中的语言赏析设计能够创新教学方法，整合原来单篇零散知识点，丰富学生的赏析体验。创设相关情境，将批注、补白等阅读实践渗透到课堂中，

提升学生对文章语言的理解能力。调动多种感官，除了听、看，还有朗诵，帮助学生理解文中语言的魅力。结合生活化教学模式，让学生通过仿写、反复咀嚼涵咏，把握描写的作用与特点。教学设计能扎实有效地提升学生的文化涵养，奠定学生语文基础。

（二）体现深度学习，逐层提高能力

语言赏析环节，无论是朗读、赏析、批注、仿写还是补白，都是教学案例中的有机一环，绝大多数老师在设计的时候更注重学生的上课体验和学习思维的发展，将语言赏析用不同的形式体现出来，极大丰富了语文课堂，激发学生的创造性。学生在教师引领下，全身心积极参与，体验成功，在逐层解决问题的同时提高自身的学习能力。

（三）按照课标要求，设计学习任务

新课标提出语文教学要培养学生文化自信、语言运用、思维能力和审美创造四个核心素养，且在教学中要根据教学内容中的内在逻辑关联设计语文学习任务，设置"语言文字积累""实用性阅读与交流""文学阅读与创意表达""思辨性阅读与表达""整本书阅读"和"跨学科学习"六大学习任务群，教学设计应该成为学习任务群的有机整合体。课例中的多元语言赏析方法，将文字积累、创意表达和思辨阅读融入朗读、赏析、批注、仿写与补白之中，充分调动学生积极性，发展学生核心素养。

总而言之，教师教会学生赏析语言的能力，不仅是提高学生语言审美的基石，更是一把让学生探索中国灿烂文化的钥匙。教学案例中丰富的语言赏析设计体现了老师们对当下语文生活变化的关注，对教学方式的探索，对教学创新孜孜不倦的追求。

文学作品单元主题教学探究之主题研究

一、"深度学习"视角下的单元主题教学观

深度学习，是指在教师引领下，学生围绕着具有挑战性的学习主题，全身心积极参与、体验成功、获得发展的有意义的学习过程。在这个过程当中，学生的语言技能、思维方式、审美鉴赏与文化理解均能得到提升和发展，即在《义务教育语文课程标准（2022年版）》中明确的语文核心素养的四个方面"文化自信""语言运用""思维能力""审美创造"得到落实，实现学生的全面发展。此外，"深度学习"也带来学习目标、学习内容、学习方式、学习评价等各个方面的整合与转变。因此在"深度学习"视角下的单元主题的内涵是综合性的。

"单元"是与"独立、个体"相对立的概念，崔允漷教授认为"单元是一种学习单位，一个单元就是一个学习事件、一个完整的学习故事，因此，一个单元就是一个微课程"。而"主题"是对单元学习过程中的关键问题和主要内容的概括，因此，单元主题的确立是在回答"为什么要学习这个单元"的问题，需要考虑学习目标、学习任务、学习情境和学习内容的形式等多种因素。现行的统编版初中语文教材的单元导读语主要是以"人文主题+语文要素"的形式来表述的。以统编版七年级上册语文第四单元为例，该单元由四篇课文组成，包括《纪念白求恩》《植树的牧羊人》《走一步，再走一步》和《诫子书》。单元导读中写道："本单元课文，从不同方面诠释了人生的意义和价值，有对人物美好品行的礼赞，有对人生经验的总结和思考，还有关于修身养德的谆谆教诲。令我们感动的，是其中彰显的理想光辉和人格力量。"由此可见，这一单元是以"人生价值"这一主题将各篇课文串联起来的。统编版初中语文教材的这种编排形式，有利于学生把握课文内容之间的内在联系，能够在教学中更好地达到情感态度与价值观目标，更有效地发挥语文学科"立德树人"的作用。

　　然而，本文所要探讨的单元主题并非单指单元导读中所提到的几篇课文在内容上的共同点，而是具有更为丰富的内涵。这要从目前的单元导读确立的主题所未能达成的目标开始说起。单元导读所确立的单元教学主题，往往只牵涉到浅层的教学内容，无法对于具体教学的组织进行进一步指导。同时，这一主题也无法体现本单元区别于其他单元的特殊性以及单元之间的递进性。例如，七年级下册第一单元的导读中写道："历史的星空，因有众多杰出人物而光辉灿烂。他们中有叱咤风云的政治家，有决胜千里的军事家，有博学睿智的科学家，还有为人类奉献宝贵精神食粮的文学艺术家……阅读本单元的课文，能让我们感受到他们的非凡气质，唤起我们对理想的憧憬与追求。"这一表述与七年级上册第四单元的主题阐释大同小异，无法体现学生在能力提升上的连贯与衔接。为了解决上述问题，首先我们需要明确确立单元主题的意义。单元主题的立意是通过一个共同的主题，将本单元教学内容有机地组织在一起，挖掘不同文本之间的内在联系，从而更好地实现本单元的整体教学目标，促进学生语言建构与运用、思维发展与提升、审美鉴赏与创造、文化传承与理解等核心素养的提升。因此，单元主题的确立绝不能仅仅停留于寻找本单元各篇课文在内容上的共同点，而是应该建立在对于本单元整体教学目标的深入思考之上，它要回答的，不仅仅是"教什么"的问题，还有"如何教""怎样评价教的结果"等问题，以及"要明确采取何种教学方式将不同文本结合在一起""怎样创造一个具有整体性的单元学习情境"等。只有这样，单元主题教学才会有更加明确的目标，才能为实际教学的开展提供更多的参考价值。

　　因此，教师在提炼单元主题时可以积极利用已有的人文主题，同时也要着眼全局，从内容、情境、任务和问题四个方面来进行提炼。

　　内容主题的提炼主要依据单元导读的表述。如根据七年级上册第二单元导读"亲情，是人世间最普遍、最美好的情感之一。本单元课文，从不同角度抒写了亲人之间真挚动人的感情"的表述中我们就可以提炼出"至爱亲情"这个内容主题。情境主题是在内容主题的基础之上创设一个完整的大情境，开展情境化教学，使得学生在一个统一的主题情境下学习感受统一的主题内容。由此，情境设置的周期也应拉长，不再囿于一节课，而是铺展为好几节课的时长，在内容主题的统摄下创设一个情境主题。情境化教学必然会带来任务式学习，情境和任务是互相推动的，在情境中设立任务，以任务去助推情境，二者有着密切的关系。因此在设置了单元主题情境的大框架之下，必然要进行学习任务的设置。任务活动的设置可以使创设的情境落到实处，真正实现学生的自主、深度学习，同时任务的设置也必然限定在了原有的单元主题之下，带有主题任务的烙印。在内容主题的引领下，以情境为背景，通过任务的驱动，必然会产生需要解决的核心问题，因此问题也会成为单元主题的有机部分。

以八年级下册第一单元为例，依据综合考虑内容、情境、任务和问题的原则，我们将本单元的主题提炼为"寻找最美民俗风情"。首先，在单元导读中"民俗是民间流行的习俗、风尚，是由民众创造并世代传承的民间文化。本单元的课文，或表现各地风土人情，或展示传统文化习俗"的表述可以明确概括出本单元的人文主题是"民俗"，可作为内容主题。其次，我们为其设定一个情境，即"世界读书日"即将到来，校团委开展主题为"在经典中寻找最美民风民俗"的阅读活动。让本单元的学习过程自始至终沉浸在"校团委开展主题阅读活动"这个大情境之中。再次，由"校团委开展主题阅读活动"这个大情境引出一个"大任务"，即活动要求参与者在阅读经典文学作品时找出自己感受最深的民俗风情，并撰写一份推介的文案进行展示和答辩。因此，"寻找民俗风情"成为任务主题。最后，如何寻找民俗风情，如何撰写推介最美民俗风情的文案并准备答辩便成为本单元要解决的核心问题，即问题主题。由此，"寻找最美民俗风情"成为涵盖内容、情境、任务和问题的单元主题。

二、通过单元主题教学实现"深度学习"的路径

单元主题教学是对"一篇一篇教""一次一次讲"这样传统的教学方式的变革，它需要教师对教学资源进行整合与重新建构。《义务教育语文课程标准（2022年版）》明确提出了"义务教育语文课程内容主要以学习任务群组织与呈现"，这样的要求延续了2017年版高中语文课程标准的思路，相较于《义务教育语文课程标准（2011年版）》来说有突破性的变化。具体来说，2022年版课程标准将"学习任务群"分为基础型、发展型和拓展型三个层级。其中，第一层设"语言文字积累与梳理"1个基础型学习任务群，第二层设"实用性阅读与交流""文学阅读与创意表达""思辨性阅读与表达"3个发展型学习任务群，第三层设"整本书阅读""跨学科学习"2个拓展型学习任务群。学习任务群由低到高、由浅入深地整合了学习情境、学习内容、学习任务、学习方式和

学习资源，具有情境性、实践性和综合性的特点，是落实"深度学习"，实现学生全面发展的有效途径。

学习任务群是由一个个单元组成的，而学习任务群的设计又必须围绕特定的单元主题，因此在宏观上来说，一个学段的语文学习是通过循序渐进地完成由不同单元主题而确定的学习任务群来实现素养目标的。具体到微观层面的单元主题教学，我们依然可以采用类似的框架结构来设计课程内容，即首先依据单元主题确定一个"大任务"，这个"大任务"是引导并统领整个单元学习活动的任务，并且要贯穿单元教学的始终；其次，将这个"大任务"分解为具有内在逻辑的若干"子任务"，通过完成"子任务"来完成"大任务"，从而达成单元主题的深度学习。这些"子任务"的叫法有很多，可以是学习活动、学习任务、学习项目等。例如，在七年级上册第五单元教学中，将单元主题确定为"为生命而歌唱"，单元大任务为"书写生命的礼赞"，通过如表1所示的课程结构完成单元主题的学习目标。

表1

课时安排	课题	子任务
第1课时	字里行间初识你——与生命相逢	厘清《猫》《动物笑谈》《狼》三篇文章的思路
第2、3课时	聊斋聊狼——生命的笑谈	理解并品读《狼》
第4课时	美到极致的你——为生命赞叹	学习描写动物的方法
第5课时	我曾经薄待过你——因生命而思	理解《猫》的作者的情感
第6课时	幽默的语言，简单的心——和生命相融	品味《动物笑谈》和《与虫共眠》中幽默的语言
第7课时	同类的生命，多元的思考	分析《狼》《母狼的智慧》中的人物形象
第8课时	蓝天下的旅行——替生命而歌	把握文章《鹦鹉流浪汉》《猫的天堂》的中心
第9课时	笔尖上的灵动——书写生命	通过对事物的描写表达情思

为落实深度学习的内在要求，在单元主题教学设计时有几个原则：

第一，真实的情境。

2022年版的语文课程标准指明语文学习任务群具有情境性特点，因此在任务设计中要营造真实的语用情境，激发学生的学习兴趣，在迁移运用中培养学生的语文能力。

第二，创造性学习。

与传统的被动式学习不同，深度学习主张以探究式学习为基本学习方式，并根据认知的需要灵活采取其他学习方式，因此整个学习过程具有创造性，这也与发展型任务群中的"文学阅读与创意表达"契合。

第三，深度地参与。

学生在真实的情境中学习时，其识字写字、阅读鉴赏、表达交流、梳理探究等能力都是有机结合的，这就要求学生在思维与情感上深度参与，从而使其语文核心素养得到全面发展。

第四，实践为中心。

不论是学习任务群的构建还是具体的学习活动，都应以学生为主体，以学生的实践为中心，学习方式以自主、合作、梳理、探究为主，具有鲜明的综合性与实践性。

第五，资源的整合。

教师开展单元主题教学也是学生在进行单元整体学习，即在真实的情境中解决问题、完成任务，这样就不可避免地需要整合单元内部的学习资源，积极利用课外助读材料，甚至进行跨学科学习。

文学作品单元主题教学探究之对比手法分析

对比，是文学作品中经常运用的一种艺术手法，雨果曾说过："丑就在美的旁边，畸形靠近着优美，丑怪藏在崇高的背后，美与丑共存，光明与黑暗相共。"他认为，现实中存在着美丑善恶的矛盾对立，文学表现中的对比既是对客观现实的反映，也使艺术形式丰富多样，这是理所当然的事情。因此，在文学作品中，尤其是在小说中，对比手法的运用不容忽视。统编版初中语文教材九年级上册第四单元和九年级下册第二单元是比较集中的单篇小说单元。其中九年级上册第四单元选编了《故乡》《我的叔叔于勒》，九年级下册第二单元选编了《变色龙》《孔乙己》《溜索》《蒲柳人家》。在这两个单元的小说中，对比手法是主要的艺术手法，理解对比手法对学生理解作品的思想内涵与人物形象起着非常重要的作用。因此笔者将以人物形象的对比为切入点，从纵向对比和横向对比两个方面进行分析，以期对单元学习内容进行整合，让学生进行深度学习，达到更好的教学效果。

一、人物自身的纵向对比

（一）人物态度变化的对比

《我的叔叔于勒》以鲜明的多层次的对比，写出了菲利普夫妇对待亲弟弟于勒前后截然不同的态度，画出了一幅资本主义社会里，贫穷使哥哥不认弟弟的悲惨的画面，揭示资本主义社会人与人之间的关系是"纯粹的金钱关系"，而不是人与人相互帮助的主题思想，作者在冷峻的批判之外，也对"小人物的心酸"表达出一种悲悯和同情。

小说开篇即展现一组对比，在"唉！如果于勒在这只船上，那会叫人多么惊喜呀"中，父亲的弟弟于勒叔叔是全家唯一的希望，在这以前则是全家的恐怖，造成这巨大反差的原因是于勒的经济条件。因此，对于勒的称呼也在不断变化，由"流氓""无赖"，一下子成了"正直""有良心"的人。在哲尔赛之行中，这种态度的对比最为突出，主要通过细节描写呈现。

但是，我父亲在一瞬间好像不安起来，他向后退了几步，眼睛盯着挤在老水手身边的女儿女婿，然后突然又向我们走来。他看上去脸色苍白，眼神古怪。他压低声音对母亲说："奇怪，这个撬牡蛎的人真像于勒。"

我父亲哵的一下面色惨白，喉头抽动了两下，神色惶恐，一字一顿地说："哦！噢！非常好……太好了……不出我所料……非常感谢，船长先生。"……他一屁股跌在长凳上，结结巴巴地说："是他，真的是他！"

在得知卖牡蛎的近乎乞丐的人就是于勒时，菲利普夫妇从希望的高峰跌入绝望的深渊，父亲"面色惨白""神色惶恐"，而母亲则从"我看出她在哆嗦"到"突然暴怒起来"，原因仅是于勒又变成了穷人，他们像逃离瘟疫一样急忙躲避。小说通过精彩的细节描写揭示人物的内心和情感态度的变化，菲利普夫妇的自私、势利、冷酷无情的心理暴露无遗。而此时于勒的凄惨与兄嫂的冷酷也形成横向的对比，更显兄嫂的狠心与凉薄。

《变色龙》通过奥楚蔑洛夫断案态度前后的六次变化对比，讽刺了奥楚蔑洛夫见风使舵、媚上欺下的丑恶嘴脸。作者不厌其烦地描写奥楚蔑洛夫变化的过程，绝不是无意义的重复，而是通过喜剧性的六次对比，达到对人物性格的层层展现。在短短时间内，奥楚蔑洛夫的六次变化突出了他的丑恶嘴脸，更批判了当时这个腐朽专制、权力至上的病态社会。

（二）人物性格变化的对比

《故乡》中出场的人物并不多，作者主要刻画了闰土和杨二嫂两个人物形象。这两个人物形象正是通过对比使人物形象动态变化，进而立体起来。闰土最初是在"我"的回忆中出现的，记忆中的闰土的人物形象是"紫色的圆脸，头戴一顶小毡帽，颈上套一个明晃晃的银项圈"，用简练的笔法写出一个天真活泼、心地纯净的农村少年形象。再次见到闰土已是中年："他身材增加了一倍；先前的紫色的圆脸，已经变作灰黄，而且加上了很深的皱纹；眼睛也像他父亲一样，周围都肿得通红，这我知道，在海边种地的人，终日吹着海风，大抵是这样的。他头上是一顶破毡帽，身上只一件极薄的棉衣，浑身瑟索着；手里提着一个纸包和一支长烟管，那手也不是我所记得的红活圆实的手，却又粗又笨而且开裂，像是松树皮了。"作者通过闰土两种截然不同的形象的对比，道出了封建社会的压榨使一个天真可爱的农村少年变成了贫穷、麻木、自卑、迟钝的"木偶人"这一深刻主题。杨二嫂也是如此，年轻时的杨二嫂颇有几分姿色，生活也还不错，终日坐着，人称"豆腐西施"。而出现在成年"我"眼前的杨二嫂却变成了一个自私、贪婪、尖刻、爱搬弄是非的"圆规"，成了一个典型的小市民。小说通过这两个人物前后性格的对比，写出了旧中国社会的全面衰败。

二、人物自身或与他人的横向对比

（一）人物自身性格多面的横向对比

《蒲柳人家》这篇文章中的每个人都是"圆形"人物。何满子固然淘气，但他听说"坐了牢，还险些扔了命"的爷爷的经历后，心疼爷爷，想进屋把爷爷哄得开心。一丈青大娘很勤劳，种地、乘船、打鱼都是行家，村里大人、小孩头疼脑热，都会找她妙手回春。她也仗义执言，大打运河纤夫，因为他们不注意个人形象。但公众形象这么正面的女子却解决不好家庭矛盾：和儿媳妇闹矛盾、宠溺何满子。何大学问呢？仗义疏财、咬文嚼字，给孙子聘塾师，但他又好说大话、好喝酒、脾气大、讲排场、摆阔气。通过人物自身性格多面的横向对比，丰满了人物形象，增添了人物的真实性，仿佛他们真实地生活在我们身边。

（二）人物自身与他人的横向对比

1.《孔乙己》中看客的笑与孔乙己的哀的对比

《孔乙己》没有发展阶段分明的情节安排，而是非常巧妙地选择了几个众人对孔乙己的哄笑的场景，每一次哄笑都像一把刀子一样深深地刺痛着孔乙己，使他在人性冰冷的围裹中窒息。第一次是添新伤疤的哄笑"孔乙己一到店，所有喝酒的人便都看着他笑，有的叫道：'孔乙己，你脸上又添上新伤疤了！'"面对众人的取笑，孔乙己只能不说话，当众人说他偷书，被吊着打时，他也只能"涨红了脸，额上的青筋条条绽出"，说些难懂的话，引来众人的再次哄笑。第二次是连半个秀才也捞不到的哄笑，当被人问道"你怎的连半个秀才也捞不到呢"，孔乙己"立刻显出颓唐不安模样，脸上笼上了一层灰色"，对于孔乙己的穷酸落魄、无奈苦痛，众人是感受到了极大的快乐的，看客的麻木与冷酷可见一斑。第三次是分吃茴香豆的哄笑。第四次是"跌断"腿的哄笑。不单酒客嘲笑孔乙己，连小伙计"我"和小孩子都笑他。而孔乙己却在这热闹的哄笑声中凄凉、窘迫、悲哀着，最终死去。在反复的笑与哀的对比中突出了孔乙己的迂腐善良、卑微辛酸，更写出了作者对冷漠麻木的看客、对社会的世态炎凉的批判与讽刺，突出了人物形象，深化了文章主题。

2.《溜索》中马帮汉子溜索的勇与牛溜索的恐的对比

《溜索》作者阿城以溜索为抓手，运用诸多的反差对比，将马帮汉子的粗犷与豪迈、野性阳刚的一面展示得淋漓尽致。面对波涛滚滚、摄人心魄的怒江，"前面牛死也不肯再走"，我"抽一口气""腿子抖起来"，牛的惊恐、"我"的害怕和领队的冷静、沉着形成鲜明对比。牛溜索前"早卧在地下""两眼哀哀地慢慢眨""大眼失了神""皮肉开始抖"，溜索中"牛嘴咧开，叫不出声，皮肉抖得模糊一层，屎尿尽数撒泄"逼真地描写出牛溜索前后惊恐失态之状，与赶牛溜索的汉子们的沉着、果断形成了鲜明的对比。在这种对比之中，作者对英雄行为的礼赞，对生命大美的崇尚，对民族文化之美寻根的追寻流露在字里行间。

对比手法的运用，对刻画人物、深化主题等方面有着重要作用，以上用人物对比的角度解读九年级这两个单元的小说。在文学作品中，对比的运用是综合多层次的，希望在多层次多角度的对比分析中，引导学生由浅入深、螺旋上升地读懂小说的人物形象，理解小说的主题。

中

篇

初中文学作品单元主题教学设计

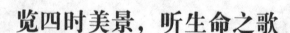
览四时美景，听生命之歌

统编版七年级上册第一单元

单元主题：四季美景

课题：《春》《济南的冬天》《雨的四季》

一、文本解读

本单元是七年级上册第一单元，是开启初中三年语文学习的单元，将奠定初中语文学习的基调。本单元以四季景色为主题，由《春》《济南的冬天》和《雨的四季》三篇课文构成。

写景的散文重在对景物的生动描绘。《春》一文选取了小草、花儿、风、雨几个典型的春天意象，调动了丰富的感官体验，运用比喻、拟人、排比、引用等修辞手法，形成充满镜头感的优美语言。《济南的冬天》是一篇更加细腻的散文，老舍将范围限定在济南的山与水，同样运用了大量的修辞手法，使文字具有画面感；在布局方面，以"响晴""理想的境界"两个词语奠定了文章基调，使用"运镜"，由近到远、由上到下移动视角体察山水细节，营造出空间感，进一步体现济南冬季的空灵。刘湛秋笔下的《雨的四季》则是转换了写作角度，通过雨之变抒写四季之变，将人性融入四季特性，加入适当的联想，写出雨水洗礼下生灵之美，体现作者细致入微的观察力。

在教学中，应该通过朗读、讨论、写作三个阶段，让学生体悟这三篇优美写景散文的诗性的、灵动的语言，并引导他们进行创作。另外，课文教学不能只停留在遣词造句上，还应该重视语言中"哲理性"的挖掘，鼓励学生在描写中大胆猜读作者的情感倾向，加深学生对作品内涵的挖掘。

二、单元教学目标

1.通过朗读课文，培养学生语言感知能力。

2.通过批注阅读，引导学生品味文章语言魅力。

3.通过对比阅读，促使学生对自然生活进行思考。

4.通过读写结合，指导学生抒写生动的生活细节。

三、教学设计

第一课时　琅琅书声读四季

【课型】
教读引领课。

【教学内容】
教材：《春》《济南的冬天》。

【教学知识点】
朗读、语言的品味。

【课时教学目标】

1.教师范读，进行朗读指导。

2.学生自读，感受语言韵律。

3.学生讲读，初探文字之美。

【教学过程】

（一）课堂导入

问题接龙：请概括你对四季的印象。四季之美被很多作家写进文章里，翻开课本，一起感受名家笔下的四季。

（二）学习活动

学习活动一：**快速识字，厘清词义。**

1.小组合作厘清课后"读读写写"读音。

2.学生齐读生字词，教师解释学生不会的词语。

学习活动二：**大胆开声，朗读指导。**

1.教师进行朗读指导，并范读一段课文。

2.学生自由朗读。

学习活动三：**激趣朗读，抒发情感。**

设置四个情境，让学生根据情境选择语段朗读。

1. 假如你是一名小学生（读出活泼烂漫）

2. 假如你是一名旅客（读出悠闲）

3. 假如你是一名作家（读出充沛的情感）

4. 假如你是一位画家（读出细致的观察）

师生点评。

学习活动四：畅所欲言，概括内容。

1. 请学生有感情地朗读两篇课文中你喜欢的段落，并概括内容。

回答模式："我喜欢_____（朗读），这段讲了_____（内容）。"

2. 教师总结，并整合板书，梳理两篇课文的框架图。

课堂总结：本节课大家在读书时了解了课文内容，对课文有了整体印象。下节课我们将一起细品课文优美的语言。

（三）作业布置

1. 基础作业：朗诵《春》或《济南的冬天》，上传录音打卡。要求读出感情，可以适当配乐。

2. 提升作业：在课本中画出你喜欢的句子，从修辞手法、词语运用两个方面说说它好在哪里。

第二课时　句句透析品四季

【课型】

教读引领课。

【教学内容】

教材：《春》《济南的冬天》。

【教学知识点】

语言的赏析。

【课时教学目标】

1. 引导学生赏析作品语言。

2. 使学生掌握赏析词语、句子的角度和方法。

【教学过程】

（一）学习活动

学习活动一：制书签，品美句。

（通过以上讨论，引入对词句的赏析）

分发空白书签，让学生挑选一句美句工整地写在书签上，并说明选择理由。

（教师点评注意从朗读和赏析两个方面评价学生）

学习活动二：善联想，品词语。

预设答案1：说说加点词语的表达效果。（《春》积累拓展四）

1. "盼望着，盼望着，东风来了，春天的脚步近了。"

2. "小草偷偷地从土里钻出来，嫩嫩的，绿绿的。"

3. "野花遍地是：杂样儿，有名字的，没名字的，散在草丛里，像眼睛，像星星，还眨呀眨的。"

4. "看，像牛毛，像花针，像细丝，密密地斜织着，人家屋顶上全笼着一层薄烟。"

学习活动三：找修辞，赏句子。

预设答案2：体会句中拟人手法的表达效果。（《济南的冬天》积累拓展三）

1. "一个老城，有山有水，全在天底下晒着阳光，暖和安适地睡着，只等春风来把它们唤醒，这是不是个理想的境界？"

2. "这一圈小山在冬天特别可爱，好像是把济南放在一个小摇篮里，它们安静不动地低声地说：'你们放心吧，这儿准保暖和。'"

3. "等到快日落的时候，微黄的阳光斜射在山腰上，那点薄雪好像忽然害了羞，微微露出点粉色。"

总结赏析方法：

1. 寻找赏析角度：修辞手法、情感色彩、叠词、语气等。

2. 理解表达效果：准确、生动。

（二）作业布置

1. 基础作业：完成书签制作。

2. 提升作业：阅读张晓风《春之怀古》，摘抄5句好句，使用课上知识对其中的两句进行赏析。

第三课时　循循善诱悟四季

【课型】

教读引领课。

【教学内容】

教材：《春》《济南的冬天》。

【教学知识点】

作者情感。

【课时教学目标】

引导学生在描写中体会作者情感。

【教学过程】

（一）课堂引入

请同学描述自己的家乡，并总结自己对家乡的情感。

（二）学习活动

学习活动一：对比发现，深入思考。

1. 展示济南城市照片，引发学生思考：照片和老舍笔下的文字有什么不同，为什么不同？

2. 学生圈点勾画，找出表达作者情感倾向的词语。

3. 教师展示写作背景。

1929年夏，老舍在伦敦大学东方学院的任期已满，他取道欧洲，在德、法、意等国家旅游三个多月，经新加坡并做停留后回国。老舍在《还想着它》里面记录：由于在欧洲游历后"钱仅够买三等票到新加坡的"，所以在船上"我的心里想着：到新加坡怎么办呢？"到新加坡后在中华书局经理徐采明的介绍下到华侨中学去教国文，但是"当教员的没有地位。教员似乎是一些高等工人，雇来的；出钱办学的人们没有把他们放在心里""去做别的事情都没成功，因为有人从中破坏"。于是在放年假之后，"在阳历二月底，我又上了船"，经上海、天津于1930年5月回到了离别六年之久的北平。老舍初回北平也并不顺利，寄居在朋友白涤洲家里，1930年7月应齐鲁大学之聘赴济南。显然，他接受齐鲁大学的聘请，一个相当重要的原因是为"稻粱谋"。除了做官之外，教书和卖文为生是那个时代知识分子普遍的生活方式，老舍也不例外。

4. 教师总结阅读描述性语言时如何抓住作者情感倾向。

5. 学生朗读课文3—5自然段，加深对文章的理解。

学习活动二：联想拓展，披文入情。

依据刚才的方法，结合《春》的写作背景，探讨作者的情感。

背景材料一：

《春》的写作时间应该是在1932年下半年或1933年上半年。1932年8月，朱自清漫游欧洲归来，不久便与陈竹隐女士结为夫妻，同年9月出任清华大学中国文学系主任，1933年4月又喜得贵子，心境愉悦。所以《春》这篇文章体现出了他乐观的情绪，成为他为数不多的内容欢快的作品。

背景材料二：

在该篇"贮满诗意"的"春的赞歌"中，事实上饱含了作家特定时期的思想情绪、对人生乃至人格的追求，表现了作家骨子里的传统文化积淀和对自由境界的向往。1927年之后的朱自清，始终在寻觅着、营造着一个灵魂深处的理想世界——梦的世界，用以安放他"颇不宁静"的拳拳之心，抵御外面世界的纷扰，使他在幽闭的书斋中"独善其身"并成就他的治学。《春》的描写，讴歌了一个蓬蓬勃勃的春天，但它更是朱自清心灵世界的一种真实写照。

学习活动三：整合文义，趣对对联。

1. 对联是中华文化的瑰宝，它凝练、优美，能让人感受到中国文化的独特魅力，请你根据对联的相关知识将《春》改编的对联组合起来：

草绿雨润花艳孩子伴鸟鸣新希望风拂蝶儿

2. 相信你在本节课学习的过程中对文章有了更加深刻的理解，请小组将对课文的理解提炼出一对对联，并将对联写在黑板上，让大家一起欣赏。

（三）课堂总结

在阅读文章时，我们的理解不能仅仅停留于浮华的文字表面，更应该从字里行间中寻找作者想向读者传递的心声，必要时候要结合创作背景。写作是对生命的体察，读得越深，越需要思考，这时你们才离语文越近。

（四）作业布置

阅读梁衡的《夏感》、郁达夫的《故都的秋》。

第四课时　细细揣摩比文义

【课型】

自读课。

【教学内容】

教材：《雨的四季》。

【教学知识点】

批注的学习方法、自读的要点。

【课时教学目标】

教会学生批注阅读的方法。

【教学过程】

（一）课堂导入

雨是一种常见的自然现象，大家还记得《春》里是怎么描写雨的吗？《济南的冬天》里是怎么描写雪的吗？《雨的四季》一文用另一种视角为我们展现了四季不同的风貌。

（二）学习活动

学习活动一：默读课文，批注阅读。

1. 教师讲解批注阅读方法。

2. 学生默读课文，要求：①画出欣赏的语句，在空白处写明原因；②带着课文批注的问题阅读文章，并把你的思考写下来。

3. 师生共同讨论批注的问题。

学习活动二：改文为诗，别有情趣。

将课文某一段或者全篇改编成现代诗，语言力求精美。

课堂展示、师生点评。

（三）布置作业

阅读简媜的《夏之绝句》《春之积雪》，就其中一篇提出3个问题（可以从词句赏析、内容概括或情感几个方面提问），并写出对问题的思考。

第五、六课时　悠悠我思书情致

【课型】

写作实践课。

【教学内容】

教材:《春》《济南的冬天》《雨的四季》。

【教学知识点】

观察、自我感受。

【课时教学目标】

1. 让学生梳理课文写作结构。

2. 学生进行写作实践,指导学生遣词造句,抒发情感。

【教学过程】

(一)学习活动

学习活动一:梳理课文,厘清框架。

1. 请学生上台梳理三篇课文的框架。

2. 教师引导学生了解三种作文布局思路。

《春》:抓住春天几组镜头进行描写,化抽象为具体。

《济南的冬天》:由近及远观察事物。

《雨的四季》:反向思维,以小见大。

学习活动二:动手实践,妙笔生花。

1. 寻找感触点:写下你回忆中印象最深刻的景物。

2. 画面还原:请用一段话将它描述出来。要求使用至少两种手法(修辞手法、正侧面描写、调动感官等),尽可能将画面用文字还原。(150字以内,写完后请学生分享)

3. 融入情感与情节:为什么你对它印象深刻,有什么前因后果?(情节补充,自由发挥)

课堂总结:"一枝一叶总关情",朱自清在春日看见蓬勃生长的万物写下了《春》,老舍在感受济南冬日的温情后写下了《济南的冬天》,刘湛秋细腻地观察了雨,于是有了《雨的四季》。在你写作的时候,请调动最真挚的情感,去感受生活点滴,写自己最熟悉的事物,才能真正做到有感而发,呈现出真实坦率的你。

（二）布置作业

将课堂内容延展成一篇不少于650字的作文，题目自拟。

四、单元主题教学反思

本单元的单元主题教学设计是以《义务教育语文课程标准（2022年版）》为依据，抓住文本特点，从"自然"和"生命"两个角度，由浅入深进行教学设计，融入了中国传统文化，创设情境，让学生不仅能从宏观角度把握主题阅读的方法，也能从微观角度掌握品味语言的能力。基于本单元教学实践，我反思了以下几个方面。

（一）单元主题与课时的联系性

本单元选择了内涵简单文辞优美的写景文，从描摹到抒情，从中提炼出"自然"与"生命"两个主题。在单元教学设计中，要向学生渗透文本分析的方法，为学生搭建文本分析的支架。本设计从"读—析—悟—写"层层深入，较好地契合学生分析文本的规律，单元主题与课时的联系比较紧密。

单元主题教学设计强调整体设计，提炼一个主题，创设一个大情境和若干相关活动，将几篇课文串联起来。但由于三篇文章的写作思路和文章构思不同，我把文章归类为单一季节和单一景物——《济南的冬天》和《春》属于前者，《雨的四季》属于后者。

（二）活动环节设计情境化

从前一问一答的课堂锻炼的是孩子回答问题的能力，由于过于紧扣文本，尽管单句分析非常深入，但学生容易在重复中陷入精神疲劳，同时也让课堂学习与生活实际割裂开来。

新课程指出要有情境化的活动设计，本单元我主要创设了以下几个活动：一是设置情境朗读，让学生能够自我带入不同的身份，锻炼学生朗读的能力；二是制作书签，这要学生经历思考、选择、练字、装饰的过程，锻炼的是学生的文字的感知能力和排版的审美能力；三是提炼对联，凝练语言，有利于锻炼学生对内容的把握和语言组织能力；四是改文为诗，诗是纯粹的语言艺术，能够培养学生对"美的语言"的敏感性。

（三）课堂体现深度学习

本设计在深度学习上做了一些努力，一是避免了机械的问答式教学，融入情境化活动，锻炼学生语言思维；二是通过单元主题教学设计让学生能够站在宏观角度进行文本分析。

当然，本教学设计还有诸多不足之处。按照佐藤学的说法，单元主题教学设计应该是为学生的"学"设计，在设计活动的时候要满足"情境、协同、支架、任务、展示、反思"六个条件。本教学的活动设计在"协同"与"任务"方面还有所欠缺，活动设计环节与其他教学环节衔接得不够紧密。同时，寻找串联文章的切入点，确保篇目的写法、选材、主题涵盖不同的方面，在单篇细读与宏观联读中寻求平衡点，这些也是我接下来需要思考和探索的。

至爱亲情

统编版七年级上册第二单元

单元主题：至爱亲情

课题：《秋天的怀念》《散步》《金色花》《荷叶·母亲》

一、文本解读

本单元所选的四篇文章《秋天的怀念》《散步》《金色花》《荷叶·母亲》都是围绕亲情展开的，能够让学生丰富对亲情的情感体验，学会珍惜亲情，只是文章的切入角度和表达方式有所不同。《秋天的怀念》是一篇经典散文，孩子们囿于生活体验的短缺，很难体会文中母子复杂的情感，更难说能够与他们产生共鸣，所以在解读本文时应更多以"情绪"为主导，尽量多地联系孩子们日常会有的情感体验，才能更深刻地理解母爱亲情。《散步》是一篇短小的散文，语言平易浅切，内容贴近日常，学生能更好地理解，但理解容易流于表面。《金色花》与《荷叶·母亲》两首散文诗表达了相近的主题：都是孩子与母亲之间的互相依恋，但侧重点不同。

本单元语文素养的训练点在于要继续加强朗读，两篇散文和两篇散文诗都具有鲜明的抒情性质，要让学生在反复的朗读中去体会文章所表达的情感，同时让学生学习如何抒情，掌握一定的抒情方法，能够学会用自己的话来组织抒情。

二、单元教学目标

1. 让学生识记本单元生字词，做到会读会写。

2. 让学生学习朗读，做到流畅有情感，把握文章的情感基调，注意语气、节奏等的变化。

3. 让学生在把握文章大意的基础上学会品味文章所表达的情感思想。

4. 让学生深刻理解亲情的可贵，回报亲情。

三、教学设计

第一课时　呼唤你的第一声

【课型】

单元预习课。

【教学内容】

教材：《秋天的怀念》《散步》《金色花》《荷叶·母亲》。

【教学知识点】

单元主题的理解。

【课时教学目标】

1. 初读课文，让学生对课文有个大概的理解。

2. 让学生了解单元主题：亲情。

3. 联系日常生活情境，锻炼学生语言组织和表达能力。

【教学过程】

（一）导入，引入"母爱"的主题

问：你们知道自己还是婴儿时学会的第一句话是什么吗？

答：妈妈。

问：法语的"妈妈"怎么读？英语的"妈妈"怎么读？俄语的"妈妈"怎么读？德语的"妈妈"怎么读？

答：英语mom，法语maman，德语mama，俄语mama。

问：大家发现了有什么特别之处吗？

答：很多语言的"妈妈"发音非常之接近。

问：那么这是为什么呢？距离相去甚远的文明却在"妈妈"的发音上如此接近，这只是个巧合吗？

答：因为"ma"是最简单、最好发的音，婴儿在无意间最先发出的是"ma"的音，或者会在啼哭时发出"ma"的音表达自己的需求，于是人类的第一个喂养者即母亲会认为这是孩子在呼唤她，并会立即上前满足婴儿的需求。久而久之就固定为了对母亲的称呼。所以尽管不同的语言千差万别，但是"妈妈"的发音却十分相近。母子之间的依恋关系是最天然的、人类所共通的美好，也是所有至美亲情关系的起点。至于"爸爸"的发音，有兴趣的同学可以课后了解一下。

（二）课文自学

1.自主阅读：学生默读四篇文章并进行圈点勾画。

给出任务：自己阅读本单元的所有文章，找出四篇文章中你认为的"最美亲情"，并给出理由。

2.成果展示：学生自主表达找出来的"最美亲情"，并说明理由。

老师进行点评、引导。（鼓励开放式的自由表达，打开学生思路）

3.生活情境：给出一个半命题。

我最（　　　　）的妈妈/爸爸/奶奶/爷爷，中间可以填上任意形容词。

老师给出示范，进行自我分享，如我最可爱的妈妈，讲述自己和妈妈的故事。

学生自由表达：请同学们完成半命题，并讲述理由。

4.思考总结：在对"最美亲情"的讨论中，大家各有各的见解，接下来一个单元的学习，会让我们更深入地走进课文，体会不同的亲情至爱，品味"亲情之美"。

第二课时　依恋你的每一次

【课型】

教读引领课。

【教学内容】

教材：《金色花》《荷叶·母亲》。

【教学知识点】

诗歌朗读。

【课时教学目标】

1.学生流利、有情感地朗读诗歌。

2.学生品味语言的清新优美，感受诗歌的画面美。

3.学生体会诗歌中浓浓的母女之情。

4.通过对比阅读，让学生感受并分析两首散文诗风格的异同。

【教学过程】

（一）导入（了解作者）

1. 展示泰戈尔写给冰心的信，让学生体会泰戈尔对冰心创作风格的影响。

2. 展示几首泰戈尔的小诗，学生欣赏并进行积累。

正如树木落叶一样，/我的言词掉落在大地上，/让我那没有说出口来的思想，/在你的沉默里开花。

果实的贡献是珍贵的，/花儿的贡献是甜美的，/但是让我做绿叶的贡献吧，/谦逊而专心地垂着绿荫！

问：大家觉得这几首小诗读起来有什么样的感觉？

答：清新自然，唯美动人。

问：大家知道这是出自哪位诗人之手吗？

答：泰戈尔。

3. 泰戈尔、冰心简介。

4. 散文诗体裁介绍。

5. 课文易错字过关：同学们读一读、写一写，并及时纠正错误。

（二）整体感知

1. 全体同学朗读课文，老师点评朗读。

明确朗读的情感基调：《金色花》是欢快、活泼、愉悦、俏皮的。

《荷叶·母亲》是舒缓、深情的。

学生自由朗读，把握节奏和情感。

2. 体会情感，在情节中读情感。

问：大家觉得文中的母亲美吗？为什么？

答：美。因为孩子变成金色花偷偷与妈妈嬉戏，让妈妈开心，幸福的母亲是最美的。

妈妈看到"我"的时候是什么样的语气？（嗔怒、开心）"我"向妈妈说话又是什么语气？（撒娇、俏皮）指导学生把握情感，对这段进行朗读。

问：标题为什么要叫《荷叶·母亲》？

答：因为诗中将母亲比作荷叶，将"我"比作红莲，借物喻人，以荷叶对红莲的荫蔽比喻母亲对我的保护。

全体同学再次齐声朗读课文。

3. 朗读比赛。

学生分小组自选一篇诗目，在组内进行朗读练习，同诗目的小组进行朗读比赛，能更准确传达出诗文中情感的小组为优胜。

提供表1和表2让学生进行对比，教师简单讲解，帮助学生对于两篇散文诗的理解。

表1

《金色花》	
主题	孩子与母亲互相依恋（母爱）
体裁	散文诗
语言	清新自然、唯美细腻
表达方式	记叙、抒情
表达视角	儿童化作金色花，侧重孩子对母亲的付出
情感基调	活泼、欢快

表2

《荷叶·母亲》	
主题	赞颂母亲对孩子的保护（母爱）
体裁	散文诗
语言	清新自然、唯美细腻
表达方式	记叙、抒情
表达视角	将母亲比作荷叶，侧重母亲对孩子的付出
情感基调	舒缓、深情

总结，相同点是：主题、体裁、语言、表达方式；不同点是：表达视角、情感基调。

（三）训练提升

画一画：学习文中的借物喻人，在你眼中妈妈像是什么？简单地用笔勾勒出来，完成后请同学上台展示，其他同学根据画作猜测其中的含义。

（四）作业

在《金色花》《荷叶·母亲》的学习中都有进行联想和想象的练习，请回家制作一张贺卡，将任意一篇当堂练习的意象画出来，贺卡另一面留作空白。

第三课时　怀念你的每一天

【课型】

教读引领课。

【教学内容】

教材：《秋天的怀念》。

【教学知识点】

人物心理。

【课时教学目标】

1.学生通读全文，概括梳理文章主要内容。

2.学生揣摩体会人物的心理、情绪。

3.学生领会母爱的伟大和无私。

【教学过程】

（一）导入

解读标题。

问：根据标题，大家能捕捉到一些什么信息？

答：故事背景发生在秋天。

问：对了，是在秋天。说到秋天，大家会想到什么？秋天给人一种什么感觉？

答：唰唰凋落的树叶，给人萧瑟、凄凉的感觉。

问：标题还能看出什么？

答：主要内容是在怀念一个人。

问：这个人大家都知道是谁了吗？

答：作者的母亲。

问：大家想一想能不能把标题改为《秋天的想念》？

答：不能。

问：为什么？

答：因为"怀念"比"想念"的程度更强烈。

问：非常好。还有吗？

答：因为"怀念"是针对已经逝去的东西，而"想念"可以是还存在的。

问：非常好。在万物凋零的秋天怀念着已经去世的母亲，这是我们从标题可以读出来的。那么大家可以根据标题猜出全文的情感基调吗？

答：忧伤、深情。

（二）整体感知

1.课文生字词过关：读一读、写一写，并立即纠正错误。

2.默读课文：带着问题去读。思考：文中的"我"是一个怎样的形象？注意对答案进行圈点勾画。提示：文中其实出现了两个"史铁生"，大家可以找一找。

3.体察人物："我"的形象——暴怒无常。

举例：

（1）望着望着天上北归的雁阵，我会突然把面前的玻璃砸碎。

（2）听着听着李谷一甜美的歌声，我会猛地把手边的东西摔向四周的墙壁。

（3）"不，我不去！"我狠命地捶打这两条可恨的腿，喊着，"我可活什么劲儿！"

问：哪些词语是能够体现出作者的"暴怒无常"？

答：望着望着天上北归的雁阵，我会突然把面前的玻璃砸碎。

听着听着李谷一甜美的歌声，我会猛地把手边的东西摔向四周的墙壁。

"不，我不去！"我狠命地捶打这两条可恨的腿，喊着，"我可活什么劲儿！"

问：作者为什么会如此暴怒无常？

答：因为在最好的年华双腿瘫痪了。（补充史铁生的背景资料，对作者进行简单介绍）

全体齐读第1段。

问：文中塑造了一个怎样的母亲形象？

答：包容理解、牵挂关怀、坚强隐忍。

总结：文中的"我"是一个"暴怒无常"的形象，而母亲是一个"包容理解、牵挂关怀、坚强隐忍"的形象。

思考：面对这样一个孩子，母亲的心理究竟如何？文中的两个"史铁生"你找到了吗？

第四课时　读懂你的那一刻

【课型】

教读引领课。

【教学内容】

教材：《秋天的怀念》。

【教学知识点】

人物心理、抒情表达。

【课时教学目标】

1.学生通读全文，概括梳理文章主要内容。

2.学生揣摩体会人物的心理、情绪。

3.让学生领会母爱的伟大和无私，学会向母亲表达自己的感激之情。

【教学过程】

（一）前情回顾

文章中的两个"史铁生"，你找到了吗？

1.不懂母亲的"我"：暴怒无常，深陷痛苦

2.读懂母亲的"我"是什么样的？

（二）解·她的"心境"

学习活动一：母亲心心念念的都是儿子，但是她自己又面临着多少痛苦？请在原文当中找出依据，解读母亲当时所处的困境。

①儿子双腿瘫痪、暴怒无常

双腿瘫痪后，我的脾气变得暴怒无常。

……

②肝癌的折磨

可我却一直都不知道，她的病已经到了那步田地。后来妹妹告诉我，她常常肝疼得整宿整宿翻来覆去地睡不了觉。

③独木难支的困境

邻居的小伙子背着我去看她的时候，她正艰难地呼吸着，像她那一生艰难的生活。

总结：母亲的困境

儿子双腿瘫痪、暴怒无常

肝癌的折磨

独木难支的困境

（三）明·她的"心声"

学习活动二：小组讨论。

如何揣摩人物心理？如何展示母亲的心理？

学习活动三：老师给出示例。

学生们结合上下文及自己的理解，以第一人称的口吻将母亲的心理补出来。

示例：

原句：母亲就悄悄地躲出去，在我看不见的地方偷偷地听着我的动静。

补：他现在这么难过就让他发泄吧，他一定不希望我看到他这个样子，我还是出去好了。但不能走远，我得留心点，就怕他一个不小心伤到了自己。

习题：

（1）母亲扑过来抓住我的手，忍住哭声说："咱娘儿俩在一块儿，好好儿活，好好儿活……"

（2）母亲进来了，挡在窗前："北海的菊花开了，我推着你去看看吧。"

（3）她高兴得一会儿坐下，一会儿站起："那就赶紧准备准备。"

（4）她忽然不说了。对于"跑"和"踩"一类的字眼，她比我还敏感。她又悄悄地出去了。

（学生展示，老师点评）

问：面对这样的苦难，有多少人又能够承受？但是母亲她是怎么做的呢？她有没有把她的关爱、担心向"我"说出来？

答：没有。

问：她有没有把她的痛苦困境向"我"说出来？

答：没有。

总结："心"之所以为"心"，是因为母亲把一切都藏在心里，默默付出，却从不埋怨，从不邀功。为了儿子，再多的痛楚她都要咬牙忍受；为了儿子，她要做一个坚强的母亲。

（四）圆·她的"心愿"

思考："我"后来读懂了母亲的心愿吗？她的心愿是什么？

答：读懂了。我俩在一块儿，要好好儿活……

猜想：母亲的愿望最终得以实现了吗？

介绍史铁生的成长经历和背景资料。

学习活动四：分角色朗读不懂母亲的"我"和读懂母亲的"我"，一边读一边感受"我"对母亲的心情。

不懂母亲的"我"：暴怒无常，深陷痛苦。

读懂母亲的"我"：怀念母亲，悔恨愧疚，坚强振作。

拓展阅读：《我与地坛》节选。思考：读懂母亲的"我"是带着一种怎样的心情回想与母亲的过往的？

《我与地坛》节选："摇着轮椅在园中慢慢走……有过我的车辙的地方也都有过母亲的脚印。"

（五）叫一声"妈妈"

联动：回想在生活中，我们都是在什么时候叫"妈妈"？

（六）作业

1. 一封寄往天堂的信：假如你是史铁生，成年后的你想要对在天上的母亲说些什么呢？请你写一封信，天堂邮递员将会帮你把信送给母亲。

2. 一首写给母亲的诗：找出一种你心中最能够代表你对母亲的爱的事物，并以此发挥联想，写一段话送给母亲。

第五课时　温暖你的每一步

【课型】

教读引领课。

【教学内容】

教材：《散步》《世说新语二则》。

【教学知识点】

人物心理、抒情表达。

【课时教学目标】

1.通读全文，让学生概括梳理文章主要内容。

2.学生揣摩体会人物的心理、情绪。

3.让学生领会母爱的伟大和无私,学会珍惜亲情的可贵,向母亲表达爱意。

【教学过程】

(一)场景导入

问:请回想一个你和父母闹矛盾的场景,妈妈/爸爸说的哪一句话让你印象最深刻?她/他为什么要这么说?

引入:很多时候读懂一个人的心并不是那么容易的事,需要我们用心体会,细心揣摩,今天就让我们一起通过对课文的学习,为心灵做注脚。

(二)探·人物身份

问:在《散步》中,儿子和奶奶产生了分歧,最后大家是如何解决的?

答:听儿子的走了小路。

思考:大家最终达成一致,但是在做决定的时候每一个人心理究竟是如何考虑的呢?

活动任务一:将班上的同学分为四个组,有爸爸组、儿子组、妈妈组、奶奶组,一起进行"角色扮演"。每一个组的成员都可以就自己阅读时产生的疑惑向相关组的成员提出问题,被提问组中的任何一个成员也可以就提问进行回答。老师作为第五方扮演读者,也可以随时就小组成员进行提问。

例:

儿子组提问奶奶组:奶奶,为什么明明爸爸说了走大路,你也想走大路,最后却还是选择了走小路?

奶奶组:因为你想要走小路,奶奶希望你开开心心、快快乐乐的,所以选择走小路。

儿子组问爸爸组:为什么我喊出了那句话后你们都笑了呢?

爸爸组:因为觉得你聪明又可爱,能够发现我们都没注意到的东西。

奶奶组问儿子组:为什么你想要走小路?

儿子组:因为走小路有趣。(引用原文)

儿子组问爸爸组:为什么最后你选择遵从奶奶的意愿走大路?

爸爸组:因为我能陪奶奶的时间不多了,而陪你的时间却还有很久。

……

(提问可以无限进行下去,任由学生们发挥,过程中老师要注意引导,在学生不知道如何回答的时候可以代替他们回答，在没有合适的提问的时候也可以进行提问，最终要让学生们在问答中得出问题的结论。）

活动总结：

问：通过刚刚的问答活动，大家发现这个家庭中的人物是基于怎样一种共同的心理而达成共识的？

答：为家人着想。

问：他们之所以会有这样子的想法是由他们的什么决定的？

答：身份。

总结：揣摩人物心理要结合人物身份。

（三）品·人物行为

阅读《金色花》《秋天的怀念》，品味下列句子，说一说"我"的心理。

示例：

（1）望着望着天上北归的雁阵，我会突然把面前的玻璃砸碎；听着听着李谷一甜美的歌声，我会猛地把手边的东西摔向四周的墙壁。

（2）"不，我不去！"我狠命地捶打这两条可恨的腿，喊着，"我可活什么劲儿！"

明确：愤怒、绝望、无助。

（3）我要悄悄地开放花瓣，看着你工作。

（4）当你吃过中饭，坐在窗前读《罗摩衍那》，那棵树的阴影落在你的头发与膝盖上时，我便要投我小小的影子在你的书页上，正投在你所读的地方。

明确：快乐、喜悦，依恋母亲。

问：你通过哪些词最能够看出"我"的这些心理？

答："砸""摔""捶打""开放花瓣""投"等动词。

示例：

（1）望着望着天上北归的雁阵，我会突然把面前的玻璃砸碎；听着听着李谷一甜美的歌声，我会猛地把手边的东西摔向四周的墙壁。

（2）"不，我不去！"我狠命地捶打这两条可恨的腿，喊着，"我可活什么劲儿！"

（3）我要悄悄地开放花瓣，看着你工作。

（4）当你吃过中饭，坐在窗前读《罗摩衍那》，那棵树的阴影落在你的头发与膝盖上时，我便要投我小小的影子在你的书页上，正投在你所读的地方。

总结：揣摩人物心理要观察他的行为。

（四）联·文章语境

活动任务二：请同学们齐读一遍《咏雪》，并进行小组讨论，分配角色、熟悉台词，上台将《咏雪》中描绘的场景表演出来（要求有旁白，要脱稿）。

老师采访"谢太傅"扮演者：你刚刚为什么要笑？

（引导"谢太傅"扮演者回答出：因为觉得谢道韫的比喻说得好）

问：同学们感觉谢太傅更欣赏谁的比喻？

答：谢道韫。

问：你们是如何看出来的？

答：他在谢道韫说完之后"大笑乐"。

问：只是"大笑乐"这一个简单的动作，为什么大家就能看出来他在想什么？

答：因为在谢朗说完之后他没有乐，而谢道韫说完之后就笑了。

总结：这就是文章为我们营造的语境，揣摩人物心理还要联系上下文的语境。

（五）迁移与运用

复习：在《秋天的怀念》中也塑造了一个母亲形象，请阅读全文，结合揣摩人物心理的三要素，还原母亲在面对一个双腿瘫痪的儿子时她内心的活动。

活动任务三：老师给出示例，学生们结合上下文及自己的理解，以第一人称的口吻将母亲的心理补出来。（老师给出引导：用"躲""听""扑""抓""挡""不说了""出去了"等关键动词把握人物心理）

问：揣摩人物心理要考虑哪些要素？

答：人物身份、人物行为、上下文语境。

总结：我们能够揣摩母亲的心理，是因为结合了以下要素：身份、言行、上下文语境。

联想：回想课堂开头你想的与父母吵架的场景，结合以上三个要素，你能明白妈妈/爸爸当时的内心活动吗？请尝试用第一人称说出来。

结语：希望我们在生活中不要重演史铁生"子欲养而亲不待"的遗憾与懊悔，让我们学着用心体会、细心聆听父母内心的真实声音，让我们做泰戈尔笔下的那朵"金色花",不吝于用自己的方式向母亲（以及其他的亲人）表达自己的爱和依恋。为心灵做注脚，读懂那些无法开口的关切与爱。

第六课时　为你撑起一片天

【课型】

阅读拓展课。

【教学内容】

拓展：《呼兰河传》《我的父亲》。

【教学知识点】

语言积累。

【课时教学目标】

1.拓展学生阅读量，让学生进行阅读积累。

2.使学生感受亲情的珍贵，学会珍惜身边的亲人。

【教学过程】

（一）导入

播放公益广告*Family*，让学生体会作为儿女未来对父母的责任。

（二）自主阅读

《呼兰河传》节选（萧红）

祖父的眼睛是笑盈盈的，祖父的笑，常常笑得和孩子似的……去没有去处，玩没有玩的，觉得这一天不知有多少日子那么长。

《我的父亲》节选（汪曾祺）

我父亲手很巧，而且总是活得很有兴致……我很想念我的父亲，现在还常常做梦梦见他。我的那些梦本和他不相干，我梦里的那些事，他不可能在场，不知道怎么会掺和进来了。

（三）阅读分享

学生分享好句摘抄，并进行赏析。

学生分享读后感。

四、单元主题教学反思

本单元的教学主题紧紧围绕着"亲情"，教学知识点旨在突出"人物心理揣摩",课文内容主要表现的是"母爱",使得"亲情"这一主题在课堂教学中展现得偏于狭隘,没有能够很好地体现其丰富内涵,不能让学生在更广阔的背景之上深入对亲情的理解。为了进行弥补,特地在最后一节课的阅读活动中增加了表现祖孙关系和父爱的文章,希望能够将课堂上对于母爱的探讨做一个延伸补充。

整个单元学习的设计尽量在尝试、探索深度学习,课堂还是围绕课文,"就课文而论课文",缺乏基于课文内容的深度挖掘。对学生的语文能力有实际的训练提升,很多时候还是处于对课文感性的理解和体会,而缺乏对学生思维力的训练和提升。

本单元主题教学设计,是我在日常教学中尝试投入实践,不断调整、完善的结果,也给我带来不少惊喜。让我最有感触的是一次课后作业——"一封寄往天堂的信",以史铁生的口吻给天上的母亲写一封信。本次作业完成质量非常之不错,很多篇信都发自肺腑,感人深切,看得我几度泪目。我想,这次的教学至少我达到了一个最终的教学目的,就是让学生感悟亲情。这也让我再度反思:我们教语文,究竟是想要教给学生什么?

在六个课时的设计中,对学生的引导主要是通过问答的方式进行的,也有设计如分组讨论、分组展示、学生互问互答等活动,但是整体看来,任务式活动学习的方式还是不够丰富,或许可以再进一步思考如何能够将丰富的活动设计带入课堂,将情境式的学习灌注于课堂之中,更充分地调动学生的自主学习性。

回忆中的成长与追寻

统编版七年级上册第三单元

单元主题：学习生活

课题：《从百草园到三味书屋》《再塑生命的人》

一、文本解读

本单元的主题是"学习生活"，选取了《从百草园到三味书屋》（鲁迅）、《再塑生命的人》（海伦·凯勒）两篇课文。从语文素养的培养上来说，本单元着重训练学生默读，重在一气呵成地贯通到底，要学生学会通过借助标题、开头、过渡句（段）、结尾等关键语句来把握文章大意。从学生情况来看，大部分学生应能够达到默读的基本要求，能够把握文章大意。因此在教读和课外阅读中，可通过阅读整本书来强化学生的默读能力，提升学生的语文素养。

在教读的精读过程中，引导学生从《从百草园到三味书屋》的学习，引申到教学生带着目标带着问题多角度来精读《朝花夕拾》。可设计各种活动，让学生一边读，一边回忆童年，观照自我与现实，让学生感受到鲁迅亲切诙谐的童年描写，从孩子的视角对重大社会议题的思考，从启蒙者的角度对理想人性和理想生活图景的描绘，学习回忆性散文叙事的双重视角。

在课文《再塑生命的人》中，最动人的就是能够学习如何重塑生命。海伦·凯勒主要能依靠的学习手段只有触觉，然而也仅从这一个口突破，她就获得了崭新的生活。那么，这对于学生思考"学习对生活有何根本意义"是极有价值的。在自读课上，教师引导学生带着小学时学习《假如给我三天光明》的阅读经验，对《再塑生命的人》展开讨论。

二、单元教学目标

1.学生识记生字词，做到会读会写。

2. 让学生学习默读，使学生默读能保证一定的速度，一气呵成地贯通到底。

3. 让学生学会抓住标题、开头、过渡句（段）、结尾等关键语句来把握文章大意。

4. 通过了解不同时代及不同生活状态下的儿童的学习和生活，让学生感受和珍惜永恒的童真、童趣、友谊和爱。

三、教学设计

第一、二课时　提要钩玄——回忆里的初见

【课型】

单元预习课。

【教学内容】

教材：《从百草园到三味书屋》《再塑生命的人》。

【教学知识点】

文章思路的梳理。

【课时教学目标】

1. 学生识记本单元的字词，能理解并正确书写本单元字词。

2. 初读课文，让学生学会抓住标题、关键句，厘清文章脉络。

【教学过程】

学习活动一：资料助读。

1. 作者及作品介绍：鲁迅。

2. 海伦·凯勒（Helen Keller），美国盲聋女作家、教育家、社会活动家。她生于亚拉巴马州，一岁半时患病，两耳失聪，双目失明。七岁时，波士顿柏金斯盲人学校的安妮·莎莉文担任她的家庭教师，从此成了她的良师益友，她们相处达50年。在莎莉文的帮助下，她学会了说话，学会了阅读、写作，并进入大学学习，以优异成绩毕业，成为有名的教育家和社会活动家。代表作品有《我的一生》（又译《我生命的故事》）、《假如给我三天光明》。

3. 《朝花夕拾》是一部散文集，是一曲少年时代生活的恋歌，大部分都是回忆自己童年、少年时代生活的。"朝花"喻童年美好的生活，"拾"指回忆往事。为了"在纷扰中寻出一点闲静来"，鲁迅只能借回忆旧时的美好的事

物，来排除眼前的苦闷，寻一点"闲静"，寄一丝安慰。这组散文，正是浸透儿时故乡瓜果的清新甜美滋味的小品，就像鲁迅书桌上的那盆"水横枝"，树叶青葱得可爱。所以鲁迅把这本美好的回忆散文，比作一组晨光里绽开的花朵，拾来自赏。

学习活动二：字词积累。

1. 学生查字典解决"读读写写"中字词的读音和解释，提前准备课堂字词检查。

2. 学生摘录课文中的成语并解释。

学习活动三：快速默读课文，完成以下习题。

1. 默读《从百草园到三味书屋》，回答以下问题。

（1）本文题为《从百草园到三味书屋》，从这个题目我们可以得到哪些信息？

（2）百草园和三味书屋两部分的起止各是哪里？哪一个自然段是中间的过渡段？据此分段并概括层意。

（3）有一个词最能表现百草园在作者童年时光里的重要作用，你知道是哪个词吗？（关键词：乐园）

（4）有哪些句子最能表达作者对百草园的感情？（关键句）

2. 默读《再塑生命的人》。

（1）文章的标题叫《再塑生命的人》，那么"重塑前"与"重塑后"，海伦·凯勒的生命有何不同？

（2）理一理文章的写作思路。

（3）课文写了哪几件事？请你用简洁的语言加以概括。

（4）哪些句子最能体现作者的情感？（寻找抒情议论性文字）

3. 两篇文章共读，同学们一起来总结。

明确1：标题告诉我们文章的基本结构与内容。

《从百草园到三味书屋》以"从……到……"的句式，点明全文写了"百草园"和"三味书屋"两个地方的生活，以空间变化为顺序安排材料的同时，标题的形式也表现了作者童年生活的一个过程，前后形成了对照关系，从而构成一个整体。

《再塑生命的人》通过题目中的"再塑"，点明了塑造前和塑造后生命的不同，从而明确了课文内容结构。

方法小结：阅读文章，一定要关注标题。（引入知识点标题的作用）

明确2：标画关键词句。

阅读文章，除关注标题外，还要抓住关键词句。

（关键性语句：含义深刻的、起到结构作用的主旨句，首尾句，精彩句，有议论抒情文字的句子等）

第三课时　成长的足迹——百草园

【课型】

教读引领课。

【教学内容】

教材：《从百草园到三味书屋》。

拓展：《年年依旧的菜园》《系在风筝线上的童年》。

【教学知识点】

景物描写、文章主旨。

【课时教学目标】

1.学生精读课文"百草园"部分，学习抓住特点描写景物。

2.探索鲁迅成长的足迹，使学生理解"百草园"既是鲁迅童年生活的百草园，更是鲁迅成长路上精神的百草园。

【教学过程】

学习活动一：走进百草园。

思考：上节课说过百草园是"我的乐园"，具体表面在哪些方面？

具体表现在三个方面——乐景（百草园的泥墙根一带）、乐闻（美女蛇的故事）、乐事（雪地捕鸟）。

1.作者是怎样具体描绘乐景的呢？（用词贴切：抓住事物的特点，符合儿童的心理。层次井然，按照顺序，条理分明。学习景物描写、修辞手法）

2.美女蛇的故事吸引人，增添神秘色彩。

3.描写捕鸟时一系列动词的运用（学会赏析词语，如一系列动词的使用给人以画面感等）

学习活动二：联系文本，思考乐园之"乐"。

提问：百草园除了乐景，还有乐闻、乐事，怎能不让"我"留恋？然而，这种"乐"仅仅只是因为百草园里的景、物、事吗？

1. 请学生快速默读《五猖会》《年年依旧的菜园》《系在风筝线上的童年》，要求一气呵成掌握大意。

2. 小组讨论：如何理解百草园的"乐"？

首先，百草园的景物、传说、捕鸟活动，确实为童年的鲁迅带来了不少欢乐。百草园的"乐"，更应理解为作者以童年"我"的视角，写出了童真意趣的美好，自由自在、无拘无束生活的快乐。

教师小结：在对童年时光的回忆里，有鲁迅盼望观看五猖会的急切、兴奋，有迟子建对外祖母家菜园的难以割舍，有周岩壁放飞在故乡天空的越飘越远的风筝。那"五猖会""菜园""风筝"，就是作者笔下快乐的百草园啊！

学习活动三：引入名著，走进《朝花夕拾》。

在鲁迅的回忆性散文集《朝花夕拾》中并存着两个世界：一个是回忆中的往日世界，一个是写作当下的现实世界。回忆旧事的文字是温暖的，议论现实的文字是批判的。所以，"百草园"既是作者童年生活的百草园，更是作者成长路上精神的百草园，它代表着自由、快乐、美好。

第四课时　回忆与现实——双重视角

【课型】

名著导读课。

【教学内容】

名著：《朝花夕拾》。

【教学知识点】

回忆性散文的双重视角。

【课时教学目标】

1. 通读整本书，通过圈画与批注的方式，让学生认识不同成长阶段中的鲁迅。

2. 通过文本细读，让学生理解双重叙事视角的转换与交织，体悟鲁迅对往事的温馨回忆及理性批判。

【教学过程】

（一）导入

上节课我们学习了《从百草园到三味书屋》，文中那个活泼可爱、尽情玩耍的小鲁迅宛在眼前，你看到文字后面那个拿笔写作的"大"鲁迅了吗？你觉得这个"大"鲁迅是带着怎样的情感来写本文和《朝花夕拾》中其他文章的？今天我们一同走进鲁迅的回忆之中。

课前准备：学生通读《朝花夕拾》，运用勾画与批注的方法，梳理十篇短文中不同成长阶段的鲁迅形象，从童年鲁迅的情感体验角度，或成年鲁迅的思考批判角度进行批注，课上进行交流。

（二）学习活动

学习活动一：交流分享，读出整本书中的两个"我"。

根据课前阅读和批注，请用下面句式分享阅读感受。

通过阅读《朝花夕拾》，我读到一个（童年/成年）的鲁迅，比如他在《　　　　　　》一文中写道……

示例：通过阅读《朝花夕拾》，我读到一个天真、顽皮的童年鲁迅，比如他在《从百草园到三味书屋》中写道："听说何首乌根是有像人形的，吃了便可以成仙，我于是常常拔它起来，牵连不断地拔起来，也曾因此弄坏了泥墙，却从来没有见过一块根像人样。"

学生交流分享。

学习活动二：朗读欣赏，读出这一篇中的两个"我"。

1.朗读《阿长与〈山海经〉》片段，对比感受不同视角下作者情感的变化。

片段1：

虽然背地里说人长短不是好事情，但倘使要我说句真心话，我可只得说：我实在不大佩服她。最讨厌的是常喜欢切切察察，向人们低声絮说些什么事。还竖起第二个手指，在空中上下摇动，或者点着对手或自己的鼻尖。我的家里一有些小风波，不知怎的我总疑心和这"切切察察"有些关系。又不许我走动，拔一株草，翻一块石头，就说我顽皮，要告诉我的母亲去了。一到夏天，睡觉时她又伸开两脚两手，在床中间摆成一个"大"字，挤得我没有余地翻身，久睡在一角的席子上，又已经烤得那么热。推她呢，不动；叫她呢，也不闻。

朗读这一语段，重读加点词语，体会小鲁迅对长妈妈的厌烦心理。

片段2：

"哥儿，有画儿的'三哼经'，我给你买来了！"

我似乎遇着了一个霹雳，全体都震悚起来；赶紧去接过来，打开纸包，是四本小小的书，略略一翻，人面的兽，九头的蛇……果然都在内。

这又使我发生新的敬意了，别人不肯做，或不能做的事，她却能够做成功。她确有伟大的神力。谋害隐鼠的怨恨，从此完全消灭了。

这四本书，乃是我最初得到，最为心爱的宝书。

请两位同学分别朗读阿长与"我"的内心独白，读出阿长的得意之情与"我"对阿长的感激之情。

片段3：

我的保姆，长妈妈即阿长，辞了这人世，大概也有了三十年了罢。我终于不知道她的姓名，她的经历；仅知道有一个过继的儿子，她大约是青年守寡的孤孀。

仁厚黑暗的地母呵，愿在你怀里永安她的魂灵！

教师指导全班齐读，语速缓慢、语调低沉，读出成年鲁迅对长妈妈的深沉情感：自省、怀念、祈愿……

2. 思考并讨论：为什么读者眼中长妈妈并不讨厌，只是可笑甚至是可爱？

明确：讨厌、不耐烦都是小鲁迅的真实感受，但回忆起这些往事的成年鲁迅在写作时的情感却是复杂的，他重新审视过去的人和事，思想和情感已经发生了变化，这时候他心目中的长妈妈是率真、可爱的。这一语段中我们要读出两个"我"的视角。

小结：鲁迅的回忆性散文在"过去的我"的设定上大多数使用儿童视角，如在写到长妈妈各种粗俗的行为及谋害了隐鼠时，"我"会心生讨厌和怨恨；长妈妈喂"我"吃福橘时，"我"会认为这是元旦劈头的磨难；在长妈妈给我讲"长毛"的故事时，"我"会以为她有伟大的神力，会对其产生空前的敬意；在回想长妈妈送给我的《山海经》时，年长的鲁迅便不再躲在小时候的鲁迅的身后，他开始走到文章的前面，对长妈妈表达深沉的怀念与祝愿。

学习活动三：品读下列语段，思考这是从什么视角来写的？你能读出作者表达的什么样的情感？

语段：我却并没有他们那么高兴。开船以后，水路中的风景，盒子里的

点心，以及到了东关的五猖会的热闹，对于我似乎都没有什么大意思。（《五猖会》）

明确：童年鲁迅视角——写出小鲁迅因为被父亲留下背诵《鉴略》，书背出来了，看会的兴致全无的沮丧心理。

成年鲁迅视角——暗含成年鲁迅对封建家长不顾儿童心理，违背孩子天性的做法的批判。

总结：鲁迅一生漂泊，生活的时间最长的地方就是家乡绍兴。《朝花夕拾》是鲁迅唯一一部回忆性散文集。成年鲁迅在动乱中渴望从回忆中得到心灵的温暖和慰藉。他发现曾经看到的却未能领悟的温暖回忆，重温了童年的欢乐与温馨；也以新的眼光去看待曾经看到的却未能理解的一些社会弊病，表达了自己矛盾的心理和对回忆中事物的理性思考。在阅读时我们要学会品读字里行间双重视角的转换与交错，去体会鲁迅先生在双重视角的转换与交错中想要表达的深沉情感与深刻思考。

（三）课后作业

1. 选取《朝花夕拾》中你喜欢的篇目，通过反复朗读，感受双重视角叙述的独特魅力。

2. 扩展引申材料，引发同学们多角度思考：本文的主题，历来是专家们探讨的课题，关于本文的主题，有以下三种说法，你怎么看呢？

一是"批判说"。认为这篇文章的主题是"揭露和批判以孔孟之道为核心的封建教育制度，从而表现了鲁迅对封建社会及其教育制度的彻底否定"。例如作者对私塾老先生的描写，刻画了一个"死读书、读死书"的形象。特别是写"我"如何抱着求知的渴望和仰慕之情拿天真的问题去请教他时，却遇见了"不知道"和脸上的"怒色"——表现了他是一贯体现孔孟之道的不学无术的典型腐儒，从而得出此文的主题在于批判封建教育制度。

一是"儿童心理说"。这种观点认为贯穿《从百草园到三味书屋》全文的，是甜美的欢乐的回忆，是一颗天真调皮的童心，这就是这篇散文的意境和韵味之所在。因此主题是通过对百草园和三味书屋美好生活的回忆，表现儿童热爱自然、天真幼稚的欢乐心理。

还有一种是"对比说"。即用百草园自由快乐的生活同三味书屋枯燥无味的生活做对比，表现儿童热爱自然的心理，同时表达对束缚儿童身心发展的封建教育的不满。

第五、六课时　重获新生——成长引路人

【课型】

组文阅读课。

【教学内容】

教材：《再塑生命的人》。

拓展：《不仅仅是左手》《敬爱的"号兵"》《童年读书》《宋妈》。

【教学知识点】

人物形象和描写。

【课时教学目标】

1.让学生继续练习默读，逐步提高默读速度。

2.学生能抓住标题、开头、结尾和关键语句，迅速了解文章大意，把握主要人物形象。

3.通过品味、揣摩心理描写句和进行角色扮演活动，学生体悟感受作者成长路上的内心体验。

【教学过程】

（一）明确要求

古人说："读书有三到，谓心到，眼到，口到。"而默读几乎只用了"心""眼"，而没有用"口"，这有利于学生聚精会神地品味、揣摩、领略文章的内容，有利于提高学生阅读的速度（初中阶段要达到500字/分钟），也有助于理解、记忆，乃至促进和提高学生朗读的效果。因此在生活中，默读比朗读的运用更广泛。

（二）默读文本（可根据课堂情况进行1至3次默读训练）

1.让学生画出表现人物主要特点的描写句和典型事件并分析。

2.让学生揣摩品味《再塑生命的人》一文中心理描写的句子，感受作者成长路上的内心体验。

（三）课堂学生活动

"角色扮演"：学生以组为单位，尝试仅以触觉和嗅觉进行学习。小组自定学习内容、教学用具、师生角色。（四人一组，可以分两对扮演）要求教学

时间在15分钟以内，教学时扮演海伦·凯勒的学生保持闭眼，保持静默，扮演莎莉文老师的人不能说话，不能做动作，结束之后学生们来说自己的感触。

（四）推荐阅读

名著引入：《不仅仅是左手》《敬爱的"号兵"》《童年读书》《宋妈》。

"假如给我三天光明，我首先要长久地凝视我的老师——安妮·莎莉文。"——海伦·凯勒《假如给我三天光明》

古今中外，无数名人成长的背后，都有着恩师的影子。这些灵魂的工程师们，耐心而智慧地培育着自己的学生，其高尚、友善的品德和广博、深厚的学识，使得教育者受到尊重和敬仰。

（五）春风化雨

1. 从上节课阅读的《再塑生命的人》《不仅仅是左手》《敬爱的"号兵"》三篇文章中，选出一位你最尊敬的老师，并说说理由。

用"我最尊敬的是《　　　　　　　》中的老师，因为他/她（人物形象），我是从文中的（具体描写/典型事件）看出来的"的句式说出理由。

小结写法：作者是如何成功塑造出恩师形象的？

通过细心的观察，抓住人物特点；再展开具体的描写，叙述典型的事件。

过渡：这三位老师，是学生成长路上的一缕春风、一阵细雨。春风化雨，滋润了一个又一个幼小而美好的生命。

2. 在你成长的过程中，有这样难忘的恩师吗？请简要说一说。

（展开描写或叙说典型事件）

过渡：成长路上，还有许许多多不是老师却胜似老师的人物存在，他们以自己的优秀品质、美好人格影响着身边的无数人。如诺贝尔文学奖获得者莫言，又如《城南旧事》中的宋妈。

3. 用"莫言/宋妈影响了我，因为我从文中（具体描写/典型事件）看出了他/她的（人物特点）"的句式描述。

（六）师恩难忘

在我们的成长过程中，有的老师给我们传授书本知识，有的老师却带给我们一生的影响，以至于我们一辈子都难以忘怀。但是如果写一篇关于恩师的文章，要令人动情、感人至深却有一定的困难，为什么呢？

1. 朗读《再塑生命的人》，在文中标画出关于作者心理描写的句子，感受作者成长路上的内心体验。

2.挑选自己感触最深的一句，对全班进行分享。

小结写法：如何让写人的文章动情至深？

"感人心者，莫先乎情。"文章要写得动情至深，除了以细节和事件写出人物特点外，更要"以我手写我心"，适当穿插抒发作者真情的句子，使情感的流露给人以真实感、真诚感。

（七）课堂小结

在《假如给我三天光明》中，海伦·凯勒写道："我最想看的是在黑暗的年月中我珍爱的东西。你也会想让自己的眼睛长久地停留在你珍爱的东西上，这样你就能够把对它们的记忆带到向你阴森逼来的长夜中去。"毫无疑问，我们从她想长久地凝视安妮·莎莉文的强烈愿望中，感受到了恩师在她生命大半旅程中的真情陪伴，感受到了她对恩师无限的敬爱与感激之情。

"桃李不言，下自成蹊。"品德高尚的人，从来不用自我宣言，就自然能受到他人的尊重和敬仰。

第七课时　成长的意义——追寻

【课型】

自主阅读课。

【教学内容】

拓展：《远大前程》。

【教学知识点】

文意的把握、中心的理解。

【课时教学目标】

1.让学生默读并对文章进行圈点勾画和摘录，把握文意，理解中心，获得启示。

2.使学生对"什么是人生中最重要的事"有自己的思考。

【教学过程】

（一）激趣导入

此前我们读《朝花夕拾》，少年鲁迅是从"小康之家坠入困顿"，因此看到"世人的真面目"。那么，假如一个少年从困顿变为富有，又会看到什么呢？这本书的主人公匹普，得到了一笔合法的巨额遗产，多到足以让他实现阶层跃升，从人人看不起的小可怜虫一跃成为上流社会的绅士。接下来会发生什么呢？大家不妨结合小说标题来预测一下小说的内容。

在当今社会，考名校、进大公司、赚高薪，成为很多人不假思索便树立的理想，但是人生中真正值得我们去追求的是什么呢？希望大家在本书中去寻找答案。

（二）梳理情景把握大意，理解主旨

阅读节点设置：学生分三周读完，每周教师在阅读课上引导学生对所读内容进行交流讨论。

节点一：第19章

回顾：匹普由贫变富，谁对待他的方式产生了变化？谁没有变？

展望：匹普变富有后，你最好奇的是什么呢？

节点二：第39章

回顾：匹普富有时做的事，你觉得哪些是对的？哪些是不对的？为什么？

展望：你觉得这件事会怎么收场？

节点三：第59章

回顾：对于匹普来说，生命中真正重要的是什么？

（三）名著推荐

在课外阅读方面，推荐学生阅读名著《远大前程》（英/狄更斯），尝试一气呵成地读完一部外国长篇小说。选择这部小说的理由有三，第一，它是经典的线性叙事，按照时间推进，便于学生贯通地读。第二，它讲述的是少年匹普贫而乍富后的生活变化与思考，刚好与《朝花夕拾》中少年鲁迅家道中落形成对照，便于学生进行对比阅读。第三，它是以少年匹普和中年匹普的双重口吻来讲述成长中的奇遇悲欢的，与《朝花夕拾》中中年人回忆少年事的双重视角一致，有利于学生在跟着少年匹普历险时，也聆听中年匹普的人生思考。

第八、九课时　凝思落笔——跃然纸上

【课型】

写作实践课。

【教学内容】

主题写作。

【教学知识点】

描写方法。

【课时教学目标】

1. 学生默读课文《从百草园到三味书屋》（"三味书屋"部分）、丛书《享受生活》《王几何》，把握文中主要人物形象。

2. 从读到写，让学生学习并掌握人物肖像、语言、动作、心理描写方法的运用。

3. 让学生把人物放在事件中写，通过人物描写，抓住特征，塑造人物性格。

【教学过程】

（一）课文导入

学习《从百草园到三味书屋》，我们看到了作者成长的代价，是百草园生活的远去，取而代之的是三味书屋的学习生活。对于三味书屋的读书生活，有人认为在作者看来是枯燥乏味的，有人认为也不乏情趣，你怎么看？

（二）学习活动

学习活动一：赏片段，学习写人方法。

过渡：鲁迅写寿镜吾先生"读书入神"的动作是怎样的？——"读到这里……拗过去"，寥寥几笔，一个可爱的"宿儒"形象跃然纸上。接下来我们再找一找、看一看哪些精彩的片段为我们塑造了一个个鲜明的形象。

1. 外貌描写：

他是一个高而瘦的老人，须发都花白了，还戴着大眼镜。

——鲁迅《从百草园到三味书屋》

2. 动作、神态、语言描写：

母亲就悄悄地躲出去，在我看不见的地方偷偷地听着我的动静。当一切恢复沉寂，她又悄悄地进来，眼边儿红红的，看着我。"听说北海的花都开了，我推着你去走走。"她总是这么说。

——史铁生《秋天的怀念》

读到这里，他总是微笑起来，而且将头仰起，摇着，向后面拗过去，拗过去。

——鲁迅《从百草园到三味书屋》

3.心理描写：

我恍然大悟，有一种神奇的感觉在我脑中激荡，我一下子理解了语言文字的奥秘了。

——海伦·凯勒《再塑生命的人》

4.通过环境描写来烘托人物的心情：

比如《从百草园到三味书屋》第二段，作者从视觉、听觉、嗅觉和触觉多角度来描写百草园的景物，其作用就是为了烘托出百草园给我的童年带来的愉悦的心情。

小结：描写人物，一定要细心观察，筛选特征，捕捉瞬间，把握人物在外貌、语言、动作、神态、心理各方面的特点，找出人物在着装打扮、身高体态、言谈举止、行为习惯、思想品质等方面的异于常人之处，不求面面俱到，要抓住最有特点的方面进行描写，捕捉最能表现人物内心情感与个性特征的瞬间画面进行描写，而且要把人放在事件中写。这样才能让笔下人物鲜活起来！

学习活动二：设置场景，写作实践。

1.片段写作：根据前面所学，从班上选择一个你熟悉的同学，用200字左右给他"画"一幅肖像画。写好后，读给同学听，看看他们能否猜出你写的是谁。如果被很多同学猜中了，那就说明你写得很棒哦！（全班交流）提示："画"肖像时，除了描写外貌、衣着、体态外，还可以加入这个人常用的一些动作、语言、行为，特别是口头禅、习惯性动作等细节，这些可以帮助别人更好地猜到你写的是谁。

2.课堂作业（下面三题，任选其一）（此步第二课时完成）。

（1）以先前写的片段为基础，自拟题目，将其扩展成一篇以写人为主的记叙文，不少于500字。

提示：

① 在同学互读的过程中，别人写的内容、采用的表达技巧一定给了你不少启发。认真观察你要写的同学，将这个片段进一步充实、完善，改到别人一看就知道你在写谁的程度。

② 在片段写作的基础上进行扩展，最重要的是补充一些能体现这个同学个性的小事，这些小事可以根据重要与否确定详略。

③ 详写的小事一般也不能像写一篇完整的记叙文那样，从头到尾细致描述，而是应该突出重点，概括叙述与具体叙述相结合。

（2）少男少女都有自己心中的偶像，渴望了解他的故事，感受他的人格魅力，甚至想方设法弄清楚他的生活习惯。你一定也有自己的偶像吧？是歌星、影星、球星，还是小王子、哈利·波特、外星人ET？是毛泽东、鲁迅、钱学森那样的现当代名人，还是曹操、李白那样的历史人物？试围绕"我的偶像"这个话题，自拟题目，完成一篇以写人为主的记叙文，不少于500字。

（3）请你以"我熟悉的一个人"为题，写一篇记叙文，要求用上多种描写方法，把人物放在事件中来写，突出其个性特征，不少于600字。

四、单元主题教学反思

本单元的教学设计是基于单元主题视角的教学活动设计，以统编版单元导读中的学习要求为纲，通过一系列有机联系的学习活动和任务来完成单元主题的整体把握和单元学习目标的贯彻。具体来说就是牢牢把握"学习生活"这一主题和"默读"这个核心目标，将教材中的两篇选文、练习等板块的内容与课外的教学资源进行有机整合，让学生通过自主阅读、小组合作讨论、课外延伸阅读、读写结合等方式来达成培养语文核心素养的目标。

本教学设计具有以下几个方面的优点：

1. 在设计思路上落实了整体到局部、课内和课外有机结合的教学模式。首先，本教学设计以"童年"为引入带出"少年儿童的学习生活"这一主题，奠定了单元的基调。其次，让学生通过默读的方式整体预习本单元的两篇现代文，引导学生感悟作者的童真童趣。由于本单元是学生第一次接触"默读"这一阅读方法，因此在读完教材的两篇课文后又链接了课外的三篇文章，让学生巩固默读的技巧，强化读后进行思考和概括的习惯。

2. 在教学过程中贯彻了以学生为中心。教学过程不是简单的知识的单向传递，而是知识技能和情感的双向交流。本教学设计是教师引导学生通过自主学习和小组合作探究等方式对文本进行深度解读，学生在教师的指导下完成环环相扣、层层递进的学习任务来习得默读的技巧和写作的方法。

3. 教学方法体现读练结合，以读促写。本单元附有写作和名著导读的学习活动，因此在本教学设计中也有相应的链接和体现。《从百草园到三味书屋》是本学期必读的名著《朝花夕拾》中的一篇，因此让学生拓展阅读《五猖会》等篇目有助于其对《朝花夕拾》的进一步感知。同时，本单元的两篇文章都对人物进行了细致的刻画，因此也适时地设计了一堂写作指导课来让学生学以致用。

当然，本教学设计也存在诸多不足。如对课文的深度解读不足，以《从百草园到三味书屋》为例，"从百草园到三味书屋"不仅是时空的转换，也是作者的成长过程，本教学设计缺乏对这一过程的梳理和明确，整个学习活动在文章主题方面也只是浅尝辄止。又如在写作指导中，虽然有将课文的文本作为例文来讲解，但没有展示符合学生阶段水平的范文让学生来品读，使学生在写作实践中缺乏参考内容。

为生命而歌唱

统编版七年级上册第五单元

单元主题：动物与人

课题：《猫》《动物笑谈》《狼》

一、文本解读

本单元围绕"人和动物"选取了一组文章，内容不同，体裁各异，但都跟动物有关，分别是郑振铎的《猫》、康拉德·劳伦兹的《动物笑谈》和蒲松龄的《狼》。

本单元描绘了人和动物相处的种种情形，有的表达了对动物的欣赏、对其命运的关注，有的表现了人与动物的矛盾冲突。《猫》以第一人称的口吻，记叙了自家的三次养猫经历。作者满怀人道主义情怀，关注身边的小生命，尤其是对第三只猫的愧疚，体现了作者对生命的尊重和自我反省。《动物笑谈》是一篇科普文章，作者从一个动物学家的角度，以诙谐幽默的语言记叙了自己观察动物习性和进行科学实验的过程，也写出了动物们的调皮可爱。字里行间透露着人和动物相处的和谐。《狼》是一篇文言小说，写的是人和动物的争斗——不是你死，就是我亡。故事虽短，但矛盾激烈，结构紧凑，引人入胜。阅读这些文章，可以增进学生对人与大自然的理解，加强人类的自我反思，形成尊重生命、善待生命的意识。

本单元语文素养的训练点主要是让学生继续练习默读，进一步培养学生默读和把握中心的能力。本单元默读的重点是让学生学会做摘录，边读边思，勾画文章重要语句和段落，并且在把握文意、厘清思路的基础上，学会概括文章中心。

二、单元教学目标

1. 让学生识记本单元生字词，做到会读会写。

2. 学生继续练习默读，做到一分钟500字左右，能边读边画出重要语句，学会做摘录。

3. 让学生在把握文意、厘清思路的基础上，学会概括文章的中心思想。

4. 使学生理解人与大自然的关系，形成尊重动物、善待生命的意识。

三、教学设计

第一课时　字里行间初识你——与生命相逢

【课型】

单元预习课。

【教学内容】

教材：《猫》《动物笑谈》《狼》。

【教学知识点】

文章思路的梳理。

【课时教学目标】

1. 让学生识记本单元的字词，使其能理解并正确书写本单元字词。

2. 让学生初读课文，厘清文章脉络。

【教学过程】

学习活动一：资料助读。

作者介绍：

1. 郑振铎（1898—1958），福建长乐县人。现代作家、文学家，我国新文化运动的倡导者之一。新中国成立后，曾担任中国科学院考古研究所所长、全国作协理事等职务。主要著作有《中国历史参考图谱》《中国俗文学史》《欧行日记》《海燕》《山中杂记》等。

2. 康拉德·劳伦兹（1903—1989），奥地利动物行为学家，1973年由于对动物行为学研究方面开拓性的成就而获诺贝尔生理医学奖。劳伦兹最为人所称道的是他在动物行为方面的通俗写作，他著有《所罗门王的指环》《攻击的秘密》《雁语者》《狗的家世》等。

3.蒲松龄，字留仙，别号柳泉居士，世称聊斋先生，清代杰出文学家，山东省淄川县人。他一生不得志，19岁参加科举考试，中过秀才，此后却屡试不第，始终没有考上举人。中国文学史上的古典名著《聊斋志异》是他的代表作，《聊斋志异》是一部短篇小说集，"聊斋"是蒲松龄的书房名，"志异"是记载奇闻异事的意思。

学习活动二：字词积累。

1.让学生查字典解决"读读写写"中字词的读音和解释，提前准备好课堂字词检查。

2.学生摘录课文中的成语并解释。写下有关"狼"的成语，看谁写得又快又多。

3.让学生借助课下注解，自己翻译《狼》，把不能理解的字词句子摘录出来。

学习活动三：快速默读课文，完成以下习题。

1.默读《猫》，直接摘录和概括相关内容，完成课本的表格。

2.《动物笑谈》中写了几个有趣的场景，试着概括出来。

3.朗读《狼》，说说屠户和狼经历了哪几次交锋？

4.推荐阅读：《鹦鹉流浪汉》。

第二、三课时　聊斋聊狼——生命的笑谈

【课型】

教读引领课。

【教学内容】

教材：《狼》。

【教学知识点】

文言实词、虚词的积累；文言句子的翻译。

【课时教学目标】

1.使学生准确、熟练、灵活地疏通字、词、句，初步培养学生阅读文言文的能力，逐步构建文言知识体系。

2.使学生在熟读理解内容的基础上，品读背诵课文。

3. 让学生能梳理、辨识各类文言语法现象，逐步增强学生文言阅读迁移能力。

4. 让学生画出并理解全文的中心句，了解蒲松龄的写作意图。

【教学过程】

学习活动一：积累导入，朗读课文。

1. 学生积累、理解关于狼的成语。

2. 学生朗读课文，读准字音。

学习活动二：借助学案，巩固实虚词意义用法。

1. 写出下列文言词意义。

一屠晚归，担中肉尽（　　　），止（　　　　　）有剩骨。途中两狼，缀（　　　）行甚（　　　）远。

屠惧（　　　），投以骨。一狼得骨止（　　　　　），一狼仍从（　　　　　）。复（　　　）投之，后狼止（　　　　　）而前狼又至（　　　　　）。骨已尽矣，而两狼之并（　　　　　）驱（　　　）如（　　　）故（　　　）。

屠大（　　　）窘（　　　），恐前后受其敌（　　　）。顾（　　　）野有麦场，场主积薪（　　　）其中，苫蔽（　　　　　）成丘（　　　）。屠乃（　　　）奔倚（　　　）其下，弛（　　　）担持（　　　）刀。狼不敢前（　　　），眈眈（　　　）相（　　　）向（　　　）。

少时（　　　），一狼径（　　　）去（　　　），其一犬（　　　）坐于（　　　）前（　　　）。久之，目似（　　　）瞑（　　　），意（　　　）暇（　　　）甚（　　　）。屠暴（　　　）起，以刀劈狼首，又数（　　　）刀毙（　　　）之。方（　　　）欲（　　　）行，转（　　　）视积薪后，一狼洞（　　　）其中，意（　　　）将（　　　）隧（　　　）入以攻（　　　）其后也。身已半入，止（　　　）露尻（　　　）尾。屠自（　　　）后断（　　　）其股（　　　），亦（　　　）毙（　　　）之。乃（　　　）悟（　　　）前（　　　）狼假寐（　　　），盖（　　　）以诱（　　　）敌（　　　）。

狼亦黠（　　　）矣，而顷刻（　　　　　）两毙（　　　），禽兽之变诈（　　　）几何（　　　）哉（　　　）？止（　　　）增笑（　　　）耳（　　　）。

2. 写出下列文言虚词的用法。

之：①复投之（　　　）。②而两狼之（　　　）并驱如故。③久之（　　　）。

④又数刀毙之（　　　）。⑤亦毙之（　　　）。⑥禽兽之（　　　）变诈几何哉？

其：①恐前后受其（　　　）敌。②场主积薪其（　　　）中。③屠乃奔倚其

（　　　）下。④其（　　　）一犬坐于前。⑤一狼洞其（　　　）中。⑥意将隧入

以攻其（　　　）后也。⑦屠自后断其（　　　）股。

以：①投以（　　　）骨。②以（　　　）刀劈狼首。

③意将隧入以（　　　）攻其后也。④盖以（　　　）诱敌。

而：①后狼止而（　　　）前狼又至。②骨已尽矣，而（　　　）两狼之并驱

如故。

③狼亦黠矣，而（　　　）顷刻两毙。

学习活动三：疏通字句，译读课文，并前后关联，特殊文言语法现象

归类。

要求：1.小组研讨、交流，师生共同总结生成重难点识记方法。

2.互测互评互改，共同订正、反复落实重点难点。

（1）补出下列句中的省略成分并翻译句子。

①投（　　　）以骨。

②（　　　）复（　　　）投之。

③场主积薪（　　　）其中。

④屠乃奔倚（　　　）其下。

⑤一狼洞（　　　）其中。

（2）完成下列文言句的翻译，说出各句中都有哪些特殊语法现象。

①一屠晚归，担中肉尽，止有剩骨。

②屠惧，投以骨。

③屠大窘，恐前后受其敌。

④狼不敢前，眈眈相向。

⑤一狼径去，其一犬坐于前。

⑥一狼洞其中，意将隧入以攻其后也。

（3）关注下列一词多义现象。

止：①止露尻尾。②一狼得骨止敌。

前：①狼不敢前。②其一犬坐于前意。

乃：①屠乃奔倚其下。②乃悟前狼假寐毙。

学习活动四：诵读点评，情读课文。

自读，从三个角度批注：从屠户的角度点评课文段落内容；从"狼"的角度点评课文段落内容；从语言表达的角度点评段落内容。

教师示例：一屠晚归，担中肉尽，止有剩骨。途中两狼，缀行甚远。

品评一：写屠夫遇狼，点明时间、地点和矛盾的双方，这是故事的开端。

品评二：文章开门见山，写两狼追一人，揭示险恶的情境，扣人心弦。

品评三：一个"晚"字，写出了道中无人，屠户孤立无援的情形，渲染出紧张的气氛。

小组交流批注，分享点评，教师适时总结，引导学生读出情境、熟读成诵。

学习活动五：拓展延伸，把握主题。

1.学生快速默读蒲松龄笔下的另外两匹狼，借助工具书理解文意。

2.学生交流品析三匹狼的异同点，画出三则短文的中心句。

3.推荐阅读：沈石溪《狼王梦》。

第四课时　美到极致的你——为生命赞叹

【课型】

教读引领课。

【教学内容】

教材：《猫》《动物笑谈》《狼》。

【教学知识点】

描写的方法。

【课时教学目标】

抓住描写，品读自然中各种生灵的美，让学生学会尊重生命，欣赏生命。

【教学过程】

学生自主默读，圈点勾画摘录、交流拓展文章中描写动物的精彩画面，分析动物的特点，朗读感悟生命的美，并在批注中写下自己的理解和思考。

学习活动一：小组交流分享，品读生命的美。

1.朗读阅读课上自己摘录的片段给小组同学听，也可以合作朗读。

2.交流自己的批注和感悟，在和同学交流的过程中第二次旁批。

学习活动二：全班交流，品读生命的美。

1. 展示自己小组的交流成果：朗读和批注展示。

2. 教师在学生分享时指导学生朗诵、归纳各种描写的方法和作用。

3. 推荐阅读：《黄鹂》。

4. 教师适时引导总结：万物有灵，美得各异，无论是追求自由的奔跑翱翔，是悠闲自得的呼吸，是锲而不舍的爬行，还是生死关头的舍命报恩，都让人为之震撼感叹！

第五课时　我曾经薄待过你——因生命而思

【课型】

教读引领课。

【教学内容】

教材：《猫》。

拓展：《一只野猫》。

【教学知识点】

抓关键语句进行内容的概括。

【课时教学目标】

1. 让学生快速默读，使学生养成圈点勾画和做摘录的习惯，能通过关键语句概括文中动物的不同特点和命运。

2. 让学生圈点勾画出表达作者情感的语句，把握文章中心。

3. 让学生理解作者情感，了解老一辈知识分子身上自省悲悯的宽厚情怀。

【教学过程】

（一）导入新课

作家郑振铎说："文艺的对象，应该是被侮辱与被践踏者的血与泪。"今天我们就一起来看作家郑振铎、迟子建、梁实秋笔下被薄待过的猫和狗。

（二）文本探究

学习活动一：梳理内容，学会概括。

1. 学习《猫》，师生共同订正单元预习课中所填的表格，共同总结摘录的方法：画出关键句、圈出关键词、直接摘录或概括。

2. 默读《一只野猫》，比较郑振铎笔下的第三只猫和梁实秋笔下的野猫的外形、性情、在家中的地位、结局等，圈点勾画并摘录，师生讨论交流，完成表1。

表1

类型	第三只猫	一只野猫
外形		
特点		
事件		
结局		

学习活动二：品读关键句，把握中心。

1. 圈点勾画并摘录出《猫》《一只野猫》中表达作者思想情感的抒情和议论的句子，写下自己的阅读感受，全班交流。

摘录示例：

我心里也感着一缕酸辛，可怜这两月来相伴的小侣！

我也怅然地、愤恨地，在诅咒着那个不知名的夺去我们所爱东西的人。

我心里十分难过，真的，我的良心受伤了……自此，我家永不养猫。

——摘自郑振铎《猫》

2. 再次默读并摘录出《一只野猫》中表达作者思想情感的抒情和议论的句子，写下自己的感受，全班交流。

3. 批注、朗读、交流。

在学生交流的过程中，教师引导明确：两篇文章都用了对比的写法，在结尾表达了作者的所思所感。《猫》中作者花了大量笔墨去写第三只猫死后自己难过的心情，《一只野猫》中对野猫的惭悚和思考无不透露着作者对弱小生命的关注和同情，同时也暗含着感情的亲疏和认知、世间平等的哲理之思。

4. 推荐阅读：《鸟儿中的理想主义》。

学习活动三：读文悟人，收束课堂。

学生再次朗读文章中表情达意的关键句，教师总结：两个作者的笔下呈现的写作对象，都是弱势群体，都曾经受过薄待，作者因此良心受伤，感到落寞、惭悚，从这些反省和深思中，我们也读出了老一辈的知识分子身上自省和悲悯的可贵情怀。

第六课时　幽默的语言，简单的心——和生命相融

【课型】

教读引领课。

【教学内容】

教材：《动物笑谈》。

拓展：《与虫共眠》、《瓦尔登湖》（节选）。

【教学知识点】

语言的品味。

【课时教学目标】

1.学生默读课文，了解文章内容。

2.让学生欣赏精彩语段，品味语言的幽默。

3.让学生体会作者对科学、对自然的热爱，对生命的尊重。

【教学过程】

学习活动一：检查预习，过关字词。

掌握"读读写写"中的字词读音、写法和解释。

学习活动二：整体感知，概说内容。

1.学生默读《动物笑谈》《与虫共眠》，概括文中写到的几处场景。

2.学生发言，教师引导。

学习活动三：读幽默语言，品相融之趣。

学生默读，圈点勾画并摘录文中诙谐幽默的语句，进行批注、朗读、交流、分享。

教师批注示例1：

一大把胡子的大男子，屈着膝，弯着腰，低着头在草地上爬着，一边不时回头偷看，一边大声学着鸭子的叫声。

批注：这里运用了动作描写，通过"屈""弯""低""爬""偷看""叫"等一系列动词写出了作者做鸭妈妈时的怪异举动，生动幽默地展现了作者和小鸭相处时的投入和忘我的科学研究精神。

教师批注示例2：

它们好像一下子就喜欢上了我，对我的血与肉的味道赞赏不已。

批注：用了拟人的修辞手法，把小虫当作美食家，幽默地写出了小虫对我血与肉的浓烈兴趣，也从侧面写出了作者对小虫的纵容和喜爱，使我们感受到人和动物和谐共处的乐趣。

学习活动四：拓展延伸，读文悟心。

1.视频播放《朗读者》节选片段：广州野生动物园饲养员林兆铭的朗诵。

2.学生默读印发资料里《瓦尔登湖》中节选的文字，摘录文中生动幽默的语言，批注品读文字背后作者的心情和性情。

通常总是赤松鼠在黎明中把我叫醒的，它在屋脊上奔窜，又在屋子的四侧攀上爬下，好像它们出森林来，就为了这个目的。……这样它把玉米穗带到它住的地方，也许是四五十杆之外的一棵松树的顶上去了，事后我总可以看见，那穗轴被乱掷在森林各处。

学生朗读、交流，教师总结：读一段文，识一本书，懂一个人。有人说：能听得懂动物语言、和动物和谐共处的人一定也有一颗简单沉静的心。细品文字的魅力，我们也能读懂人和动物相处的和谐和人心的简单和纯净。

3.推荐阅读：《致云雀》。

第七课时　同类的生命，多元的思考

【课型】
阅读展示课。

【教学内容】
教材：《狼》。
拓展：毕淑敏的《母狼的智慧》、李薇漪的《重返狼群》（节选）。

【教学知识点】
人物形象的分析。

【课时教学目标】
1.学生圈点勾画并摘录，品读不同作品中狼的不同形象。
2.使学生在阅读中学会辩证看问题，能够进行多元思考。

【教学过程】
学习活动一：合作交流，展示收集资料。
1.学生先在小组内交流展示收集的关于狼的资料，做好汇总，为全班交流做准备。

2. 小组派代表展示收集成果。

学习活动二：比较不同作品中狼这一形象的异同。

1. 学生自读《狼》《母狼的智慧》，批注比较两部作品中狼形象的异同。

2. 思考：不同的作者对狼这一写作对象倾注的感情是否一致？

3. 学生交流，教师适时引导：这两匹狼身上都有狡猾贪婪的共同点，但侧重点不一样。蒲松龄在笑谈中批判，毕淑敏为狼的勇敢和母爱赞颂。

学习活动三：推荐阅读，多元思考。

1. 播放李薇漪的《重返狼群》的电影节选，学生交流观后感受。

教师出示《重返狼群》中的文字：

天地狼心道是无情却有情/从城市到荒村/人与狼传奇的"格林童话"/终走到残酷的结局/我们能救一匹狼的命/我们能改变狼的命运吗？

2. 推荐阅读：纪晓岚的《狼性》、姜戎的《狼图腾》。看看古代作品与现代作品中狼的不同形象，可以尝试探究造成这些不同的原因。

3. 教师总结：不同的时代、不同的作品赋予了狼不同的形象，同样地，不同的民族对狼有不同的爱憎，狼留给我们的是多元化的思考。甚至有人提出，中国文明从未中断的原因，是在于华夏民族还存在着一个从未中断的狼图腾文化。同学们可以在课下继续阅读资料并进行收集整理，自选角度，写出关于狼的小论文。

第八课时　蓝天下的旅行——替生命而歌

【课型】

自主阅读课。

【教学内容】

拓展：《鹦鹉流浪汉》《猫的天堂》《黄鹂》。

【教学知识点】

文意的把握、中心的理解。

【课时教学目标】

1. 学生默读、圈点勾画并摘录文章，把握文意，理解中心。

2. 让学生学会理解生命、尊重生命、善待生命。

【教学过程】

学习活动一：整体感知，概说生命经历。

1.让学生默读文章《鹦鹉流浪汉》《猫的天堂》《黄鹂》。

默读要求：以1分钟500字的速度快速默读文本，要求不发声、不唇读、不指读。

默读任务：尝试着分别用一句话概括三篇文章的内容。

2.学生默读完后进行交流，教师在一旁引导。

学习活动二：品关键词句，细说生命忧欢。

1.《猫的天堂》中老雄猫的话："我就知道像你这样的肥猫生来就不配享受自由带来的充满艰辛的欢乐。"教师板书：自由、艰辛、欢乐。

2.学生再次默读文章。

默读《鹦鹉流浪汉》《猫的天堂》《黄鹂》，圈点勾画并摘录出体现鹦鹉、猫、黄鹂在追求自由过程中的艰辛和欢乐，批注写下自己的思考。

3.朗读、交流、分享。

学习活动三：创设情境，诉说生命所想。

1.教师创设情境一："我就把笼子挂在阳台的钩子上，阳光洒在它翠绿的羽毛上，它昂起小脑袋仰望着蓝天，突然停止了连续不断的哀鸣，变得非常非常安静，眼睛里闪烁着一种温柔的光泽。"望着蓝天的鹦鹉，如果可以说话，它会说些什么？请联系上下文，用第一人称写下鹦鹉的话。

教师创设情境二：如果此时，《猫的天堂》中的猫和《黄鹂》中的黄鹂刚好路过，它们又会对鹦鹉说些什么？请结合猫和鹦鹉的自身经历，用第一人称写下来。

2.学生写作，小组交流。

教师在学生发言中总结不同的生命对自由的不同态度。

学习活动四：把握中心，为追求自由的生命赞叹。

1.学生圈点勾画并摘录出表明作者观点的语句，把握文章中心。

2.鹦鹉、猫、黄鹂对自由有不同的理解，感受作者对自由、欢乐、美好生命的热烈赞颂，并结合文中内容，说出你对自由的思考。

第九课时　笔尖上的灵动——书写生命

【课型】

写作实践课。

【教学内容】

主题写作。

【教学知识点】

文章内容的安排。

【课时教学目标】

1. 借助课文和丛书，帮助学生认识立意对一篇文章的重要性。

2. 从读到写，让学生学习体会如何提炼中心、梳理线索、安排详略。

3. 让学生进行写作实践，通过一件事情、一个场景、一个物品、一个生命，表达学生情感和思考。

【教学过程】

学习活动一：借助文本，学习写法。

1. 围绕中心，选取典型材料。

中心，是文章中传达出来的作者的基本观点、态度、情感和意图，也就是作者写作文章的主旨所在。

请回顾一下本单元学习的课本和书籍，想一想各篇文章的中心分别是什么？围绕中心作者分别选取了什么材料？

文章的中心思想（亦称"立意"）对于整篇文章的材料取舍、结构层次、语言表达起着统率作用。

2. 详略得当，凸显文章中心。

《猫》重点写了什么？为什么这样安排？

在师生交流中明确：《猫》重点写了第三只猫的死亡和我难过的心情。详略得当，突出重点，能凸显中心。

3. 自然收束，巧点中心。

朗读推荐的文章的结尾，说说自己的发现。

学习活动二：设置场景，写作实践。

1. 情境设置：周五放学，和同学们一起走在放学的路上，一路上看到什么？会发生什么呢？可能是一个场景、一首民谣、一个生命、一个细节，或是一次谈话，以"放学路上"为题，写一篇作文。

2. 师生交流，教师在交流中提醒同学们注意写作的时间和地点，很多的材料要围绕一个中心取舍。要合理安排内容详略，凸显文章重点。

3. 创作热身：教师出示题目《放学路上》《书包》《餐桌前的谈话》，同学们也可以根据自己的喜好选择一个物件、一个生命或是一个场景，记住是否触动过你的内心、引发过你的思考是确定中心的立足点，围绕此选择材料，确定重点要写的部分。小组交流，选出代表，全班展示，教师适时引导。

四、单元主题教学反思

这个单元的主题教学设计，以"自主、合作、探究"为理念，以学习活动为载体，强调学生的独特体验、独到见解以及表述、交流。新课标下的语文课也讲究"多维度、大容量、高密度"。所以，在这个单元的主题教学中，我的语文课堂里尽量做到四点。

第一，最大限度地激发学生的学习兴趣。通过多种教学方法的相互配合、灵活运用，调动学生学习的积极性，使学生的学习过程紧张、有趣。如课堂中随机引用多媒体，用娓娓动听的课堂教学语言渲染情境，用流光溢彩的画面激发学生的想象。又如提供与动物相关、体现生命价值的课外文学作品，拓展学生的视野。

第二，最大限度地拓展学生的生活空间，"语文即生活，生活即语文"，是新课标下的大语文观，整个单元的9个课时就是把学生放在"生活"这个大课堂中学习。

第三，最大范围地调动学生的独特体验，训练学生的思维。学生联系生活，对各学科进行了综合，文思泉涌，学生的参与面广，学生的主体地位得到尊重，绝大多数学生积极地、主动地学习，深入学习的每一个环节。一个个不起眼的提问，引发了学生对生命的重新认识、对生活的重新思考，学生理解问题的深度、学习的质量都得到一定的提升。

第四，最大可能地向深度、广度拓展，努力建设开放而有活力的语文课堂。整个单元的教学就是"学生在教师指导下，置身一定的语言情境，以生活为基础，与教师、同伴、生活、自我进行对话"的过程。

语文教学是一门艺术。这个单元的教学还有两点需要改进的地方：

第一，对学生的学习过程、学习状态关注不够。在课前，我布置了前置作业，在课堂上，让学生思考的时间比较短，学生在规定的时间内很难完成知识的积累和运用，学生自主合作学习的过程体现不充分，学生的表达欲望、创作欲望没有被最大限度地激活。

第二，对知识的引申、迁移不够，各学科的糅合没有被充分利用，知识的系统性还不强。

文学作品单元主题教学这股清泉让学生的思绪飞扬飘舞，让学生的心灵明亮清澈。

质朴的善良，艰难的守望

统编版七年级下册第三单元

单元主题：凡人小事

课题：《阿长与〈山海经〉》《老王》《台阶》

一、文本解读

本单元围绕"小人物"选取了一组现代文，其中，《阿长与〈山海经〉》《老王》为回忆性散文，《台阶》为小说。

《阿长与〈山海经〉》使用了双重视角，童年的我与成年之后的我在文中交织出现，将阿长的善上升为人性之善良、人情之温暖、人道之魅力，体现了鲁迅先生对社会底层小人物的同情与悲悯之心。杨绛先生的《老王》采用了双重视角，讲述了一位出身卑微、孤苦无依、失群落伍、家境破落、年老体弱、人生中充满不幸却纯朴善良、真诚老实、视"我"为亲的老王与"我"之间的感人故事，深刻展示了杨绛先生对于不幸者的慈悲与愧怍。李森祥先生的《台阶》以儿子的视角写了一位作为农民的父亲为获得地位和尊重而劳苦一生建造九级新台阶却最终黯然失落的故事，歌颂了父亲坚韧朴实、勤劳憨厚、要强谦卑、坚定追求地位尊严与平等的形象，引发读者对物质追求与精神追求错位现象的多元思考。

综观这些小人物，没有传奇的经历、壮丽的事业，没有深湛的学识、豪迈的语言，但他们给我们带来一种平实、真切、直达内心深处的感动，充分发挥这些人物的情感道德熏陶作用和引领作用自然就成了这个单元义不容辞的任务。

单元导读要求学生熟读精思、重点品味关键语句，感受文章意蕴。从三篇文章的语用价值看，它们共同给我们展示了通过质朴准确的语言，采用欲扬先抑、对比、细节描写等方法来刻画小人物的写作方法。

二、单元教学目标

1. 学生识记生字词，做到会读会写。

2. 使学生在把握文意、厘清思路的基础上，充分全面立体地认识人物，深刻理解作者的情思。

3. 让学生进一步掌握刻画"小人物"的方法，并迁移运用到写作中。

4. 通过让学生理解不幸中的向善、慈悲中的悲悯，引导学生正确对己、对人、对世。

三、教学设计

第一课时　云遇见风，有了形状——在初识中勾勒

【课型】

单元预习课。

【教学内容】

教材：《阿长与〈山海经〉》《老王》《台阶》。

【教学知识点】

文章思路的梳理、人物形象。

【课时教学目标】

1. 让学生识记本单元的字词，使其能理解并正确书写。

2. 初读课文，使学生厘清文章脉络，初步认识阿长、老王、父亲。

【教学过程】

学习活动一：预习提示。

1. 阅读顺序建议：单元提示—课文预习提示—文章—课后练习。

2. 自主学习思考方向：课文预习提示及课后练习。

3. 动笔：

（1）在文中勾画课后"读读写写"的字词及疑难字词。

（2）标注段落。完成思考题，勾画关键词句，旁批思绪。

学习活动二：字词积累。

1. 学生查字典解决"读读写写"中字词的读音和解释，为课堂字词检查做

好准备。

2.学生摘录课文中的成语并解释。

学习活动三：习题助读。

1.阅读《阿长与〈山海经〉》，思考分别概括描写了阿长的哪些事？批注阿长的人物性格以及"我"对阿长的情感变化。

2.阅读《老王》，完成表格（表1）：

表1

段落	内容	描写方法	效果
第一部分 （1—）	写老王的基本情况： 老王的 老王的 老王的 老王的 老王的		____之 ____之 } 苦 ____之
第二部分 （—22）	写作者与老王交往的 几个片段： 老王 老王 老王		____之 ____之 } 善 ____之

3.阅读《台阶》，在文中批注：①父亲为什么要造一栋有高台阶的新屋？②父亲为了造屋付出了哪些艰辛的努力？③从文中看，父亲身上具有哪些性格特征？④新屋造好了，父亲却变得怎么样了？结尾的描写中寄寓了作者对父亲怎样的思想感情？作者又试图告诉我们什么？

学习活动四：自由批注

在文中自由批注形象、字词句赏析、手法、感悟、情思等内容。

第二课时　春融化冬，成了岁月——在不幸中慈悲

【课型】

教读引领课。

【教学内容】

教材：《阿长与〈山海经〉》《老王》。

【教学知识点】

人物形象的分析。

【课时教学目标】

1. 使学生厘清文章思路。

2. 让学生全面立体地认识阿长与老王，感受小人物的不幸与慈悲。

【教学过程】

学生自主默读，圈点勾画并摘录、交流拓展两篇文章中阿长和老王的人物形象，批注写下自己的理解和思考。

学习活动一：不完美的你。

1. 文章第3段说"我实在不大佩服她"，请阅读全文，概括出让"我"不太佩服她的事与形象。（特别赏析："从此对于她就有了特别的敬意，似乎实在深不可测；夜间的伸开手脚，占领全床，那当然是情有可原的了，倒应该我退让。"如何理解这个"似乎"？作者是真的觉得"情有可原"吗？）

2. 造成阿长这些缺点的原因，你觉得有哪些？

3. 杨绛说："那是一个幸运的人对一个不幸者的愧怍。"老王有何不幸？

归总：出身的不幸、地位的不幸、认知的不幸。

学习活动二：更美的你。

1. 文中提到《山海经》是"我最为心爱的宝书"，而文章的标题将阿长与《山海经》并列，说明什么？阿长又凭什么赢得鲁迅心中如此重要的地位呢？

2. 如此不幸的老王在艰苦中维持了怎样的自己？他又是怎样对待世界和"我们"的呢？

学习活动三：在不完美中更美。

1. 思考：他们为什么要这样做？

因为不幸，所以懂得；因为懂得，选择慈悲；在慈悲中坚强、善良。

2. 朗读：愿你慢慢长大，愿你有好运，如果没有，希望你在不幸中学会慈悲；愿你被很多人爱，如果没有，希望你在寂寞中学会宽容。

第三课时　冷遇见暖，有了细雨——在慈悲中自省

【课型】

教读引领课。

【教学内容】

教材：《阿长与〈山海经〉》《老王》。

【教学知识点】

双重视角与深刻情感。

【课时教学目标】

1. 让学生感受回忆性散文的一大特征：双重视角，两个"我"的交织。

2. 让学生体会鲁迅先生和杨绛先生的深刻自省与悲悯情怀，用悲悯之心体察善良，让善良循环。

【教学过程】

杨绛老人曾说："灵性良心人人都有，经常凭灵性良心来克制自己，就是修养。"这个历经沧桑的百岁老人，一生都在用悲悯的情怀洞察着苦难中的善良生命。

学习活动一：我曾薄待你。

1. 童年的"我"是怎么看待阿长的？对阿长的情感有何变化？请结合文本具体品析。

2. 当初的"我"在"我"和老王的关系中，是怎么定位自己的？

3. 这些行为会给阿长和老王带来什么感受呢？

学习活动二：我悔不懂你。

1. 回忆性散文双重视角知识的补充。

2. 两篇文章分别还有谁？——成年鲁迅、事后杨绛。

3. 他们又是怎么看待阿长和老王，怎么看待自己对他们的态度的呢？请找出词句细致体会。

学习活动三：因悲悯而愧。

1. 鲁迅和杨绛是不是真的很不友好？（补充杨绛先生的苦难：在"文革"时期中受过不少磨难，光亲人就失去多位。她自己被当作"牛鬼蛇神"揪出来，挨过批斗，被剃过"阴阳头"，被戴尖顶高帽游过街，被罚扫厕所等，无论身体还是心灵，都曾遭受重大创伤。）

2. 明明他们已经做得很好，却还如此愧怍，为何？

明确：这愧怍，缘于深深体味不幸滋味后，对人性、平等、命运等命题的终极追问，缘于超越控诉、感动和廉价同情的慈悲情怀。这愧怍，让我们想起落魄的杜甫身处漏雨茅屋时发出的悲天悯人的浩叹，想起了失志的范仲淹"不以物喜，不以己悲"的旷达胸襟。这愧怍，是几千年来流淌在中国知识分子血液里的那种悲天悯人情怀的传承。

只有同等善良的人，才能体察和怜悯另一个同样善良的心。这凡尘俗世有多少人，见识过多少悲情之事，然而，又有几人能将眼前的悲悯化作自己神圣的责任呢？

第四课时　天遇见地，成了永恒——在艰难中坚守

【课型】

教读引领课。

【教学内容】

教材：《台阶》。

拓展：黎晗的《草腥味》、聂鑫森的《怀念一种声音》。

【教学知识点】

人物形象。

【课时教学目标】

1. 学生梳理课文内容，全面把握父亲的人物形象。

2. 使学生感受在时代浮沉中坚守的人之内心情感与精神。

【教学过程】

学习活动一：品心中台阶。

1. 概说故事：围绕"台阶"二字，按照小说"开端—发展—高潮—结局"四个部分取小标题。

2. 阅读前三部分（即1—24段），说说这是一个怎样的父亲？

（①特别讨论"父亲想要的是台阶还是地位"适当引导"封建迷信、等级观念重"的评价，这其实是社会风气所致，父亲身处其中却无法改变现实风气，只是想通过建台阶来获取自己的尊严、人格、尊重与平等。②特别体会"他居然不敢放，让我来""父亲的两手没处放似的，抄着不是，贴在胯骨上也不是""明明该高兴，却露出些尴尬的笑"。）

3. 阅读最后一部分（即25—32段），台阶建成后父亲心情却如何？"父亲又像问自己又像是问我：'这人怎么了？'"作者认为父亲这是老了，你认

为呢?

4. 从全文看，父亲一直在坚守或想坚守什么?

明确：尊严与平等、劳动价值、奋斗目标。

学习活动二：悟各样坚守。

1. 阅读课外两篇文章，思考他们分别在坚守什么、追寻什么。

2. 师生进行分享。

黎晗的《草腥味》——坚守中的迷茫，在变迁的生活与时代里守住一颗积极、阳光，能发现美、享受美的心。

聂鑫森的《怀念一种声音》——坚守中的创作，在时代的发展与物欲横流的社会中守住纯粹的亲情、生活中的淡然、骨子里的风雅、逝去的文化与美好的回忆。

第五课时　笔注入心，有了生命——在对比中凸显

【课型】

读写结合课。

【教学内容】

教材：《阿长与〈山海经〉》《老王》《台阶》。

拓展：《说与做》。

【教学知识点】

对比。

【课时教学目标】

1. 让学生学会赏析对比并感受其作用。

2. 让学生学习对比的写法，将其迁移到写作中。

【教学过程】

学习活动一：比出高贵与善良。

1.《阿长与〈山海经〉》中善用对比，请找出两处并做赏析。

2. 学生分享，师生点评与补充：①老人不理解"我"对《山海经》的渴望，疏懒地对待"我"，其他人也不过问不真实地回答"我"，而阿长却留意到了"我"的反应，主动问《山海经》是怎么一回事；②阿长并非学者的身份，她的无知与给"我"买书、懂得儿童心理形成对比；③阿长对"我"的事

无巨细与"我"对她的不甚了解形成对比；④童年时的"我"对阿长的厌恶与成年后"我"对阿长的理解、怀念、感激、愧疚形成对比……

学习活动二：比出不幸与愧怍。

1. 读《老王》一文，总是让人心痛无比。对比在其中发挥了巨大的作用，在对比中描绘出老王的不幸，比出"我"深深的愧怍。

2. 师生分享：①同行对比、与"我"对比——不幸；②卑微生命与高贵人性对比、可亲家人与主顾客套对比、可怖外表与高贵心灵对比——愧怍。

学习活动三：比出方法与智慧。

1. 重温第一单元闻一多的《说与做》，结合这两篇文章，说说对比的方式和角度。

2. 师生总结：①不同人对比（反向对比、正向对比）；②同人对比（不同层面、不同时间、不同地点、不同角色）。

学习活动四：小试牛刀——《母亲的购物变迁》。

略。

第六、七课时　笔注入心，有了生命——在扬抑中闪烁

【课型】

读写结合课。

【教学内容】

教材：《阿长与〈山海经〉》《列夫·托尔斯泰》。

拓展：《我的邻居们》《范爱农》《面貌》。

【教学知识点】

欲扬先抑、欲抑先扬的写作手法。

【课时教学目标】

1. 让学生学会赏析抑扬并感受其作用。

2. 让学生学习欲扬先抑、欲抑先扬的写法，并将其迁移至自我写作中。

【教学过程】

学习活动一：抑扬随意显真情（用事写人）。

1. 回顾阿长写法：标题显重要性、阿长亦有大善、作者亦对其又为深情。

讨论：文章前面为何要写阿长那些陋习呢？（立体性、真实性、欲扬先抑）

2.同类拓展《范爱农》。

3. 对比阅读《我的邻居们》——欲抑先扬，突出了作者与汉奸做邻居的痛苦与麻烦。

4.总结：有着跌宕起伏、出乎意料、对比强调、鲜明真实的作用。

学习活动二：抑扬巧妙凸形象（用貌写人）。

1.阅读《列夫·托尔斯泰》，快速筛选信息。

列夫·托尔斯泰的脸庞、脸膛、额头、皮肤、鼻子、耳朵、脸颊、嘴唇让人觉得_____、_____、_____，甚至_____，作者将他的这副面容比喻为_____。他的表情，长相，完全属于俄罗斯人，仰慕者无一例外感到_____。但，他的_____很令人惊讶，作者说他_____，还说他_____，同时还_____。

2.阅读面貌，快速筛选信息。

3.总结写法：欲扬先抑。

学习活动三：小试牛刀——《我的李老师》（事或貌入手）。

略。

第八、九课时 笔注入心，有了生命——在细节中动情

【课型】

读写结合课。

【教学内容】

教材：《阿长与〈山海经〉》《老王》《台阶》。

【教学知识点】

细节描写。

【课时教学目标】

1.让学生品词品句，感受细节描写和用词的张力。

2.让学生学会在写作中适当加入精妙而凝练的细节描写。

【教学过程】

补充知识框架：何为细节描写及细节描写包括的内容。

学习活动一：赏。

1.自由批注和赏析《阿长与〈山海经〉》《老王》《台阶》的细节描写。

提示：找+什么手法/字词+效果。

2.经典师生齐赏。

学习活动二：化。

1.举例区分叙事与描写。（大部分学生只叙不描）

2.化叙为描：天气真炎热（叙）转描训练；妈妈生气地说（叙）转描训练；比赛胜出了，我高兴极了（叙）转描训练。

学习活动三：补。

以"父亲为母亲系鞋带"为例，教师引领孩子一步步围绕中心扩写，最后成文。（一步步添人物描写、环境描写）

学习活动四：写。

1.理解此诗并用现代汉语进行扩写。（要求：事件完整，用上环境描写和人物描写）

清　明

杜牧

清明时节雨纷纷，路上行人欲断魂。

借问酒家何处有？牧童遥指杏花村。

2.自选一件自己熟悉的事，选择事件的某一部分进行详写，要求进行人物描写且能体现人物的性格特征。

四、单元主题教学反思

整个单元教学由浅入深、多角度地带领学生感受质朴的善良、善良背后的悲悯、艰难的坚守，正面引导学生向善、向美、向阳、向温暖，充分挖掘了教育的情感道德价值作用。本单元的语用教学设计遵循"一课一得"原则，思路清晰，舍末求本，在考虑了学情和教材连续性的前提下，在学生原有的基础上注重读写结合，充分发挥了文本的写作示范作用。同时，该单元教学适当拓展课外阅读，并纳入课内进行语文主题学习，在一定程度上扩大了语文课的知识与阅读容量，体现了大语文观念。

但也有一定的教学顾虑点：

1.教材课文使用和语料使用跨度大。本单元设计并非采取"1+X"的模式，而是要求学生在全面阅读所有课文的前提下，灵活跨越式运用本单元各篇文章，甚至是已学过的其他单元语料。于初一学生而言，这对他们的课文熟悉度提出了很高的要求，要求学生进行充分的预习，上课必须紧跟老师的思维。

2. 情感体验程度深，语用知识使用有深度。这对生活阅历不丰富、情感体验不深入的初一学生来讲，有一定的思考难度。在教学过程中，可能会出现师生体验的断崖情况。但不可否认，这种课堂可以很大程度地提高学生的语文素养和生活能力，培养学生的语文和生活情怀。

3. 教学时间相对长。在未处理练习的情况下，可能会需要9到10个课时，加入练习的处理、写作课或名著课后，本单元需要15个课时左右。且本单元所学习的对比写法、抑扬写法、细节描写、详略得当写法会贯穿整个学期乃至整个初中的写作训练。

4. 单篇课文可能会出现体验的断层的现象。由于本单元教学的每一课几乎是在所有课文中来回穿梭，故可能无法保证学生拥有一篇文章的完整体验。

语文教学有舍必有得，有利必有弊，有挑战才有收获，有难度才有提高。在实践过程中不断发现问题，解决问题、完善方案，才有成长。

托物言志　物微情深

统编版七年级下册第五单元

单元主题：生活哲理

课题：《紫藤萝瀑布》《一棵小桃树》

一、文本解读

《紫藤萝瀑布》记叙了作者观赏紫藤萝花时的所见所思所忆，综合运用多种修辞手法，从整体到局部的顺序，先写盛开的花瀑，再写花穗，最后写花朵，突出紫藤萝花的繁密亮丽、灿烂奔放、充满生机的特点。从花之形到花之性情，再到花之精神，能够让人感悟到人生的美好和生命的永恒。本文的情感转换也非常自然：被吸引—精神的宁静和生的喜悦—受到启发—重新振作。

《一棵小桃树》描写了一棵在逆境中诞生、成长的小桃树，用桃树的命运预示人物命运。这棵倔强坚强的小桃树不仅蕴含着作者贾平凹的梦，更是教会了贾平凹成长，向读者传递了感人肺腑的故事。作者用拟人、比喻等多种手法表现小桃树的丑陋、弱小、不起眼，突出了小桃树与"我"之间的相似性，这些铺垫使文章中托物言志的手法运用得非常自然。

本单元学习托物言志的手法：让学生体会如何运用生动形象的语言写景状物，寄寓自己的情思，抒发对社会人生的感悟。

二、单元教学目标

1. 使学生了解并掌握重点生字词的字音、字形、含义。

2. 让学生感知课文内容，感受语言之美，体会生动形象的细节描写。

3. 使学生理解作者独特的情感体验，学习托物言志的写法。

4. 通过比较阅读，分析作品间的异同点，使学生拓宽视野，加深对文章的理解。

5.让学生感受文中蕴含的人生哲理，激发学生对自然社会人生的关注和思考。

三、教学设计

第一课时　一花一世界（物之语）

【课型】

单元预习课。

【教学内容】

教材：《紫藤萝瀑布》《一棵小桃树》。

【教学知识点】

文章内容。

【课时教学目标】

1.使学生了解并掌握本单元重点生字词的字音、字形，重点词语的含义。

2.让学生了解宗璞、贾平凹的生活经历，为学生深入理解课文做铺垫。

3.使学生感知课文内容，感受语言之美，体会文中生动形象的细节描写。

【教学过程】

学习活动一：资料助读。

1.宗璞，女，著名哲学家冯友兰之女，自幼生长于清华园。在抗战爆发后，随父赴昆明，就读西南联大附属中学。宗璞多年从事外国文学研究，汲取了中国传统文化与西方文化之精粹，学养深厚，气韵独特。主要作品有《红豆》、《弦上的梦》、系列长篇《野葫芦引》等。

2.贾平凹，生于1952年，陕西丹凤人，是我国当代文坛屈指可数的文学奇才，被誉为"鬼才"。贾平凹从小就有一种自卑心理，觉得自己的个头、形象和口才等方面不如别人。代表作有《废都》《秦腔》等。

写作背景：

《紫藤萝瀑布》：这篇文章写于1982年5月，当时作者的小弟弟身患绝症，作者非常悲痛（1982年10月小弟病逝），徘徊于庭院中，见一树盛开的紫藤萝花，睹物释怀，见花儿自衰到盛，感悟到生命的美好和生命的永恒，于是写下此文。

学习活动二：积累词语。

学生借助工具书完成课前预习任务单，掌握词语读音及释义。

《紫藤萝瀑布》

（1）字音字形

迸溅（bèng jiàn）　　　伫立（zhù）　　　　凝望（níng）

伶仃（líng dīng）　　　笼罩（lǒng）　　　枯槐（huái）

盘虬卧龙（qiú）　　　忍俊不禁（jīn）　　仙露琼浆（qióng）

（2）词语解释

迸溅：向四外溅。春红：春天的花朵。伫立：长时间地站着。

伶仃：形容瘦弱或细长。盘虬卧龙：盘绕横卧着的虬龙。

《一棵小桃树》

（1）字音字形

褪（tuì）　　　　摞（luò）　　　忏悔（chàn）　矜持（jīn）

哆嗦（duō suo）　服侍（shì）　　渺小（miǎo）　猥琐（wěi suǒ）

颤抖（chàn）　　赤裸（luǒ）　　孱头（càn）　　马嵬坡（wéi）

（2）词语解释

矜持：庄重，严肃，拘谨。猥琐：（容貌、举动）庸俗不大方。

灼灼：形容桃花繁盛明丽的样子。血气方刚：（年轻人）精力正旺盛，冲劲大。

轰轰烈烈：形容气魄雄伟，声势浩大。祸不单行：表示不幸的事接连发生。

学习活动三：感知课文。

1. 默读课文，思考：紫藤萝和小桃树的生存状态和特点是怎样的？请在书中勾画出来，完成课堂学习任务单（见表1）。

表1

物		生存环境、状态（原句）	特点
《紫藤萝瀑布》	眼前的紫藤萝		
	过去的紫藤萝		
《一棵小桃树》	今天黄昏时的小桃树		
	春天过后的小桃树		
	如今的小桃树		
	雨中的小桃树		

2.结合课文具体内容说一说：这是一棵怎样的小桃树/紫藤萝？

3.课外延展：推荐阅读《燕园树寻》《好一朵木槿花》，试探究宗璞散文的语言特点。

第二课时 一枝一叶总关情（物之情）

【课型】

教读引领课。

【教学内容】

教材：《紫藤萝瀑布》《一棵小桃树》。

【教学知识点】

托物言志的写法。

【课时教学目标】

1.使学生理解作者独特的情感体验，学习托物言志的写法。

2.让学生感受课文中蕴含的人生哲理，激发学生对自然社会人生的关注和思考，使学生面对生活中的苦难和挫折，不失去勇气和信心。

【教学过程】

学习活动一：读文——字里行间品情感。

1.再读《紫藤萝瀑布》中描写紫藤萝的句子，你体会到了作者怎样的情感？

2."我的小桃树"在文中出现了几次？在文中找出来，读一读，说说你从中体会到作者对小桃树怀有怎样的感情。

学习活动二：读人——联系背景悟哲思。

为什么作者如此钟爱这一棵紫藤萝/小桃树呢？作者与紫藤萝/小桃树究竟有怎样的感情呢？作者又在它们身上寄寓了怎样的思想感情呢？思考后进行小组交流。

资料补充：

在《贾平凹性格心理调查表》一文中说道："我出生在一个22口人的大家庭里，自幼便没有得到什么宠爱。长大体质差，在家里干活不行，遭大人唾骂；在校上体育，争不到篮球，所以便孤独了，欢喜躲开人，到一个幽静的地方坐。愈是躲人，愈不被人重视，愈要躲人，恶性循环，如此而已。"出身农村的贾平凹，自小热爱文学。大学毕业后，创作大量作品，准备在中国文坛闯出一番天地来，却屡屡碰壁，被杂志社退稿，有一次竟然收到了127张退稿信。他把这些退稿信都贴到墙上，使自己抬头低眼就能看到这些耻辱，以此激励自己。

宗璞一生历经磨难，饱经风霜。从小体弱多病，自嘲是"挨千刀"，在《从"粥疗"说起》一文中，宗璞自述道："我从小多病，以这多病之身居然维持过了花甲，而且还在继续维持下去，也算不简单。20世纪60年代后期，我也得了一场重病。年代久了，记忆便淡漠，似乎已和旁人平等了。可能是为了提醒吧，前年底，经历了父丧之痛之后，又是一次重病，成了退迩闻名的大病号。"她的散文作品处处洋溢着对生命的热爱。《紫藤萝瀑布》一文写于1982年5月，此时宗璞的小弟患了重病，手术后病情又复发，于1982年10月离世。宗璞写下《哭小弟》，在文中回忆起这段日子，苦痛难言，"那一段焦急的悲痛的日子，我不忍写，也不能写。每一念及，便泪下如雨，纸上一片模糊。这一天本在意料之中，可是我怎能相信这是事实呢？他躺在那里，但他已经不是他了，已经不是我那正当盛年的弟弟，他再不会回答我们的呼唤，再不会劝阻我们的哭泣"。

学习活动三：悟"法"——托物言志明方法。

1. 寻找关联，理解概念。

托物言志：通常用于诗歌和散文创作，是一种通过描绘具体事物的形象来表达思想感情的表现手法。

2. 归纳方法，学会阅读。

学生小组讨论，总结出阅读"托物言志"类文章的方法：读文识物知特点，由物及人找关联。

3. 课外延展：课后阅读贾平凹的《对月》，想想作者对月亮抒发了怎样的情感？

第三课时　远近高低各不同（物之法）

【课型】

教读引领课。

【教学内容】

教材：《紫藤萝瀑布》《一棵小桃树》。

【教学知识点】

对比阅读。

【课时教学目标】

让学生通过比较阅读，分析作品间的异同点，拓宽学生视野，加深学生对文章的理解。

【教学过程】

学习活动一：学生自主，分组整理。

1. 速读课文，找出两篇文章的异同点。分小组讨论整合，每组要写出不少于5点的异同点，计时10分钟。

2. 小组代表将本组整合的异同点板书在黑板上，并对本组整合的异同点进行阐述。

学习活动二：教师引导，深入探究。

1. 将小组整合的异同点进行再整合，生成问题，分出类型。

整合相同点，问题呈现：

① 都是散文——散文有什么特点？

② 都写了植物——分别写的什么植物？这些植物各有什么特征？

③ 都在细节描写时运用了修辞手法——文中举例说明。

④ 都有插叙的内容——在文章标出插叙部分，并思考其作用。

⑤ 都运用了对比的写作手法——在文章中标明并想想这样写的作用。

⑥ 都在借景抒情——分别借的什么景，抒的什么情？

⑦ 都在感悟人生——说出具体的感悟内容。

⑧ 都有两条线索——分别说明。

⑨ 都首尾呼应——具体说明。

整合不同点，问题呈现：

① 所托之物不同——一个是紫藤萝，一个是小桃树。

② 写作背景不同——《紫藤萝瀑布》，作者非常悲痛，徘徊于庭院中，见一树盛开的紫藤萝花，睹物释怀见花儿自衰到盛，心情转悲为喜，感悟到生命的美好和永恒，于是写下此文。《一棵小桃树》，文章最后小桃树所保留的那

一个花苞，岂止是"风浪里航道上的指示灯"，它更是青年一代胸怀大志、奋起直追、报效祖国的象征。

③ 叙事线索不同——《紫藤萝瀑布》：观花—忆花—悟花。《一棵小桃树》：两条线索，小桃树的经历作为明线贯穿全文，作者本人的成长经历作为暗线贯穿其中。

④ 语言风格不同——《紫藤萝瀑布》：语言华美典雅，色彩艳丽，活泼俏皮且富于动感。《一棵小桃树》：语言细腻平实，色彩轻淡，带有山野的朴实感。

⑤ 对比对象不同——《紫藤萝瀑布》将十年前稀疏、伶仃的紫藤萝同如今繁茂的紫藤萝瀑布对比，将花的繁盛凋零与风雨人生进行对比。《一棵小桃树》将小桃树的生长经历同"我"的人生成长经历对比。

⑥ 情感变化不同——《紫藤萝瀑布》：由疑惑、痛楚和焦虑到"精神的宁静和生的喜悦"，是作者感悟生命真谛后的精神振奋和豁达乐观。《一棵小桃树》，在面对恶劣的成长环境时，我"自闭自卑"；希望大干一场时，却受尽人生挫折，"心境似乎垂垂暮老"；当看到小桃树在风雨中坚强不屈抗争的画面，我深受鼓舞，重新振作起来。

2.课外延展：课后推荐阅读季羡林的《月是故乡明》。

第四课时　万紫千红总是春（物之志）

【课型】

拓展读写课。

【教学内容】

课外：《丁香结》《丑石》《心田上的百合花》。

【教学知识点】

读写结合。

【课时教学目标】

类文阅读，交流分享；以读促写，学以致用。

【教学过程】

学习活动一：拓展阅读，类文对比。

1.阅读下面文章，思考作者在所托之物上寄托了怎样的"志"？（见表2）

表2

	物	物的特点	志
《丁香结》（宗璞）			
《丑石》（贾平凹）			
《心田上的百合花》（林清玄）			

学习活动二：小组合作，探究如何写好托物言志的文章。

巧选所"托"之"物"。

巧摹所"托"之"物"。

巧寄所"言"之"志"。

学习活动三：迁移与运用。

古往今来，月亮一直是人们吟咏的对象，寄托了人们无尽的情思。月亮曾引起你怎样的遐想？请以"月亮"为题，运用托物言志的手法，写一篇作文，不少于500字。

四、单元主题教学反思

本单元两篇课文都是托物言志的散文，主要围绕着自然景物来选题，蕴含丰富的生活哲理，直接或间接地表达着作者的人生思考。散文表面上是在写所见所闻，实际上是通过所见所闻表达所感所悟、所思所想。王国维在《人间词话》中说："以我观物，故物皆着我之色彩。"面对众多的资源，如何形成自己的理解和理念，并恰当地设计教学活动？我会形成多种思路和设计，并对其进行不同形式的整合，在迷失中抛却冗杂，从最顶层设计出发。在散文教学中，如何让学生感受作者独特的情感体验呢？我认为，阅读散文，就是要通过作者的语言、文字去追寻作者想要表达的想法。因此，我力求通过对散文语言的阅读、品味，结合作者的经历，去理解作者个性化的感悟，让学生体悟：在人生的道路上，总会有这样或者那样的不幸，我们应以怎样的态度去面对苦难？怎样在苦难中找到生的希望和力量？我想这是这两课对学生价值观人生观的建构和引导。

本单元教学的第二个目标，即是教学生学会一种表达情感、感悟和志向的方法——托物言志。我这样引导学生：作者将感悟感情寄托在何种物上？如何描写物？《紫藤萝瀑布》《一棵小桃树》两篇文章在内容、写法上有不少相同和不同之处，适合进行对比阅读，所以，在学生解决课文中的重点词语、了解作家经历的前提下，我通过对比阅读和拓展阅读来拓宽学生的思维及视野。

在教学设计中，我还注重对学生默读、朗读、速读的训练。每节课都有阅读，但阅读形式要求和提升的训练点不同：默读要精读整体感知课文，朗读要选读重点品味，速读要跳读筛选信息、对比综合。

谁是你的"重要他人"

统编版八年级上册第二单元

单元主题：生活记忆

课题：《藤野先生》《回忆我的母亲》《列夫·托尔斯泰》《美丽的
颜色》

一、文本解读

从单元主题看，八年级上册第二单元都与"生活记忆"有关，选取了一
组写人的文章：回忆性散文（《藤野先生》《回忆我的母亲》）和传记（《列
夫·托尔斯泰》《美丽的颜色》），内容真实，事件典型，同时注重艺术表
现。它们或深情回忆，叙述难忘的人和事；或怀敬仰之情，展现人物的品格和
精神。《藤野先生》重点叙述了在与藤野先生交往中发生的典型事件，热情歌
颂了藤野先生的高贵品质，洋溢着作者的一腔爱国之情。《回忆我的母亲》通
过许多具体典型事例来歌颂母亲的"勤劳一生"，从不同侧面表现了母亲的优
秀品质，语言平实质朴，感人真切。《列夫·托尔斯泰》聚焦托尔斯泰的容貌
和深邃的眼神，恰到好处地运用了欲扬先抑的写作手法，让学生品读到托尔斯
泰为人间不幸而奉献的人生。《美丽的颜色》记述了居里夫妇在棚屋中用四年
时间提取镭的过程，重点让学生感受科学发现的艰辛，领略科学家的坚守与乐
观。学习这些课文有助于学生了解别样的人生，丰富自己的生活体验。

本单元的语文核心素养训练点主要是让学生学习刻画人物的方法，品味风
格多样的语言，提高学生文学鉴赏能力。在能力培养中，应该牢牢抓住四个人
物，运用前期所涉及的默读等方式圈画、批注关键词句，提炼要点，从而为学
生单元人物传记的写作和名著阅读奠定一定的基础。

二、单元教学目标

1.使学生了解作者及相关的写作背景，积累重点字词。

2.让学生认识作品中的"实"与"虚"，通过作品中"昔我"和"今我"的双重视角来分析人物形象，理解作者表达的情感和传递的主题，并用自己的话进行概括和评价。

3.学生品味语言，分析作品手法，学习传记和回忆录的写作方法。

4.勾连课文内容与生活体验，感悟课文的思想内涵，为作品进行情感补白，进而使学生了解社会人生，体会人生奋斗的意义，培养学生热爱生活的情感。

三、教学设计

第一课时　查寻资料越时空知晓作者人生路

【课型】

单元预习课。

【教学内容】

教材：《藤野先生》《回忆我的母亲》《列夫·托尔斯泰》《美丽的颜色》。

【教学知识点】

文章结构。

【课时教学目标】

1.让学生识记生字词，掌握写法与释义。

2.让学生了解作者以及写作背景。

3.初读课文，使学生厘清文章脉络。

【教学过程】

（一）查阅资料，了解作者

1.鲁迅，原名周树人，字豫才，浙江绍兴人，中国无产阶级文学家、思想家、革命家。1902年去日本留学，原在仙台医学院学医，后回国从事文学工作，希望能改变国民精神。出版了小说集《呐喊》《彷徨》，杂文集《坟》，散文诗集《野草》，散文集《朝花夕拾》等。

2. 朱德，伟大的马克思主义者，伟大的无产阶级革命家、政治家和军事家，中国共产党、中国人民解放军和中华人民共和国的主要缔造者和领导人之一，中华人民共和国十大元帅之首。

3. 斯蒂芬·茨威格，奥地利著名作家、小说家、传记作家，擅长写小说、人物传记，也写诗歌、戏剧、散文特写和翻译作品。以描摹人性化的内心冲动，比如骄傲、虚荣、妒忌、仇恨等朴素情感著称。

4. 居里夫人，法国籍波兰科学家，发现镭和钋两种放射性元素，一生两度获诺贝尔奖，是杰出的科学家，是成功女性的先驱，她的作为典范激励了很多人。

（二）读准字音，掌握词义

1. 学生查字典解决"读读写写"中字词的读音和解释，完成能力培养的字词检测题。

2. 学生勾画课文中的成语并解释含义。

3. 学生找到重要的多音字并注音和组词。

（三）了解文体，知晓特点

1. 散文，是一种抒发作者真情实感、写作方式灵活的记叙类文学体裁。特点是形散而神不散，"形散"主要是取材十分广泛，不受时间和空间的限制，表现手法不拘一格；"神不散"主要是指立意主题必须明确而集中。（引导学生认识散文中的"今昔""物志"，探寻阅读散文的基因密码）

2. 传记，是一种常见的文学形式。主要记述人物的生平事迹，根据各种书面的、口述的回忆、调查等相关材料，加以选择性的编排、描写与说明而成。传记和历史关系密切，某些写作年代久远的传记常被人们当史料看待。一般由他人记述，亦有自述生平者，称"自传"。（引导学生把握传记中"故事"与"思想"两大核心）

（四）默读课文，梳理篇章

1. 默读《藤野先生》，了解鲁迅在日本留学的所见所闻所感。

2.《回忆我的母亲》回忆了有关母亲的哪几件事情？请简要概括。

3. 画出《列夫·托尔斯泰》中描写托尔斯泰外貌的语句。

4. 阅读《美丽的颜色》，画出体现居里夫人性格的词语。

第二课时　抹不去的回忆难忘怀的师恩

【课型】

教读引领课。

【教学内容】

教材：《藤野先生》。

拓展：梁实秋的《我的一位国文老师》。

【教学知识点】

事件概括。

【课时教学目标】

1. 默读课文，概括文中我与藤野先生之间发生的典型事例。

2. 圈点勾画出表达作者情感的语句，把握文章中心。

3. 评析人物，体会作者对老师的感激之情。

【教学过程】

（一）导入新课

古之学者必有师，"师者，传道受业解惑也"。在人生路上，我们总会遇到许多老师，他们用心中的爱，染成了青春的色彩；他们用执着的信念，铸成了不屈的性格。他们坚守岗位，用爱浇灌；他们言传身教，育人有方；他们甘为人梯，令人难忘。在鲁迅先生一生中，有三位老师对其产生了巨大影响，分别是寿镜吾、藤野先生和章太炎。今天，就让我们走近藤野先生，感受他对鲁迅先生的深情厚爱。

（二）课前检测

1. 检查学生读音，特别注意红色的字，幻灯片出示字词。

2. 抽查提问学生课后"读读写写"的词语释义。

（三）学习活动

学习活动一：一线串珠空间转移。

鲁迅先生怀念藤野先生，时常说道"不知怎么地，我总还时时记起他"。默读《藤野先生》，结合作者在日本的经历，概括事例，思考探究填写表1。

表1

	东京（我看到日本留学生）	仙台（我与藤野先生交往）
概括 事件		

学习活动二：分析形象体会情感。

藤野是鲁迅人生中最感激的老师，藤野的伟大人格被他时时记起。精读作者回忆与藤野先生交往之事，概括藤野的品质。

请以"记得他叫我_____"为开头，写一组排比叙事诗，重点从"我"的角度表达对藤野先生不可抑制的感激之情。

交往时间与品质梳理：

① 添改讲义——对学生关心，对工作认真负责；

② 纠正"我"的解剖图——对学生严格要求；

③ 关心"我"的解剖实习——对不同文化的尊重，没有民族偏见，关心学生思想意识的进步；

④ 了解中国女人裹脚——严谨求实的精神。

预设：记得他叫我添改讲义时的倾情批阅，/也记得我的心存感激与惶恐不安。/记得他叫我纠正解剖图时科学求是的风度，/也记得我的无知任性与幼稚不服。/记得他叫我去咨询是否敢解剖尸体时，/他的担忧与释然，/我的感恩与果敢，/更记得他叫我去了解中国女人裹脚时，/对他治学严谨的惊诧与感叹。/啊，我的藤野先生，你是我最伟大的人生导师，/你给予我的赏识与厚望，/是我迷茫中给我增加勇气的灯塔。

学习活动三：拓展阅读学以致用。

1. 默读梁实秋的《我的一位国文老师》。

2. 概括作者与老师之间发生了什么事，分析老师的形象。用以下句式答题：

_____老师是一个_____的老师，因为他（她）_____（事例），表现了作者对老师的_____之情。

预设：

徐老师是一个<u>认真负责/学识渊博</u>的老师，因为他（她）<u>细心批改我的作文/自我选辑教材油印分发</u>（事例），表现了作者对老师的<u>敬慕、感激</u>之情。

（四）读文悟人课堂小结

鲁迅因为遇见了藤野先生，走出了那段生命中的困境，看到知识分子理想的人格，在以后的岁月里不断获得前行和斗争的勇气；梁实秋因为遇到徐老师，受到了启发，得到了教育，懂得了师恩难忘。

（五）写作任务

以"因为遇见你"为开头写一段回忆性的语段。

预设：因为遇见你，我们对文本阅读有了更深的了解，使我们的阅读能力有了提升。

因为遇见你，我接触到了更多的文本阅读知识，学会了新的阅读方法。

第三课时　母爱如海深恩念永在心

【课型】

教读引领课。

【教学内容】

教材：《回忆我的母亲》。

【教学知识点】

语句赏析。

【课时教学目标】

1.学生能概括主要事件，品析作品中的母亲形象。

2.让学生通过品读重点语句，体会浓浓的母爱。

【教学过程】

（一）导入新课

1944年4月10日，延安各界代表1000多人齐聚杨家岭大礼堂，以空前隆重的形式，举行了一次特殊的追悼大会。逝者既不是共产党领袖，也不是爱国民主人士和抗日英雄。毛泽东同志为其写挽联"为母当学民族英雄贤母，斯人无愧劳动阶级完人"。这是怎样的一位母亲，被称为"贤母"和"完人"？

（二）检测预习

1. 教师检查学生读音，特别注意加粗的字，用幻灯片出示字词。

2. 教师抽查提问课后"读读写写"的词语。

（三）讲授新课

学习活动一：整体概读，概括事件。

这篇回忆性散文记叙了母亲的哪些事件？

学习活动二：研究讨论，把握人物。

方法一：关注抒情和议论句。（概括性词语、反复出现的关键词语）

预设：任劳任怨、性格和蔼、同情贫苦、勤劳俭朴、宽厚仁慈、节省、不脱离劳动。

方法二：典型事件+质朴深情的表达。

请看_____段，记叙了母亲_____的事例，表现了母亲有_____的品格。

预设：记叙了母亲煮饭、种田、喂猪、养蚕、纺棉花、挑水、和气待人、周济穷人等小事，记叙了母亲同情革命、支持革命的事件。

主要品质：①勤劳（第4、5、13段）；②俭朴能干（第6、12段）；③宽厚仁慈（第7段）；④坚强（第8段）；⑤有远见（第10段）；⑥同情革命（第11段）；⑦支持革命（第12段）。

学习活动三：抒情诵读，体会情思。

朗读文章圈画部分，注意把握直接抒情的句子，体会作者对母亲深沉的怀念、哀痛的情思。

如：得到母亲去世的消息，我很悲痛。

我应该感谢母亲，她教给我与困难做斗争的经验，教给我生产的知识和革命的意志。

母亲很多事情是值得我永远回忆的。

她现在离我而去了，我将永不能再见她一面了，这个悲痛是无法补救的。

我爱我母亲，特别是她勤劳的一生。

愿母亲在地下安息！

预设：作者在收尾处用直抒胸臆的手法表达了对母亲逝世的悲痛。但是作者不停留于悲痛之中，而是"继续尽忠于我们的民族和人民，尽忠于我们的民族和人民的希望——中国共产党，使和母亲同样生活着的人能够过快乐的生活"。

学习活动四：拓展延伸，铭记母爱。

请同学们发挥想象，用自己的语言完成排比句。

母爱如春雨，深情地滋润着孩子的心。

母爱如_____，_____。

母爱如_____，_____。

结语：寄其哀，颂其德，报其恩，作者就是怀着这样的情感为我们塑造了勤劳俭朴、宽厚仁慈、坚强不屈、深明大义的平凡又伟大的光辉女性形象。她就像一座丰碑一样，不仅活在朱德的心中，也活在了我们所有人的心中。

（四）作业布置

写一段关于母亲的记叙片段，写一写自己印象深的事例，表达出对母亲的感情。

第四课时　宁做痛苦清醒者不做无忧梦中人

【课型】

教读引领课。

【教学内容】

教材：《列夫·托尔斯泰》。

【教学知识点】

人物形象分析。

【课时教学目标】

1.让学生勾画出描写人物形象的语句，并对其进行分析。

2.让学生体会作者感情变化，感知欲扬先抑的写作手法。

3.让学生学以致用，运用欲扬先抑的写作手法表达情感。

【教学过程】

（一）导入新课

罗曼·罗兰在《巨人传》中这样写道：法国有许多人不仅将托尔斯泰看作一位受人爱戴的艺术家、朋友、知己等，还将他视为欧洲艺术中唯一真正的朋友。每个人喜爱的理由各个不同，因为每个人都在其中找到了自己，而对所有人来说，那是生命的一种启示，一道通往无限宇宙的大门。

（二）检测预习

1.教师检查学生读音，特别注意加粗的字，用幻灯片出示字词。

2.教师帮学生进行词语正音。

（三）讲授新课

学习活动一：速读感知，初识大师形象。

1.请同学们用自己喜欢的阅读方式速读课文《列夫·托尔斯泰》，梳理文章内容，文章写了列夫·托尔斯泰的哪些方面？请具体说明。

预设：肖像。

第一段、第二段写他的面部轮廓；第三段写他的面部表情；第四段写他的长相；第五段写来访者；第六段写他的目光；第七段写他的眼睛；第八段写他眼睛的威力；第九段写他缺少幸福。

2.整合描写托尔斯泰长相和眼睛的比喻性短语，用"虽然……但是……"来说说托尔斯泰的人物形象。

预设：见表2。

表2

脸庞植被多于空地	黑豹似的目光
脸膛皱似树皮	目光像锃亮的钢刀
眉毛像树根	它像枪弹，像金刚刀
鬈发像泡沫	眼睛犹如星光
大胡子犹如滔滔白浪	它们像手术刀、像X射线
小屋粗制滥造	这对闪光的珠宝
额头像树柴	像一只猎鹰俯冲下来
皮肤就像村舍外墙	这一对寒光四射的匕首

学习活动二：品读感悟，了解大师品格。

1.整合作者茨威格评价托尔斯泰长相和眼睛的句子，探求两者之间是否存在一定差异。

预设：

评价长相的：

① 这副劳动者的忧郁面孔上笼罩着消沉的阴影，滞留着愚钝和压抑……

② 这张脸平淡无奇，障碍重重，没法弥补，不是传播智慧的庙堂，而是禁锢思想的囚牢。

③ 这张脸蒙昧阴沉，郁郁寡欢，丑陋可憎。

评价眼睛的：

① 这对珠宝有魔力，有磁性，可以把人世间的物质吸进去，然后向我们这个时代放射出精确无误的频波。

② 这对眼睛不会放过微不足道的细节，同样也能全面揭示广袤无垠的宇宙。

③ 它们可以照耀在精神世界的最高处，同样也可以成功地把探照灯光射进最阴暗的灵魂深处。

④ 这一对烁烁发光的晶体具有足够的热量和纯度，能够忘我地注视上帝；有足够的勇气注视摧毁一切的虚无。

⑤ 它们容不得幻影，要把每一片虚假的伪装扯掉，把浅薄的信条撕烂。

⑥ 具有这种犀利眼光，能够看清真相的人，可以任意支配整个世界及其知识财富。

从描写长相和目光的语句中可以发现，作者茨威格对托尔斯泰的长相有贬义的成分，但对其眼神则充满了赞赏之情。

2. 运用所习得的词句完成下列句式。

初见托尔斯泰，我对托尔斯泰的态度是_____；接触托尔斯泰后，我对他的评价是_____。作者运用了_____的写作手法抒发了对托尔斯泰无限的崇敬和赞美之情。

学习活动三：总结写法，感悟大师心理。

1. 明晰手法：欲扬先抑是一种描写手法，意思是想要褒奖一个人或事物，先用故意贬低的手法去描写（表现）他。这种手法可以使文章情节多变、波澜起伏，形成鲜明的对比，给读者留下比较深刻的印象。

2. 作者茨威格为何把文坛泰斗的外貌写得那么丑？

托尔斯泰厌弃自己及周围的贵族生活，不时从事体力劳动，自己耕地、缝鞋，为农民盖房子，拒绝奢侈，持斋吃素。"田野村夫"般的"在俄罗斯随处可见的脸"，似乎浸透了托尔斯泰那甘愿放弃私有财产和贵族特权、致力于"贫民化""道德自新"、以救世的痴情和执着，这是别样的暗示与赞美。

学习活动四：学以致用，歌颂大师风采。

用一段话来表达自己对列夫·托尔斯泰的认识和情感。

预设：他眼光犀利，看清真相，看透本质，勇敢批判。他想解放农奴，但农奴不接受。他厌恶农奴制，却又为地主的土地忧虑。他看到沙皇改革的虚伪却又反对革命消灭农奴制。长兄尼古拉的逝世，加深了他的悲观情绪。他同情农民招致农奴主敌视，沙皇政府早有企图将他监禁或流放。与妻子索菲亚·别尔斯的矛盾冲突加深了他的痛苦，他想放弃私人财产却遭到妻子的激烈反对。这是智者的不幸，是仁者的痛苦。

学习活动五：跃然纸上，寻找身边大师。

请同学们试着用下列句式，运用欲扬先抑的写作手法抒发情感。

我原来以为，他是一个_____的人（抑），直到_____事情的发生，我对他有了重新的认识，其实他是一个_____的人（扬）。

（四）作业布置

选择一位大师，试着写一写他的传记，并分享给同学。

第五课时　一生两得诺贝尔，美丽与智慧并存

【课型】

教读引领课。

【教学内容】

教材：《美丽的颜色》。

拓展：《我所见的叶圣陶》《朱自清先生》。

【教学知识点】

人物形象、情感分析。

【课时教学目标】

1. 使学生了解居里夫人工作的环境和提取镭的过程，感受居里夫人的艰辛与快乐。

2. 让学生分析人物性格特点，感受人物高尚精神。

3. 通过默读、批注等多种方法，让学生来理解作品的内容及作者想表达的情感。

【教学过程】

（一）导入新课

我们曾学习了一则消息《首届诺贝尔奖颁发》，知道诺贝尔奖是科学界的最高荣誉。而世界第一位两次获得诺贝尔奖的科学家就是我们今天要了解的这位女性——居里夫人。下面，就让我们一起走进人物传记《美丽的颜色》，走进这位伟大女性的美丽世界！

（二）检测预习

检查读音，特别注意加粗的字，幻灯片出示字词。

（三）讲授新课

学习活动一：默读课文，走近居里夫人。

默读课文，勾画出描写居里夫人工作环境的语句，概括环境的特点。

预设：居里夫人工作的环境是简陋的棚屋，这里夏天燥热，冬天寒冷，下雨漏水，下霜可以把人冻僵。她大部分工作，要在院子的露天地里完成。由此可以看出，居里夫人工作环境简陋、艰苦。

找一找，围绕居里夫人发现镭的过程，作者展现了哪些动人镜头？

表3

镜头的背景	镜头的内容
炼制沥青铀矿	冻僵仍坚持工作
	在暴雨中搬设备
	不停地搅拌沥青
工作的间歇时刻	夫妻间的工作讨论
	同行间的学术谈话
	伴侣间的未来遐想
夜晚	陪伴孩子入睡
	欣赏美丽的颜色

学习活动二：还原镜头，分析人物形象。

1.丰富镜头，展现人物形象。

预设：

镜头一：以"炼制沥青铀矿"为背景的工作镜头，依次是"冻僵仍坚持工作""在暴雨中搬设备""不停地搅拌沥青"。通过这三个镜头，我们想展示居里夫人在简陋的棚屋下艰辛地工作，体现她献身科学、忘我奉献的精神。

镜头二：在叙述"炼制沥青铀矿"的三个镜头中，关注了一些有意思的话，比如："在冬天，简直不知道是应该希望下霜还是希望下雨。"朗读这句话，可以让读者感受到一份幽默。虽然文中展现的居里夫人的工作环境和条件是那么艰苦，但是我们却感受不到沉重，而是感受到居里夫人苦中作乐的乐观心态。

2. 回归文本，探析人物形象。

请按照下列句子的结构，探究居里夫人的人物形象。

从文中（找描写居里夫人的语句）可以看出居里夫人是一个（   ）的人。

预设1：从文中"感谢这种意外的发现，在这个时期里，我们完全被那展开在我们面前的新领域吸引住了"，可以看出居里夫人是一个热爱科学的人。

预设2：从文中"玛丽在院子里穿着满是尘污和酸渍的旧工作服，头发被风吹得飘起来，周围的烟刺激着眼睛和喉咙"，可以看出居里夫人是一个无私奉献、以苦为乐的人。

预设3：从文中"我们的时光就在实验室里度过。在我们十分可怜的棚屋里笼罩着极大的宁静；有时候我们来回踱着，一面密切注意着某种实验的进行，一面谈着目前和将来的工作。觉得冷的时候，我们在炉旁喝一杯热茶就又舒服了"，可以看出居里夫人积极乐观，保持对科学的兴趣。

预设4：从文中"工作日变成工作月，工作月变成工作年"，可以看出居里夫人持之以恒，不达目的誓不罢休，有着顽强的意志力。

预设5：从"最困难的，或者说几乎不可能的，乃是离析这极小含量的物质，使它从与它密切混合着的杂质中分离出来"，可以看出居里夫人是一个不怕困难的人。

小结：坚持不懈、积极乐观、热爱科学、无私奉献、以苦为乐、吃苦耐劳，以上就是我们从镜头中、从文字中看出的居里夫人的美好品质。所以，美丽的颜色不仅仅是镭的颜色，更是居里夫人品质的颜色，这些美好的品质就是最美的颜色。

学习活动三：阅读丛书，赏析精彩人生。

阅读《我所见的叶圣陶》《朱自清先生》两篇文章，用以下的方式答题：

本文记叙了叶圣陶（朱自清）＿＿＿＿＿的事例，表现了叶圣陶（朱自清）有＿＿＿＿＿的品格。表达了作者对叶圣陶（朱自清）的＿＿＿＿＿情感。

预设1：本文记叙了叶圣陶早睡早起却能陪朋友到深夜的事例，表现了叶圣陶有热情好客的品格，表达了作者对叶圣陶的赞美情感。

预设2：本文记叙了朱自清写书的事例，表现了朱自清有谦虚的品格，表达了作者对朱自清的敬佩情感。

（四）课堂小结，再读故人旧事

时光匆匆，总有一些令我们敬佩的人至今仍然是我们的榜样，那些熟悉的身影还在脑海中闪现，我们可以从他们身上学到谦虚、谨慎、热情朴实等优秀的品格，希望同学们在书香中再遇故人，再次受益匪浅。

（五）作业布置

选择一位自己敬佩的名家，写一写他（她）的事，激励自己，鼓舞同学。

第六课时　阅读伟人事迹学写人物传记

【课型】

写作实践课。

【教学内容】

教材：《学写传记》《红星照耀中国》。

【教学知识点】

人物传记的特点和写法。

【课时教学目标】

1.阅读典型传记，掌握传记的特点。

2.了解写传记的方法，通过写传记来展现人物的特点、精神风貌。

【教学过程】

（一）导入

有一种花，一旦与它相遇，清馥芬芳扑面而来，那是丁香；有一类人，一旦相识相知，他会召唤你成就美好，那是贵人；有一种文字，一旦沉浸其中，它会给予你无穷的精神力量，那就是传记。

（二）学习活动

学习活动一：默读材料，知晓传记特点。

学生阅读课本《学习传记》，梳理传记的相关文体知识，明确：传记是记述人物生平事迹的作品，一般由别人记叙，成为"他传"；自述生平的，称为"自传"。

概述特点：传记要求真实，凡是文中涉及的时间、地点、人物、事件都必须是准确的，传记作品一定要做到真人真事真情，在记述事件时要选取典型事例。描写可以有，但一定要少。

归纳总结：内容真实；事件典型；语言简洁。

学习活动二：回顾传记，体会传记写法。

1. 回顾《回忆我的母亲》。

（1）根据表4中的时间，在空白格中填写事件。

表4

1944年	
1937年	支持儿子事业，过着农夫生活
1924—1927年	
1909—1919年	离开土地不舒服，继续劳动
1908年	
1905年	节衣缩食，借债供作者读书
1895—1900年前后	
作者小时候	整日劳碌着

预设：1944年，86岁高龄仍"不辍劳作"；1924—1927年，独立支持一家人的生活；1908年支持、慰勉作者参加革命；1895—1900年前后，退佃搬家和天灾，同情农民。

（2）概括母亲为支持"我"所做的事件，并说说"我"的母亲除了勤劳质朴外，还具备哪些与众不同的性格特征？

表5

家庭	民族
不辍劳作	
支持家庭	
退佃搬家	
整日劳碌	

预设：我的母亲借债供我读书；慰勉我参加革命；支持我的革命事业。母亲除了勤劳质朴外还具备正义开明的性格特征。

方法小结：顺序；典型。

2. 回顾《美丽的颜色》。

（1）文章结尾部分，说说该细节对于塑造人物有哪些优势？

"看哪……看哪！"这个年轻妇人低声说着。她小心翼翼地走上前去找，找到一张有草垫的椅子，坐下了。在黑暗中，在寂静中，两个人的脸都转向这些微光，转向这射线的神秘来源，转向镭，转向他们的镭！玛丽的身体前倾。热切地望着，她此时的姿势，就像一小时前在她睡着了的孩子床头看着孩子。她的伴侣用手轻轻抚摸她的头发。她永远记得看荧光的那一晚，永远记得这种神妙世界的奇观。

预设：该细节放在结尾部分，有画面特写的效果，让读者印象深刻。

该细节关注动作的描写，让动作放慢，让居里夫妇的品质在慢动作中得到深度的展现，体现了科学探索的浪漫。

（2）这一部分有诸多词语的反复，在反复中表达了艾芙·居里的无限赞叹与神往。

方法小结：顺序；典型；细节。

3. 回顾《阿长与〈山海经〉》。

一到夏天，睡觉时她又伸开两脚两手，在床中间摆成一个"大"字，挤得我没有余地翻身，久睡在一角的席子上，又已经烤得那么热。推她呢，不动；叫她呢，也不闻。

预设：阿长的"大"字，细部特征凸显，体现了阿长睡相的粗野，这样的细节描写为下文对阿长的尊敬形成了强烈的反差，效果明显。

小结传记写作思路：排好顺序精选典型细节分明传有神韵。

总结写好传记的关键：

基本情况不可少，生平事迹很重要，

时间节点来帮忙，兴趣特长穿插好，

材料选择要精当，中心主题做主导，

语言风趣也幽默，回顾一生反思妙。

（三）阅读名篇，学写人物传记

阅读教材《红星照耀中国》，选取书中你喜欢的人物，整理自己的思路，按照写传记的要求，为他写一则传记，与同学们分享。

1. 阅读书中相关章节和课本上的要求。

2. 听取老师讲析，进行构思。听取同学建议，进行修改。

结语：同学们，当我们能熟练进行文字表达时，也可以学习着使用更加具有个人特色的文字来书写自己的传奇人生。就像把毕生精力全部献给科学事业的诺贝尔那样，他用简易的文字写下了一篇短小精悍、让人印象深刻的自传。无论哪种呈现方式，都一定是自我对于人生的梳理和思考，并在这过程中不断省察自我，因为我们每一个人的人生都是一部传奇。

（四）布置作业

寻找身边人，为人物作传。

要求：可以选择父母、朋友、同学等人，在教师讲评、学生互评的基础上对传记进行修改、交流展示。

四、单元主题教学反思

从整个单元设计内容来看，我选择的是课内阅读与课外阅读相结合的方法，设计了以"重要他人"为核心的教学内容，也就是构建"1+X"主题阅读，主要任务是让学生分析藤野先生、朱德母亲、托尔斯泰、居里夫人四位人物形象，掌握刻画人物的方法技巧，助力学生文学类文本阅读中人物形象分析题目和单元主题作文的完成，以读促写，进行课上和课后的篇章、段落写作，使学生做到学以致用，完成知识的输入与能力的输出。

但是总览设计，里面还有不足之处。首先，为了落实核心单元目标，导致课时之间存在相同或相似的设计思路，课程内容处于平行状态，缺少一定的变化性和内容的递进及梯度。其次，没有给学生充分的时间去搜集名人的其他资料，没有在自主学习的基础上引导学生进行个人思考和团队研讨。

万水千山总关情

统编版八年级上册第三单元

单元主题：山水之美

课题：《三峡》《答谢中书书》《记承天寺夜游》《与朱元思书》

一、文本解读

本单元是统编版初中语文教材的第一个文言诗文单元，主题为"山水之美"，包含《三峡》《答谢中书书》《记承天寺夜游》《与朱元思书》四篇课文。所选篇目都关涉自然山水，融入了作者细腻的情思，将对山水的欣赏上升为对人生或生命的思考，具有很高的审美价值。《三峡》先总写三峡整体特点，再分写不同季节景象。文笔凝练生动，描绘了三峡雄奇险峻、清幽秀丽之景致。《答谢中书书》以清俊笔触摹写山水，传达自己与自然相融合的生命的欢愉。《记承天寺夜游》则叙夜游承天寺之经历，创造出一种清幽宁静的艺术境界，传达出作者复杂微妙的心绪。《与朱元思书》一文描绘了富阳至桐庐一百余里秀丽的山水美景，清新隽永，历历如绘。

根据单元要求，学习本单元需在学生整体感知文章大意的基础上进行反复诵读，借此进入山水意境，感受山川之秀美，体悟作者寄寓其中的人生哲思。

二、单元教学目标

1. 通读：使学生理解文章大意，读准、理解并积累重点文言词汇及句式。

2. 析读：使学生明晰写景特点，学会运用多角度、多层次、多手法进行景物描写。

3. 悟读：加深学生对自然山水与文人情志之间的认知，激发学生对祖国山川的热爱。

三、教学设计

第一、二课时　山水妩媚，天下独绝

【课型】

教读引领课。

【教学内容】

教材：《三峡》。

【教学知识点】

重点文言字句、朗读、作者情感。

【课时教学目标】

1. 让学生有感情地朗读课文，同时积累常见文言实词和虚词。

2. 使学生领会写景需抓住特征，通过联想和想象感受三峡雄奇秀丽的特点。

3. 让学生了解有关文言常识，感受作者对自然山川的热爱之情。

【教学过程】

（一）诵读古文知大意

1. 古文留声机：录制完毕，生成二维码。

（1）朗读配乐：《高山流水》（古筝曲）。

（2）朗读指导：见表1。

表1

作者作品	郦道元《三峡》
节奏音韵	四言、五言、六言、七言断句（举例略）
语速语调	朗读抓手：每段的开头。（"自""至于""则""每至"） 读出变化： 第1段：雄浑有力，赞叹敬畏（山高岭连）； 第2段：语速急切，赞叹敬畏（夏水迅猛）； 第3段：轻松舒缓，平静柔和（春冬秀美）； 第4段：感慨舒缓，哀婉惆怅（秋水凄寒）

2.旧事重提：

（1）识记字词："阙""自非""夜分""沿溯""素湍"等。

（2）疏通句子："两岸连山，略无阙处""自非亭午夜分，不见曦月""虽乘奔御风，不以疾也"等。

（3）概括全文：通过描绘三峡四季山水景色，展示了其雄奇险拔、清幽秀丽的特点。

（4）重新拟题：题目+缘由。

示例：我看山水多妩媚。（仔细摹写三峡山水的妖娆之势，不同季节呈现不同的迷人景致）

（二）寻山访水觅绝境

1.学生有感情地朗读原文和翻译，通过想象入境。

2.体悟写景技法：见表2。

表2

抓住景物特征	水势盛大、水流湍急、水之清澈	
综合运用修辞	夸张	"虽乘奔御风，不以疾也"
	对比	"至于夏水襄陵，沿溯阻绝" VS "素湍绿潭，回清倒影"
	引用	"巴东三峡巫峡长，猿鸣三声泪沾裳"
动静俯仰结合	动静结合	"素湍绿潭，回清倒影"；"悬泉瀑布，飞漱其间"
正侧面相结合	正面描写	"重岩叠嶂，隐天蔽日"
	侧面描写	"自非亭午夜分，不见曦月"
多感官描写	听觉	"常有高猿长啸，属引凄异，空谷传响，哀转久绝"
	视觉	"自非亭午夜分，不见曦月"
	触觉	"林寒"
情景交融	（1）"巴东三峡巫峡长，猿鸣三声泪沾裳"抒发了作者对渔民艰苦生活的悲悯。 （2）综合全文，作者以工笔之词抒发了对三峡景致的欣赏与赞美	

3. 绘制连环画：见表3。

表3

类型	水彩画		
整体要求	1.小组合作进行；2.景物元素齐全；3.合乎文本；4.突出细节		
画面	小标题	景物元素	景物特征
画面一	连绵群山图	岩嶂、曦月	雄伟磅礴
画面二	夏水襄陵图	夏水	浩大湍急
画面三	春冬秀美图	素湍、绿潭、绝巘、怪柏、悬泉	俊美雅致
画面四	秋日凄寒图	寒林、肃涧、高猿、空谷、渔者	肃杀哀凉

（三）品悟真情照心迹（作为连环画的解读说明）

1. 知识卡片：

（1）作者简介：郦道元（约470—527），字善长，范阳涿县人，北魏地理学家。

（2）背景介绍：节选自《水经注校证》。郦道元所撰之《水经注》，名为注释《水经》，实则以《水经》为纲，详细记载了一千多条大小河流及有关的历史遗迹、人物掌故、神话传说等，是我国著名的古代地理名著，具有较高的文学价值。《三峡》一文也收录其中，抒发了作者对祖国大好河山的热爱之情。

文体分析：文言注文即为《水经》所作的注文。其语言生动，描写传神。

2. 情意大解密：

（1）《三峡》为何先写山后写水？写水为何不按春夏秋冬的季节写？

解密：①先写山为后文写水做了铺垫，山高致使水落差大，因此水速自然会急速。

②作者未按四季更迭的顺序写，而是借文脉之势来结构文章。先写夏水襄陵之峻急雄壮，与第1段的雄奇壮美一脉相承；再写与夏水景致相反的清俊秀美的春冬之水，最后再着笔肃杀凄冷的秋日景致，承前文的沉静缓慢之风。

（2）为何在文章最后引用渔者之歌？

解密：①渲染三峡秋天萧瑟凄清的气氛，使文章达到情景交融的境界，表现三峡的凄婉美。

② 从侧面表现当时三峡渔民、船夫的悲惨生活。

（3）《三峡》主要表现了作者什么情感？

解密：作者通过细腻的笔触书写了对祖国山水的无限热爱，表达了作者对渔民艰险生活的悲悯。

（四）学习综合效果评价

1. 成品说明：统一使用A4规格，共2面。第1面为连环画电子图，右下角附朗读二维码。第2面为知识卡片和情意大解密的综合内容，对整体版面进行个性化设计。

2. 成品展示：各小组派代表上台进行不少于1分钟的作品解说（所绘内容+特别之处），每组一票进行投票（不投自己组），并评分（见表4）。

表4

评价项目	评价标准（据接近程度来评）	评价分值（1、2、3、4、5）
创作内容	合乎文本，元素齐全	
色彩搭配	和谐有道，攫人眼球	
细节呈现	具体到位，独特新颖	
现场展说	文采斐然，说动人心	

（五）资料学习

推荐阅读：《黄牛滩》。

第三课时　欲界挤挤，仙都自在

【课型】

教读引领课。

【教学内容】

教材：《答谢中书书》。

【教学知识点】

重点文言字句、朗读、作者情感。

【课时教学目标】

1. 学生朗读课文，感受其音韵和谐、句式整齐的特点，同时积累常见文言实词和虚词。

2.让学生领会写景需抓住特征的写法，通过联想和想象去感受秀美的山川景色。

3.使学生了解有关文言常识，体会作者与自然相融的生命的愉悦及常伴林泉的志趣。

【教学过程】

（一）诵读古文知大意

1.古文留声机：录制完毕，生成二维码。

（1）朗读配乐：《梅花三弄》（古筝曲）。

（2）朗读指导：见表5。

表5

作者作品	陶弘景《答谢中书书》
节奏音韵	四言：山川/之美，古来/共谈。 五言：自/康乐/以来。 七言：实是/欲界之仙都。 八言：未复/有能/与/其奇者
语速语调	读出节奏：四字短语二二拍，对仗工整，句式整齐。 读出舒缓：放慢语速，末尾议论句读出赞赏之感，抒情句读出自豪之意

2.旧事重提：

（1）识记字词："歇""颓""沉鳞""与"，一词多义（"自""绝""素"）等。

（2）疏通句子："两岸石壁，五色交辉""夕日欲颓，沉鳞竞跃""未复有能与其奇者"等。

（3）概括全文：本文以清俊的笔触描绘了秀美的山川之景，体现了作者酷爱自然，怀有常伴林泉之志。

（4）重新拟题：题目+缘由。

示例：欲界挤挤，仙都自在。（在秀美山水之中觅得无限乐趣，与友人品赏山水，亦期与谢公比肩，乃人间一大雅事）

（二）寻山访水觅绝境

1.让学生有感情地朗读原文和翻译，通过想象入境。

2.体悟写景技法：见表6。

表6

抓住景物特征		山峰之高、水流之清、林青竹翠
综合运用修辞	对偶	"晓雾将歇，猿鸟乱鸣；夕日欲颓，沉鳞竞跃"
	借代	"沉鳞竞跃"
动静俯仰结合	动静结合	"晓雾将歇，猿鸟乱鸣；夕日欲颓，沉鳞竞跃"
	俯仰结合	"高峰入云，清流见底"
正侧面相结合	正面描写	"高峰入云……沉鳞竞跃"
	侧面描写	"自康乐以来，未复有能与其奇者"
多感官描写	听觉	"猿鸟乱鸣"
	视觉	"两岸石壁，五色交辉""沉鳞竞跃"
情景交融		"实是欲界之仙都"，表达了作者对隐居生活的眷恋

3. 绘制连环画：见表7。

表7

类型	水彩画		
整体要求	1.小组合作进行；2.景物元素齐全；3.合乎文本；4.突出细节		
画面	小标题	景物元素	景物特征
画面一	江山多娇图	高峰、清流、石壁、竹林	恢宏巍峨
画面二	猿鸟唱清晓	晨雾、猿鸟	清新悦然
画面三	游鱼倚夕阳	夕阳、游鱼	温婉醉人

（三）品悟真情照心迹（作为连环画的解读说明）

1. 知识卡片。

（1）作者简介：陶弘景（456—536），南朝齐梁时道教思想家、医学家。字通明，自号华阳隐居，丹阳秣陵（今江苏南京）人。早年游历访道时游遍名山大川，中年辞官退隐茅山，后在江南秀丽的山水中度过晚年。陶弘景集儒、释、道三教思想于一身，是南朝齐梁时期道教茅山派代表人物之一。武帝曾礼聘其而不出，但朝廷大事辄就咨询，时称"山中宰相"。

（2）时代背景：南北朝时因政局动荡、矛盾尖锐，不少文人遁迹山林，描山绘水，表明自己所好并将其作为对友人的安慰。南朝齐梁间道教思想家陶弘景曾经担任诸王的侍读，后拜左卫殿中将军，却因看透混浊的人世而不愿在朝为官，最终选择隐居山林，从自然美中寻求精神上的解脱。本文是陶弘景写给朋友谢中书的书信中的部分内容。一般认为全文今已无存，流传下来的只有这一段描绘山水的锦绣文字。

（3）文体分析："书"。

书，即书信，古人的书信又称尺牍或者信札，是一种应用文体，多记事陈情。特征：与韵文相对，以记事为主，夹叙夹议，有时也写景寄情。

（4）骈文：我国独有的一种特殊文学体裁，讲究骈偶、声律、用典、辞藻，以四六字句为主。文辞华美，声调和谐。

2.情意大解密。

（1）文末"实是欲界之仙都。自康乐以来，未复有能与其奇者"写出了什么？

解密：写出了作者沉醉于山水的愉悦，表达了能与古今山水知音共赏美景的得意之感。

（2）"未复有能与其奇者"的"与"能否改为"赏"，为什么？

解密：不能。"赏"是带着情感去观赏，"物皆着我之色彩"。但陶弘景更宁静淡泊，已经与自然融为一体，"不知何者为我，何者为物"。因此，"与"才是他内心的真实写照。

3.观众留言板：见表8。

表8

假如你是谢中书
敬爱的弘景兄：
思路：可以对"山川之美，古来共谈"与"未复有能与其奇者"似乎矛盾的说法进行回应；可以纵观历史，除了谢公，亦有其他人可"与其奇"；可以共商齐赴林泉之约，饮酒赋诗

（四）学习综合效果评价

（同上）

（五）资料学习

推荐阅读：《山中与裴秀才迪书》。

第四课时　烟水深处，梁朝来信

【课型】

教读引领课。

【教学内容】

教材：《与朱元思书》。

【教学知识点】

重点文言字句、朗读、作者情感。

【课时教学目标】

1. 朗读课文，感受其音韵和谐、句式整齐的特点，同时积累常见文言实词和虚词。

2. 领会写景需抓住特征的写法，通过联想和想象去感受富春江上雄奇秀丽的景致。

3. 了解有关文言常识，体会作者在行文中流露出归隐林泉、享受美景的愿望。

【教学过程】

（一）诵读古文知大意

1. 古文留声机：录制完毕，生成二维码。

（1）朗读配乐：《夕阳箫鼓》（琵琶曲）。

（2）朗读指导：（见表9）。

表9

作者作品	吴均《与朱元思书》
节奏音韵	四言：奇山/异水，天下/独绝 五言：经纶/世务者 六言：蝉/则/千转不穷
语速语调	读出节奏：四字短语二二拍，对仗工整，句式整齐。 读出变化： 第1段：沉稳有力（自豪陶醉） 第2段：由缓到急（欣喜愉悦） 第3段：始于高昂，中间沉稳，终于渐缓（惊叹转入平静，最后有所体悟）

2.旧事重提：

（1）识记字词："东西""甚箭""轩邈""经纶"，词类活用（"东西""上"）等。

（2）疏通句子："奇山异水，天下独绝""急湍甚箭，猛浪若奔""鸢飞戾天者，望峰息心；经纶世务者，窥谷忘反"等。

（3）概括全文：该篇运用清丽文笔描绘了富春江一带的奇山异水，抒发了作者对功名利禄的鄙弃，流露出对大自然的爱慕之情。

（4）重新拟题：题目+缘由。

示例：烟水深处，梁朝来信。（在富春江至桐庐一带，青山绿水，蝉鸟相鸣，烟雾缭绕，摄人心魂，能得其意者，莫若南朝梁吴均也）

（二）寻山访水觅绝境

1.学生有感情地朗读原文和翻译，通过想象入境。

2.体悟写景技法：见表10。

表10

抓住景物特征		水之清、水之急，山之高、多、险
综合运用修辞	比喻	"急湍甚箭，猛浪若奔"
	夸张	"水皆缥碧，千丈见底"
动静俯仰结合	动静结合	"游鱼细石，直视无碍。急湍甚箭，猛浪若奔"
	俯仰结合	"游鱼细石，直视无碍""夹岸高山，皆生寒树"
正侧面相结合	正面描写	"游鱼细石，直视无碍"
	侧面描写	"鸢飞戾天者，望峰息心；经纶世务者，窥谷忘反"
多感官描写	听觉	"泉水激石，泠泠作响……蝉则千转不穷，猿则百叫无绝"
	视觉	"水皆缥碧，千丈见底。游鱼细石，直视无碍"
情景交融		（1）"从流飘荡，任意东西"表达了作者对自由的渴望。 （2）"鸢飞戾天者，望峰息心；经纶世务者，窥谷忘反"表现了作者向往自然、淡泊名利、超然物外的积极心态

3.绘制连环画：见表11。

表11

类型	水彩画		
整体要求	1.小组合作进行；2.景物元素齐全；3.合乎文本；4.突出细节		
画面	小标题	景物元素	景物特征
画面一	任尔东西图	高山、流水、（小舟）	磅礴大气
画面二	一河缥碧江水	碧水、游鱼、急湍、猛浪	清澈灵动
画面三	一山蓬勃生机	寒树、河石、蝉鸟、横柯、疏条	苍翠活力

（三）品悟真情照心迹（作为连环画的解读说明）

1.知识卡片。

（1）作者简介：吴均（469—520），南朝梁文学家，出身寒微，有才学，其文颇得世人称颂，但仕途不畅，只做过有名无实的小官。曾撰《齐春秋》，忠于史实，被梁武帝焚书罢官。后奉诏修《通史》，起三皇讫齐代，未成而卒。其诗文多借自然之物以抒其愤懑抑郁之情。

（2）时代背景：魏晋南北朝是中国政治最混乱、社会最黑暗的时期，却又是精神上极为自由、极富有智慧和艺术的时代。当时盛行的佛道思想，影响了很多像吴均一般的官场失意者。这些知识分子受其影响，产生归隐之意，于是寄情山水来排解心中的苦闷。吴均也感慨自身坎坷的遭遇，在动乱中生发寄寓山水风光之情，乘船游览富春江，见山水怡人，遂融合其情，给朋友朱元思写了一封书信，后成为一篇独立经典山水小品文。

（3）吴均体：骈文讲究骈偶、声律、用典、辞藻，但吴均所写之骈文与主流骈文不同，更多注重自由笔法，文风清新，史称"均文体清拔有古气，好事者或学之，谓之吴均体"。

2.情意大解密。

（1）"皆生寒树"之"寒"如何理解？

解密："寒树"指又绿又密，让人心生寒意的树木。这是从人的心理感受写树木的浓密青翠，所写之景也与下文相协调。

（2）"鸢飞戾天者"和"经纶世务者"分别指什么人？

解密：指极力追求名利的人和热衷于官场的人。

（3）综看全文，主要表达了作者什么感情？

解密：其一，表达了作者对富春江奇山异水的赞美、留恋；其二，传达出作者鄙弃功名、淡泊人生、意欲归隐的思想感情。

（4）文末本可抒发心中感慨之后直接收束文章以达到情感的升华，可却转为写景，这是否多余？

解密：引孙绍振先生语："设想我们在游玩之时，总会有一个游览过程：由眼前之景入心，心中突感震撼；由眼中之景入心，生发万千感慨；再由心中之思入景，产生重游之念。"很显然，吴均已游览了前两个阶段，第三阶段正是他带着景物入心生发的感慨，继续将视角转向身边的山水之景：行于茂密山林之间，高大的树木和山峰遮蔽了日光，即使在白天也像夜晚一般昏暗，稀疏和浓密的树干枝条交相呼应，光明和昏暗相互交替，更衬山谷的幽静。这与前面的"窥谷忘反"相互呼应。因此，文末写景并不是败笔，而是作者有意为之。

3. 观众留言板，见表12。

表12

假如你是朱元思？
敬爱的吴均兄：
思路：对"鸢飞戾天者，望峰息心"和"经纶世务者，窥谷忘反"进行回应，表达对富春江一带美景之赞赏，期有朝一日与其共游。或续从流飘荡，或在一地停泊

（四）学习综合效果评价

（同上）

（五）资料学习

推荐阅读：《与施从事书》《与顾章书》。

第五课时　月华如水，生命律动

【课型】

教读引领课。

【教学内容】

教材：《记承天寺夜游》。

【教学知识点】

重点文言字句、朗读、作者情感。

【课时教学目标】

1. 学生有感情地朗读课文，积累常见文言实词和虚词。

2. 让学生领会写景需抓住特征，通过联想和想象去感受月色空明之美。

3. 使学生了解有关文言常识，尝试理解作者复杂微妙的心境。

【教学过程】

（一）诵读古文知大意

1. 古文留声机：录制完毕，生成二维码。

（1）朗读配乐：《春江花月夜》（古筝曲）。

（2）朗读指导：见表13。

表13

作者作品	苏轼《记承天寺夜游》
节奏音韵	四言、五言、六言、七言断句（举例略）
语速语调	朗读抓手：作者游踪。 读出变化： 文首以平静缓慢语速去读，"解衣欲睡"至"张怀民"，语调升高，重读"念""遂"。音调升高，重读"怀民亦未寝""相与"，表达惊喜之感。月色描写读来缓慢，语调温婉。两个反问句，音调升高，读出质疑之气。最后一句重读"闲人"，读出其中的无奈与自嘲

2. 旧事重提：

（1）识记字词："念""相与""空明""盖""耳"等。

（2）疏通句子："庭下如积水空明，水中藻、荇交横""但少闲人如吾两人者耳"等。

（3）概括全文：本文记述了作者夜游承天寺的经历，创造了一个清幽宁静的艺术境界，传达出作者复杂微妙的心绪：赏月的欣喜、漫步的悠闲、贬谪的悲凉、人生的感慨。

（4）重新拟题：题目+缘由。

示例：水墨画下的生命律动。（月华如水，撩拨起作者满腔思绪，由赏月初的轻松愉悦生发出遭贬的悲凉，继而发一声自嘲）

（二）寻山访水觅绝境

1. 学生有感情地朗读原文和翻译，通过想象入境。

2. 体悟写景技法：见表14。

表14

抓住景物特征		月色清澈透明、竹柏疏影摇曳
综合运用修辞	比喻	"庭下如积水空明"
正侧面相结合	正面描写	"月色入户"
	侧面描写	"庭下如积水空明，水中藻、荇交横，盖竹柏影也"
多感官描写	视觉	"庭下如积水空明，水中藻、荇交横，盖竹柏影也"
情景交融		（1）"月色入户，欣然起行"表达了作者赏月的欣喜，漫步的悠闲。 （2）"但少闲人如吾两人者耳"表达了作者壮志难酬、自我排遣苦闷、旷达乐观的人生态度

3. 绘制连环画：见表15。

表15

类型		水墨画	
整体要求	1.小组合作进行；2.景物元素齐全；3.合乎文本；4.突出细节		
画面	小标题	景物元素	景物特征
画面一	月华流照图	明月、庭院、竹柏、（苏轼、张怀民）	空明、澄澈、幽静

（三）品悟真情照心迹（作为连环画的解读说明）

1. 知识卡片。

（1）作者简介：苏轼（1037—1101），字子瞻，号东坡居士，眉山（今属四川）人，宋代文学家，属"唐宋八大家"之一。苏轼在诗、词、文、书、画等方面都有很高的成就，词开豪放一派，与辛弃疾并称"苏辛"。

（2）时代背景：元丰二年（1079），苏轼因"乌台诗案"被贬黄州，名义上是"团练副使"，却"本州安置，不得签书公事"，有职无权，过了几年闲居生活。本可奋力当世，施展才华，无奈仕途坎坷，政治失意。所幸，作者在被贬之后并无就此沉沦，而是在黄州山水中找到自身的精神寄托。《记承天寺夜游》正写于作者被贬黄州的第四年。

（3）乌台诗案：发生于元丰二年（1079），时御史何正臣等上表弹劾苏轼，奏苏轼的上表中，用语暗藏讥刺朝政，随后又牵连出大量苏轼诗文为证。这案件先由监察御史告发，后在御史台狱受审。据《汉书·薛宣朱博传》记载，御史台中有柏树，野乌鸦数千栖居其上，故称御史台为"乌台"。"乌台诗案"由此得名，苏轼因此被贬黄州。

（4）文体："记"是古代的一种文体，主要是记载事物，往往通过记事、记物、写景、记人来抒发作者的感情或见解，即景抒情，托物言志。

2.情意大解密。

（1）"庭下如积水空明，水中藻、荇交横，盖竹柏影也"，作者笔下月色有何特别之处？

解密：月光洒满庭院如同积水充满庭院，清澈透明，竹柏的影子映在地上，如同水藻、荇菜纵横交错。作者用语无一字写月而月色无处不在。"积水空明"写月色空明澄澈，"藻、荇交横"写竹柏倒影的清丽淡雅，简单一句就点染出一个空明澄澈、树影摇曳、似真似幻的美妙境界。

（2）所谓"闲人"作何解？

解密：作者心境复杂而微妙：赏月的欣喜、漫步的悠闲、贬谪的悲凉、人生的感慨。"闲人"即"清闲之人"。"何夜无月？何处无竹柏？但少闲人如吾两人者耳"表面上是自嘲地说自己和张怀民被贬此地，闲来无事才出来赏月的，实际上却为自己的行为而自豪——月夜处处都有，却只有情趣高雅的人能够欣赏它，传达出旷达之情。"闲人"也包含了作者郁郁不得志的悲凉心境。作者在政治上有远大的抱负，但是被贬，流落黄州，在内心深处，他又何尝愿意做一个"闲人"呢？赏月"闲人"的自得只不过是被贬"闲人"的自我安慰罢了。

3.观众留言板，见表16。

表16

苏轼、怀民我想对你说
敬爱的苏兄、怀民兄：
思路：对二者处境表示同情与理解；鼓励二者坦然直面人生风雨，积极进行人生突围

（四）学习综合效果评价

（同上）

（五）资料学习

推荐阅读：《赤壁赋》。

第六、七课时　情景相生，引人入胜

【课型】

综合体悟课。

【教学内容】

教材：《三峡》《答谢中书书》《与朱元思书》《记承天寺夜游》。

【教学知识点】

景物描写方法。

【课时教学目标】

1. 通过综合赏读文本，让学生学习古人运用多角度、多层次、多手法描写景物的方法。

2. 让学生体会情景交融的写作手法，激发学生对大自然的喜爱之情及尝试在其中汲取精神力量。

【教学过程】

（一）入境：激情导入

五岳群山，巍巍耸立。春风夏雨，秋霜冬雪。乾坤自然生生不息，四时景物美不胜收，文人墨客写下了众多流传千古的经典写景佳作。今天让我们再来细品古人写景的艺术手法，看看对在平时写作中运用景物描写有何启发。

（二）造境：巩固景物描写方法

1. 再次速读文本，回顾四篇文章在描写景物时使用了哪些写作手法和修辞手法。

（1）写作手法：情景交融、借景抒情、动静结合、俯仰结合、正面描写、侧面描写。

（2）修辞手法：比喻、对比、夸张、对偶、借代、引用。

2.小组合作完成表17。

表17

一、抓住景物特征	
《三峡》	水势盛大、水流湍急、水之清澈
《答谢中书书》	山峰之高、水流之清、林青竹翠
《记承天寺夜游》	月色清澈透明、竹柏疏影摇曳
《与朱元思书》	水之清、水之急，山之高、多、险

二、运用修辞手法		
《三峡》	夸张	"虽乘奔御风，不以疾也"
	对比	"至于夏水襄陵，沿溯阻绝" VS "素湍绿潭，回清倒影"
	引用	"巴东三峡巫峡长，猿鸣三声泪沾裳"
《答谢中书书》	对偶	"晓雾将歇，猿鸟乱鸣；夕日欲颓，沉鳞竞跃"
	借代	"沉鳞竞跃"
《记承天寺夜游》	比喻	"庭下如积水空明"
《与朱元思书》	比喻	"急湍甚箭，猛浪若奔"
	夸张	"水皆缥碧，千丈见底"

三、运用动静、俯仰结合		
《三峡》	动静结合	"素湍绿潭，回清倒影"；"悬泉瀑布，飞漱其间"
《答谢中书书》	动静结合	"晓雾将歇，猿鸟乱鸣；夕日欲颓，沉鳞竞跃"
	俯仰结合	"高峰入云，清流见底"
《与朱元思书》	动静结合	"游鱼细石，直视无碍。急湍甚箭，猛浪若奔"
	俯仰结合	"游鱼细石，直视无碍" "夹岸高山，皆生寒树"

四、运用正面、侧面描写		
《三峡》	正面描写	"重岩叠嶂，隐天蔽日"
	侧面描写	"自非亭午夜分，不见曦月"
《答谢中书书》	正面描写	"高峰入云……沉鳞竞跃"
	侧面描写	"自康乐以来，未复有能与其奇者"
《记承天寺夜游》	正面描写	"月色入户"
	侧面描写	"庭下如积水空明，水中藻、荇交横，盖竹柏影也"
《与朱元思书》	正面描写	"游鱼细石，直视无碍"
《与朱元思书》	侧面描写	"鸢飞戾天者，望峰息心；经纶世务者，窥谷忘反"

五、运用多种感官描写		
《三峡》	听觉	"常有高猿长啸，属引凄异，空谷传响，哀转久绝"
	视觉	"自非亭午夜分，不见曦月"
	触觉	"林寒"
《答谢中书书》	听觉	"猿鸟乱鸣"
	视觉	"两岸石壁，五色交辉""沉鳞竞跃"
《记承天寺夜游》	视觉	"庭下如积水空明，水中藻、荇交横，盖竹柏影也"
《与朱元思书》	听觉	"泉水激石，泠泠作响……蝉则千转不穷，猿则百叫无绝"
	视觉	"水皆缥碧，千丈见底。游鱼细石，直视无碍"
六、寓情于景，情景交融		
《三峡》	（1）"巴东三峡巫峡长，猿鸣三声泪沾裳"抒发了作者对渔民艰苦生活的悲悯。 （2）综合全文，作者以工笔之词抒发了对三峡景致的欣赏与赞美	
《答谢中书书》	（1）"实是欲界之仙都"表达了作者对隐居生活的眷恋	
《记承天寺夜游》	（1）"月色入户，欣然起行"表达了作者赏月的欣喜，漫步的悠闲。 （2）"但少闲人如吾两人者耳"表达了作者壮志难酬、自我排遣苦闷、旷达乐观的人生态度	
《与朱元思书》	（1）"从流飘荡，任意东西"表达了作者对自由的渴望。 （2）"鸢飞戾天者，望峰息心；经纶世务者，窥谷忘反"表现了作者向往自然、淡泊名利、超然物外的积极心态	

小结：本节课通过仔细研读文本内容，再一次进入古人雄奇秀丽、婀娜多姿的笔下之景，整理和归纳出古人写景的常用手法——情景相生。正如以上名篇，写景正是为了抒发某种情感。希望我们在以后的写作训练中可以运用恰当的写景技法来升格文章。

3.拓展延伸。

（1）失意避世的隐逸者与归返自然的山水文学。

隐逸，即古代文人志士疏远于朝廷，避开世俗官场上的是非对错、尔虞我诈，转而投身于山水之间，怀着对自然、对生命、对无穷宇宙的敬畏和崇敬，融身于开阔的山水境地，共情于大千宇宙的开阔释然，是中国传统文化历史上一种普遍的文化现象。

隐逸现象始于先秦，汉代逐渐发展，到魏晋南北朝和隋唐五代时期发展到极盛水平。隐逸在形式上与山水有密切的联系，在思想内涵上多关乎逃避权欲名利，追求清越超迈、安闲幽静。

受时代和社会风气的影响，大批的知识分子和文人志士归隐山林，隐遁江湖，以隐逸简朴、闲适清净的隐居生活为乐，逐步形成一种富有深厚历史积淀的文化主流，促成了隐逸文学的发展，即山水文学的产生和兴盛。

（2）推荐阅读：《题破山寺后禅院》《望岳》《饮酒·其五》《归去来兮辞》《游黄山记》《济南的冬天》《荷塘月色》。

（三）用境

1. 堂上写作。

文题："春有百花秋有月，夏有凉风冬有雪。"一年四季，每个季节都有独特的景致。选择你最喜爱的一个季节，以"我爱＿＿季"为题，写一篇不少于500字的作文。

温馨提示：①抓住所选季节的特点进行描写，注意运用多种艺术手法。②除了写某一季节独有的景致，还可以写某个景物在某一个季节的特点。③要把"我"对所选季节的喜爱之情渗透在字里行间，做到寓情于景，情景交融。

2. 堂上点评。

① 抓点分析：是否写出景物主要特征？是否运用多层次、多角度、多手法进行摹写？是否融情入景？

② 开展方式：学生堂上互评—推选组内佳作—师生赏读。

四、单元主题教学反思

本单元教学设计遵循了"学习目标、真实情境、活动过程、学习支架、评价工具"的闭环原则，符合2022年版新课标的要求，设计主题明确，教学环节紧凑，注重情境应用和综合分析能力，共同指向学生的核心素养发展。

首先，基础性学习任务群，指向"语言文字积累与梳理"。我设计了"古文留声机"和"旧事重提"两个环节。其一，"古文留声机"环节重在对学生的朗读进行指导，加之合适的配乐，营造了良好的学习氛围，有利于学生走进文本。其二，有了朗读的情感酝酿，结合课下注释，教师稍加引导便能让学生基本把握文本大意。为了检测学生学习效果，我特意设置"旧事重提"环节，目的是让学生在整体把握文本的基础上用自己的话语概括核心要点，主要考察学生的分析概括能力。

其次，发展型学习任务群，涵盖"实用性阅读与交流""文学阅读与创意写作""思辨性阅读与表达"三个层面。我将本单元主题设定为"万水千山总关情"。四篇文言短文都关涉山水描写，同时也都运用情景交融的写法，寓情于景，表达了自己的人生体悟。我引导学生结合文本进行景物描写技法的探析，并要求学生绘制相应的连环画，"品悟真情照心迹"环节则重在剖析作者情感。另外，"观众留言板"让学生穿越时空与古人对话，有利于训练学生的思辨思维。最后安排的作文练笔，实现知识输入到输出的转化。

最后，拓展型学习任务群，涵盖"整本书阅读"和"跨学科学习"两个方面。我设置了"绘制连环画"的环节，要求学生在读懂的基础上发挥自己的联想和想象，还原文中之景。连环画的设计，学生除了要具备高雅的审美能力，还需要一定的美术功底。生成二维码，则要求学生掌握一定的计算机运用能力。

抒性灵、启智思的文学精灵

统编版八年级上册第四单元

单元主题：情感哲思

课题：《白杨礼赞》《散文两篇》《昆明的雨》

一、文本解读

"抒性灵、启智思"指的是抒发人的心灵，表现其真情实感；启迪人的心智，体现其丰满思想。本单元的散文有茅盾的《白杨礼赞》《散文两篇》、汪曾祺的《昆明的雨》，在整体上具有以下两个特点：

1. 文本自身在语言文字上具有极大的表现张力，蕴含着作者积极观察、感知生活的天赋。我们可以学习、积累语言，体会文字表达的效果，提高自己语言的表现力和创造力。

2. 情感上注重表现个体的独特性和丰富性，体现了作者为人处世的智慧和价值观念的表达。我们可以学习、感悟他者的人生，结合自己的生活经验，丰富自己的情感体验和精神世界。

在具体教学实践时，重点要从文本自身和情感表达出发，多读、多品、多思、多悟、多总结，让学生在语言文字的咀嚼中理解百态人生，丰富精神世界。

二、单元教学目标

1. 让学生识记本单元生字词，做到会读会写。

2. 让学生学习本单元中的名篇，积累优美的词句，背诵经典段落。

3. 使学生了解不同类型散文的特点，培养学生阅读和鉴赏散文的能力，学会用散文这种文学体裁表情达意。

4. 使学生了解作者的思想情感，品味精练、优美的文学语言，培养学生散文感悟能力和写作能力。

三、教学设计

第一课时　散文——文学体裁的万花筒

【课型】

单元预习课。

【教学内容】

教材：《白杨礼赞》《散文两篇》《昆明的雨》。

【教学知识点】

不同类型散文的特点。

【课时教学目标】

1.让学生识记本单元的字词，能理解并正确书写。

2.使学生了解不同类型散文的特点。

【教学过程】

学习活动一：资料助读。

散文取材多样，灵活自由，篇幅短小，运用记叙、抒情的文学样式。散文的写作对象是天、地、人，表达真、善、美的核心主旨。在写作过程中，那些能够使读者久久感动、能够唤醒读者回忆起人生境遇和自然风光、引起读者深深思考、在语言文采和艺术技巧方面满足读者审美需要是散文的主要功用。

散文的主要特点是：写真纪实、取材广泛自由、写法灵活、诗意浓郁、语言优美。

以反映的内容和表现方式的不同，散文可分为三类：①记叙性散文。它以叙事、写人或景物描写为主，通过对事情的具体叙述，对人物形象的描写或对景物的生动描绘，表现事件的意义、人物的精神品质和作者的深刻感受与真挚的情感。②抒情性散文。它以倾吐作者浓厚情感为主，重在用抒情的笔调、象征手法写景状物，在描写中抒发情感。抒情方式有直接抒情（直抒胸臆）、间接抒情（托物言志、借景抒情）。③议论性散文。通过对具体事物的描绘来议论说理的散文，融逻辑性、形象性和抒情性于一体。

学习活动二：字词句段积累。

1.让学生查字典解决"读读写写"中字词的读音和解释，课堂字词检查做好准备。

2.让学生积累课文中的优美句段，利用课下时间熟读并背诵。

学习活动三：文本勾连与衔接。

回忆七年级学过的散文篇目，与本单元的散文进行勾连，并说说它们之间的共同点。

（1）写人记事类：作者的写人和叙事都浸润着浓郁的感情色彩，作者的情感常隐含于委婉跌宕的叙事之中，如《秋天的怀念》《散步》《从百草园到三味书屋》《老王》等。

（2）托物言志类：用某一种物品来比拟或象征某种精神、品格、思想或感情，如《荷叶·母亲》《陋室铭》《爱莲说》等。

（3）阐发哲理类：具有抒情性、形象性和哲理性的特点，赋予理性的形象和情感，从而为读者提供一个广阔的思考、联想的空间，它往往蕴含深邃的哲理，融情感、哲理、形象于一体。

（4）写景抒情类：一般不详述事件的具体过程，没有完整的情节，也不具体描写人物，而是通过描述人、事、景、物的片段传达作者的心声，反映作者完整的精神面貌，体现特定的时代精神，如《春》《济南的冬天》《土地的誓言》《紫藤萝瀑布》等。

总结：《白杨礼赞》托物言志，《散文两篇》阐发哲理，《昆明的雨》写景抒情。

第二课时　意脉——散文隐性情感的动态起伏

【课型】

教读引领课。

【教学内容】

教材：《白杨礼赞》。

【教学知识点】

抑扬结合的写作手法。

【课时教学目标】

1.学生学习从多角度塑造典型形象。

2.学生理解文中抑扬结合的写作手法，并能在写作中学习运用。

【教学过程】

（一）导入

感情就是要动的，静止不动就是无动于衷，就是没有感情。《白杨礼赞》中作者感情脉络的变化，丰富了文章的意脉，使文章真挚动人。

（二）学习活动

学习活动一：你们读懂白杨树了吗？

1.找出礼赞白杨树的语句，并有感情地朗读出来。

第1段："白杨树实在是不平凡的，我赞美白杨树！"

第4段："那就是白杨树，西北极普通的一种树，然而实在是不平凡的一种树。"

第6段："这就是白杨树，西北极普通的一种树，然而决不是平凡的树。"

第8段："白杨不是平凡的树，……我赞美白杨树……"

第9段："我要高声赞美白杨树！"

2.从"那"到"这"，从"实在"到"决不是"，从"赞美"到"高声赞美"，说明了什么？

明确：说明对白杨树的观察是从远到近，感情是由浅入深的。这说明作者对白杨树的感情不仅仅是赞美，还有崇敬。

3."不平凡"在直接赞美的语句中出现了4次，有什么作用？

明确："不平凡"是作者抒发赞美之情的基础，也是行文的感情线索，也就是说，本文以赞美白杨树的不平凡作为抒情线索。

学习活动二："极普通"又"不平凡"的白杨树。

1.文中第2、3段作者的感受是怎么变化的？这样写有什么作用？

示例：第2段描写高原景色后，接着写这样的景色使作者产生从"雄壮"到"单调"的感觉，为接下来写见到白杨树时的惊喜做衬托，属于欲扬先抑，突出白杨树的"不平凡"，使文章波澜起伏。

2.第7段作者为什么先说白杨树可能不美，"算不得树中的好女子"，接着又说它是"树中的伟丈夫"？

示例：第7段先说白杨树可能不美，算不得"好女子"，紧接着说它"伟岸，正直，朴质，严肃"，夸它是"伟丈夫"，属于欲扬先抑，使作者对白杨树的赞美之情溢于言表，更加突出了白杨树的精神风貌。

学习活动三：礼赞白杨，读文悟心。

学生朗读、交流，读出文中的激情与豪气。

（三）总结

准确性和感染力表面上取决于外部可感的事物与人物的特征，但实际上决定这些外部特征的是作家的情感特征。文章中情感有了运动变化，才使得礼赞白杨树的情感有了节奏变化。文章不是一味地讴歌白杨树，而是在抑扬结合中表现白杨树的精神品质及其象征意义。

第三课时　物我交融——外部世界心灵化的过程

【课型】

教读引领课。

【教学内容】

教材：《白杨礼赞》。

拓展：《题白杨图》。

【教学知识点】

托物言志。

【课时教学目标】

1.让学生学习象征手法的使用，理解白杨树的象征意义。

2.使学生感受托物言志写法的表达效果。

【教学过程】

（一）导入

根据文中对白杨树形象的分析，同学们觉得白杨树具有哪些优秀的品质？以"我从白杨树的_____，看出它具有_____的优秀品质"为范例。

预设：我从白杨树树皮的淡青色，看出它具有朴实无华的优秀品质。

（二）学习活动

学习活动一：学习象征手法，礼赞不平凡之人。

1.通过白杨树，茅盾先生联想到什么人？

预设：联想到北方的农民、守卫家乡的哨兵。通过联想和想象，借某一具体形象（物象）表现抽象事物或思想情感，这种写法叫象征，也称为"托物言志"。

2. 白杨树和北方的农民、家乡的哨兵之间有什么共同特征？

预设：白杨树笔直的干给人正直之感，靠拢的枝象征着团结的精神，向上的叶让我们感受到的是浓浓的上进，皮光滑并泛出淡青色流露出旺盛的生命力，有一种坚强之美。白杨树的形态之美折射出来的精神与农民和哨兵身上的坚强不屈、傲然挺立极其相似，这样就构成了象征。

3. 白杨树除了象征农民和哨兵外，还象征什么？

生齐读："难道你又不更远一点想到，这样枝枝叶叶靠紧团结，力求上进的白杨树，宛然象征了今天在华北平原纵横决荡，用血写出新中国历史的那种精神和意志？"

师小结：白杨树是"西北极普通的一种树""不被人重视"，但它"虽在北方风雪的压迫下却保持着倔强挺立""磨折不了，压迫不倒"，这与当时根据地军民"朴质、坚强、力求上进的精神"是完全一致的。

4. 齐读第7段，在字里行间感受茅盾先生对西北抗日军民的赞美之情，朗读的时候要注意，最后四句是排比句和反问句，反问句的作用是加强语气，排比句的作用是增强语势。朗读时要读出坚定、自豪、赞美的感情，语气要逐渐加重。

5. 总结：大家如果能在作文中适当运用象征手法，将抽象的情感寄托在某物上，即能达到物我交融的境界，就会使行文曲折、表达含蓄，会给文章增色不少。

学习活动二：练习象征手法的运用。

拓展：《题白杨图》。

北方有佳树，挺立如长矛。叶叶皆团结，枝枝争上游。

羞与楠枋伍，甘居榆枣俦（chóu）。丹青标风骨，愿与子同仇。

1. 请同学们说说这些形象可以象征什么？

课件出示：荷叶、荷花、梅花、落叶、太阳、蜡烛、牛。

预设：孺子牛象征为民服务，拓荒牛象征创新发展，老黄牛象征艰苦奋斗；荷叶在风雨中庇护荷花，可以象征母亲、父亲；蜡烛燃烧自己照亮别人，可以象征拥有舍己为人品质的人。

2. 总结：本文前半部分是对白杨树自身形象的描绘，通过联想和想象赋予它一定的象征意义。所以同学们在写作时，前文要有铺陈，这样，后文的象征内容才能够顺理成章，衔接自然。

3.知识拓展——"象征"和"比喻"的区别。

（1）象征中的本体通常是可观可感的具体事物，而象征体可以是另一具体事物，但更多的是抽象的思想或意志品质，如"问君能有几多愁？恰似一江春水向东流"。

（2）象征是着眼于全文或是局部文章的构思，是文章技法，如《白杨礼赞》；比喻则通常是以句子的形式存在。

（3）象征和比喻常常结合而用，即象征中必有比喻，而比喻中不一定有象征。

（4）象征讲究象征体与本体之间的"神似"，而比喻只讲究本体与喻体之间的"形似"。

（三）总结

同学们，一篇优秀的散文，就如一幅无形的画，又恰似一首读不尽的诗，茅盾先生的散文达到了如诗如画的艺术境界。白杨树在特定的历史时期被赋予了特定的内涵，让我们再次以小诗《题白杨图》作结，向白杨树的精神致敬，向中华儿女身上的正直、质朴、紧密团结、力求上进、坚强不屈的精神和意志致敬！

第四、五课时 文以载道——哲理散文的价值表达

【课型】

教读引领课。

【教学内容】

教材：《散文两篇》。

【教学知识点】

语言的深刻寓意。

【课时教学目标】

1.使学生初步感知课文，把握文章主要观点。

2.让学生厘清文章写作思路，品味文中语言的深刻寓意。

【教学过程】

（一）导入

董卿在《朗读者》第二季第三期《生命》的开场白中说："生命是多么深

邃的话题，它包含着人世间一切最极致的体验。生命，可以是能够被毁灭但不能够被打败那般顽强，也可以是'亦余心之所善兮，虽九死其犹未悔'那般博大。生命如果有颜色，会不会看上去就像凡·高的《向日葵》和《星空》；生命如果有态度，是不是听上去就是贝多芬的《田园》和《英雄》。生命的意义是如此厚重，无论我们怎样全力以赴都不为过，因为，我们生而为人，生而为众生。"是啊，有同感吗？在新冠肺炎疫情面前，人类的生命是多么脆弱，但所有最美逆行者都用他们的坚持和努力证明了，我们的生命又是多么顽强。今天，我们来学习两篇散文，聆听严文井关于生命的心灵感悟以及罗素的人生追求。

（二）学习活动

学习活动一：观点鲜明——哲理散文的共有属性。

导入：哲理散文的写作不是为了让读者获得某种理性的概念，而是通过富有哲理的形象、带有感情的表述表达自己的观点，从而给读者一个广阔的思考和联想空间。

1. 朗读标题，请同学们说说对题目的理解。

2. 朗读全文，思考文章主要表达什么观点，用文中的语言来支撑说明。

3. 请同学们根据课文内容将小标题补充完整。

《永久的生命》：第1段，慨叹有限的生命。第2段，感动神奇的生命。第3段，感谢永久的生命。第4段，赞美永存的生命。第5段，咏叹生命的奇迹。

4. 交流自己的批注和感悟，在交流的过程中做好二次批注。

预设：（1）"个人生命不像一件衬衣，当你发现它脏了、破了的时候，就可以脱下来洗涤，把它再补好。"（对比，突出个人生命短暂、不可重复的特点）

（2）"地面上的小草，它们是那样卑微，那样柔弱，每一个严寒的冬天过去后，它们依然一根根地从土壤里钻出来，欢乐地迎着春天的风，好像那刚刚过去的寒冷从未存在。"（拟人，表现小草生命顽强，并证明自己的观点：感动神奇的生命）

（3）"它是一个不懂疲倦的旅客，总是只暂时在哪一个个体内住一会儿，便又离开前去。那些个体消逝了，它却永远存在。"（比喻，突出个体生命短暂，但人类生命是永不止息的特点）

（4）"这三种感情就像飓风一样，在深深的苦海上，肆意地把我吹来吹去，吹到濒临绝望的边缘。"（比喻，理想很美好，但现实很残酷，在追求理想的过程中遭遇各种困窘，甚至绝望，强调追求过程的艰难。语言含蓄生动，富于理性色彩）

学习活动二：思路清晰——哲理散文的逻辑属性。

导入：哲理散文不像议论文那样直接议论说理，也不像议论文那样讲究论证方法，强调逻辑推理的严密性，往往将议论与叙述、描写、抒情结合在一起，用连贯清晰的思路，让读者领悟哲理。

1.《永久的生命》中第2—4段正面论说"永久的生命"这一话题，这三个段落的顺序可以调换吗？为什么？

明确：不可以。第2段从容易关注到的外在现象论说生命是流动与不朽的。第3段从生命的内部特征来论说生命是永存的。第4段结合现实来论说生命是毁灭不掉的，赞美永久的生命。三个段落由远及近，层层推进，由论说生命本身的永存到议论现实，发人深省。

2.《我为什么而活着》中第2—4段分别论说"渴望爱情""追求知识""对人类苦难的同情"三种追求，可以调换顺序吗？为什么？

明确：不可以，三种追求中对人类苦难不可遏制的同情是更让作者执着的。渴望爱情、追求知识是理想，而同情苦难则是现实。渴望爱情、追求知识是为了自己，同情苦难则是为了他人。对人类不可遏制的同情心是作者追求爱情和知识的真正动力。作者追求爱情和知识一切都源于他心中一个辉煌的梦：关爱人类，救民众于水火之中。从这里也体现出一个思想家拯救人类苦难的良知。作者想减轻人类的不幸，但是又无能为力、无可奈何，所以这样的人生带给作者不安和痛苦。因此他说这三种感情将他吹到"濒临绝望的边缘"。但是，即使痛苦，他也没有放弃追求。从文中我们可以看到一个有爱心，有责任心，敢于奉献自己，对自己的生命负责，胸怀宽广、精神崇高的罗素。

师小结：罗素是一个具有强烈社会关怀的人道主义者、和平主义者，他充满正义、良知、睿智、温情、多彩，本文在平淡质朴的叙述中充分显示了作者博大的情怀和崇高的人格。

学习活动三：拓展迁移。

1.像严文井先生这样对生命抱有积极乐观的人生态度的人，你还想到了谁？

预设：（1）宗璞："花和人都会遇到各种各样的不幸，但是生命的长河是

无止境的。"——《紫藤萝瀑布》

（2）苏轼："盖将自其变者而观之，则天地曾（céng）不能以一瞬；自其不变者而观之，则物与我皆无尽也，而又何羡乎！"——《赤壁赋》

（3）海伦·凯勒："记得那个美好的夜晚，我独自躺在床上，心中充满了喜悦，企盼着新的一天快些来到。啊！世界上还有比我更幸福的孩子吗？"——《再塑生命的人》

（4）史铁生："我懂得母亲没有说完的话。妹妹也懂。我俩在一块儿，要好好儿活……"——《秋天的怀念》

2. 像罗素一样心忧天下的人还有很多，你又想到了谁？

预设：（1）屈原："长太息以掩涕兮，哀民生之多艰。"

（2）杜甫："安得广厦千万间，大庇天下寒士俱欢颜，风雨不动安如山！"

（3）范仲淹："先天下之忧而忧，后天下之乐而乐。"

（4）阿诺德："同情，使软弱的人觉得这个世界温柔，使坚强的人觉得这个世界高尚。"

（三）总结

同学们，在认识生命具有永久性的特点的同时，我们也要认识到生命的个体性特征。生命如此短暂，正如文中所感叹的，"我们都非常可怜"。那么，在有限的生命里，我们一定要做点什么。换句话说，也许我们应该弄清楚，我们为什么而活着，找到自己生活的追求，实现自我人生价值。

第六课时　形散神聚——散文独特的艺术韵味

【课型】

教读引领课。

【教学内容】

教材：《昆明的雨》。

【教学知识点】

文章的线索。

【课时教学目标】

1. 使学生体会到散文形散神聚的特点，品味汪曾祺散文"淡而有味"的语言。

2. 让学生感悟文中蕴含的作者情感，理解作者热爱生活的人生态度。

【教学过程】

学习活动一：形散——散文的外在形式。

1. 昆明的雨季有什么特点？

2. 本文除了写雨还写了什么？

3. 文章标题是"昆明的雨"，为什么又写以上这些内容？

学习活动二：神聚——散文的内在表达。

《昆明的雨》中的景、物、事之间有什么共同点？

明确：都表达了作者对昆明生活的喜爱和想念，这也是贯穿全文的情感线索。

学习活动三：品味语言，感悟人生。

1. 如何理解文中最后"我想念昆明的雨"这句话？

2. 作者在昆明的生活让你有什么样的感悟？

学习活动四：学以致用。

1. 写景，不仅要写景、物的特点，还要能融合与景、物相关的生活经历，从而表达更为浓郁的情感。请从下面给出的景物中任选三种，仿照示例语段的语言风格，写出多层次的美感。

示例：雨季的果子，是杨梅。卖杨梅的都是苗族女孩子，戴一顶小花帽子，穿着扳尖的绣了满帮花的鞋，坐在人家阶石的一角，不时吆唤一声："卖杨梅——"声音娇娇的。（人情的美）她们的声音使得昆明雨季的空气更加柔和了。（氛围的美）昆明的杨梅很大，有一个乒乓球那样大，颜色黑红黑红的，叫作"火炭梅"。这个名字起得真好，真是像一球烧得炽红的火炭！（景物的美）一点都不酸！我吃过苏州洞庭山的杨梅、井冈山的杨梅，好像都比不上昆明的火炭梅。（滋味的美）

2. 小结文章线索设置的几种方式。

（1）物线：以某一件具体的（或有某种象征意义的）、贯穿始终的物品为线索。

（2）事件线：以某一中心事件为线索。

（3）人物线：以人物为线索。

（4）地点线：以地点变换的顺序为线索。

（5）时间线：以时间顺序为线索。

（6）情感线：以情感的发展变化为线索。（难点）

第七课时　生活——散文素材的来源

【课型】

写作实践课。

【教学内容】

拓展：章中林的《父亲的背影》。

【教学知识点】

内容的概括。

【课时教学目标】

1. 学生快速默读，养成圈点勾画做批注的习惯，通过关键语句概括文章主要内容。

2. 学生标注出表达作者情感的语句，并进行习作训练。

【教学过程】

学习活动一：梳理内容，学会概括。

1. 学习《父亲的背影》，概括文中父亲的主要事迹。

预设：①父亲国庆放假开电瓶车接我；②父亲年轻时帮人炸石头；③父亲挑粪浇地；④父亲上树为我摘苦柚。

2. 总结概括内容的方法。

"（时间+地点）什么人（在什么情况下）做什么事+结果怎么样"，抓关键情节的关键动词；或者"什么事物（在什么情况下）怎么样"。

学习活动二：相似的生活图景，不同的情感体验。

你生活中曾经发生过哪些能体现亲情、友情、师生情的场景？写下自己的阅读感受，全班进行交流。

学习活动三：学以致用，表达情感。

爱需要付出，需要理解，需要时间，需要成长。古人说："此情可待成追忆，只是当时已惘然。"这让我们珍惜拥有。在日常生活中，你被父母、同学、老师、朋友的行为感动过吗？或者是一个眼神，或者是一次谈话，或者是一件特殊的礼物。抓住其中的细节，用文字表达自己内心深处的感动。

预设类似的场景：家人送我上公交车、出门前百般叮嘱、家人给我买水果、周末在家看着父母早出上班等。

点拨：可抓住人物典型特征做简要勾画来表现人物形象，即使用白描手法。

四、单元主题教学反思

以往的教学设计注重文本个体，缺乏单元或主题教学的全局视野。本次单元主题教学设计我认为有以下优点。

第一，从散文这一文学体裁的角度出发，用每一个课时表现散文在阅读、理解和写作过程中的一个重要方面，如散文的素材、矛盾冲突、意脉、托物言志、形散神聚。

第二，有意识地体现深度学习，创设生活情景，如第二课时设计活动"相似的生活图景，不同的情感体验"。

第三，在设计中注重提炼不同文章的共性特点，统一而非孤立地解读文本，整合而非分散地设计活动，如第一课时中教学内容涉及的拓展阅读——章中林的《父亲的背影》。

第四，勾连学生旧知识，使学生构建新的知识框架。如第一课时中在七年级中学过的散文内容与本单元篇目之间寻找共同点，从已有的知识体系中丰富学生对散文类型及其不同特点的认识，包括写人记事类、托物言志类、阐发哲理类、写景抒情类。

所谓的"优点"只是在不成熟教学经验组织下的主观认识，然而从实际的教学来看，存在不少的问题，包括设计的活动多以问题形式呈现，比较难调动学生的积极性；活动前后的衔接考虑不仔细，有可能导致在实践过程中前后活动脱节，给学生一种突兀感；部分内容在设计上存在一定难度，学生的接受程度可能会有折扣；对文本的解读仍然不够，较多地停留在参考他人的思路上。

绘民风民俗

统编版八年级下册第一单元

单元主题：民风民俗

课题：《社戏》《灯笼》《安塞腰鼓》

一、文本解读

本单元围绕"民风民俗"选取了一组文章，分别是鲁迅的《社戏》、吴伯箫的《灯笼》和刘成章的《安塞腰鼓》。这三篇文章内容不同、体裁各异，但都跟我国传统文化中的民风民俗有关。《社戏》是鲁迅先生的经典作品，展现了鲁迅先生对童年美好生活的回忆和留恋，以及对未受现代文明污染的纯朴人性的期盼，语言简练而精粹，平实而有情味。《灯笼》是一篇抒情散文，作者以小见大，表达了保家卫国的意志和热情。《安塞腰鼓》也是一篇抒情散文，作者运用诗化的语言、多变的句式，表现了陕北高原人民蓬勃的生命力。

从这些文字中，我们能欣赏到一幅幅民俗风情画卷，感受到多样的生活方式和多彩的地域文化，能更好地理解民俗的价值和意义。学习本单元，要注重分析文本中的人物形象及其背后的情感内蕴和文化内涵，注意体会多种表达方式的综合运用，培养学生对传统文化的热爱。

二、单元教学目标

1. 使学生感知课文内容，理解其中民风民俗的价值和意义。

2. 让学生分析文本中的人物形象及其背后的情感内蕴和文化内涵，体会多种表达方式的综合运用。

3. 引导学生课外阅读相关作品，通过课内外阅读的结合对比，丰富和加深学生对课文的认识，培养学生对传统文化的热爱之情。

三、教学设计

第一课时　师生话"年"俗

【课型】

教读引领课。

【教学内容】

教材：《社戏》《灯笼》《安塞腰鼓》。

【教学知识点】

春节习俗与民俗。

【课时教学目标】

1. 自然过渡，拉近学生生活与语文之间的距离。

2. 训练学生的思维和表达能力，培养他们留心生活、乐于分享的好习惯。

【教学过程】

学习活动一：问候与祝福。

学期伊始，师生、生生之间互道新春的问候与祝福。

学习活动二：讨论什么是"年俗"。

确定"师生话'年'俗"的讨论话题，先请学生在小组内自由交流，每小组推荐代表发言。并用PPT出示：年是时间转换的标志。"爆竹声中一岁除，春风送暖入屠苏"，春节的意义，就在于它处在新旧的时间节点上，人们以喜悦、期盼的心情迎接新的一年。年是再造人际关系的良机，贺年、团年、拜年等年节仪式活动汇聚着人们的亲情、友情、恋情；年是商家的节日；年是游子的盛会；年是中华文化的浓缩；年是中国人抹不去的心结。中国年俗有说不完的故事，道不尽的风情。

学习活动三：讨论什么是"民俗"。

总结：年俗，原指正月初一立春日这一天，可以开始进行中国的春节准备、庆祝活动。但其实这些活动早从年尾二十四就开始了，中国民间过年期间要进行祭灶、守岁、拜年、祭神、祭祖、除旧布新、迎禧接福、逛庙会等种种风俗活动，一直到正月十五"元宵节"结束。庆祝新年在发展及传承中，已形成了一些较为固定的习俗。辛苦劳作一年的人们，在过年前后的这段时间里，阖家团圆、访亲探友、拜神祈福，以各种方式来期盼来年的好运。

民俗，又称民间文化，是指一个民族或一个社会群体在长期的生产实践和社会生活中逐渐形成并世代相传、较为稳定的文化事项，可以简单概括为民间流行的风尚、习俗。

第二课时　初识民间风俗，体味传统文化

【课型】

单元预习课。

【教学内容】

教材：《社戏》《灯笼》《安塞腰鼓》。

【教学知识点】

民间风俗。

【课时教学目标】

1. 使学生积累常识，初步了解本单元作者及写作背景。

2. 让学生初读课文，厘清文章脉络。

【教学过程】

学习活动一：走近作者。

1. 鲁迅，原名周树人，字豫才，浙江绍兴人，中国现代文学家、思想家和革命家。1918年第一次以"鲁迅"为笔名发表中国现代文学史上第一篇白话小说《狂人日记》。1921年发表中篇白话小说《阿Q正传》。作品有小说集《呐喊》《彷徨》《故事新编》等，散文集《朝花夕拾》，散文诗集《野草》，杂文集《坟》《而已集》《且介亭杂文》等。

2. 吴伯箫，当代著名的散文家和教育家。1938年4月投奔革命圣地延安，进入中国人民抗日军政大学学习。新中国成立后担任人民教育出版社副社长兼总编辑的职位。

3. 刘成章，陕西延安人，现任陕西省作家协会副主席、中国散文学会常务理事。散文集《羊想云彩》获首届鲁迅文学奖，《安塞腰鼓》写于1986年。

学习活动二：寻访背景。

1. 本文选自《呐喊》。《社戏》写于1922年，以作者少年时代的生活经历为依据，用第一人称写"我"20年来三次看戏的经历。两次是辛亥革命后在北

京看京戏，一次是少年时代在浙江绍兴小村庄看社戏，课文节选的是看社戏的部分。鲁迅母亲的娘家在绍兴附近的平桥村，童年的鲁迅因此有机会与农村的孩子交朋友，了解农村生活。他的作品中有许多同情农民、歌颂农民的篇章，表现了劳动人民纯朴、善良的品德。

2. 1931年9月18日，日本帝国主义发动了蓄谋已久的九一八事变，侵略的炮火不仅震碎了祖国的大好河山，也震碎了许多文人墨客心中的美好幻想。然而，国民党政府却采取"不抵抗"政策，这使得吴伯箫感到十分愤慨，忧心如焚、怒火中烧。于是他在坚持教学的同时进行文学创作，用以排解满腔的愤慨。他这一时期，即使是在回忆童年生活的散文里，也充满着这种爱国的激情。《灯笼》正是这一时期这种情感的具体表现。

学习活动三：积累常识。

1. 社，指土地神及祭祀土地神的活动。在绍兴，社也是一种区域名称。社戏，指在社中进行的有关宗教、风俗的戏艺活动，即社中每年所演的"年规戏"。在绍兴，社日演戏由来已久。南宋时，陆游的《春社》中就已经有"太平处处是优场，社日儿童喜欲狂"的题咏。至清代，社戏成了戏剧的主要演出形式。

2. 大红灯笼作为一种传统的民间工艺品，在人们生活中扮演着不可替代的角色，它象征着中华民族灿烂的文化，是非物质文化遗产的一部分。如今，红灯笼更是风行全国，制作更加精美。在中国人眼中，红灯笼象征着阖家团圆、事业兴旺、红红火火，象征着幸福、光明、活力、圆满与富贵，所以人人都喜欢红灯笼。每逢重大节日、良辰喜庆之时，全国许多城镇的街道、商店、公园，甚至一些大型建筑物和私家宅院的门口，都会挂起大红灯笼。到了夜晚，一盏盏灯笼点亮，满天红光，显得隆重热烈、喜气洋洋。

3. 欣赏安塞腰鼓的视频。

安塞腰鼓以其豪迈粗犷、刚劲奔放、气势磅礴的独特风格而闻名，它有机地糅合了秧歌和武术动作，充分表现了黄土地人民憨厚朴实、悍勇威武又开朗乐观的性格。它讲究人鼓合一，人借鼓势，鼓借人威，酣畅淋漓，精、气、神无阻无碍，一脉贯通。安塞腰鼓的表演，既不受场地限制，也不受人员数量制约。在大路上、广场里、舞台中均可表演，可一人单打，可双人对打，也可几十人乃至几百人群打。单打者腾跃旋跨，时如蜻蜓点水，时如春燕衔泥，时如烈马奔腾，时如猛虎显威；群打时则能变幻出多种美妙的图案，如野马、兔。

总结：通过走近作者、寻访背景、积累常识，使学生初步了解本单元涉及的民风民俗，体味传统文化的魅力。

<h3>第三课时　走进文本，追寻民风民俗</h3>

【课型】

单元预习课。

【教学内容】

教材：《社戏》《安塞腰鼓》《灯笼》。

【教学知识点】

文章情节的梳理。

【课时教学目标】

1.让学生梳理文本内容，厘清作者的写作思路。

2.师生合作探究文本中所展现的民风民俗，感受作者寄托的情思。

【教学过程】

学习活动一：梳理文本，了解故事情节。

找出文中相关语句，完成表1内容的填写。

表1

篇目	风土人情	民风民俗	情感内蕴
《社戏》			
《安塞腰鼓》			
《灯笼》			

学习活动二：自主探究，厘清课文思路。

学生分小组，讨论回顾所学内容，厘清课文结构（见图1），进行课堂交流，再次感知课文。

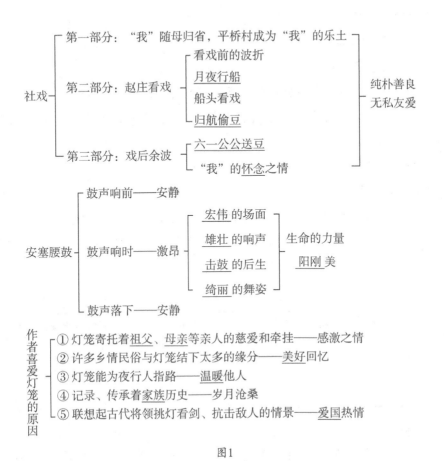

图1

总结：学生自主概括文本内容，理解文中所表现的民俗的意义和价值，以丰富和加深学生对课文的认识，增进学生对社会生活、社会文化的理解，增强学生对民俗文化的热爱。

第四、五课时 赏民风中人

【课型】

教读引领课。

【教学内容】

教材：《社戏》《安塞腰鼓》《灯笼》。

拓展：《灯笼》（朱成玉）。

【教学知识点】

人物形象、作者情感。

【课时教学目标】

1. 使学生把握小说的主要情节，赏析文中人物形象。

2. 让学生品味文中优美的意境和重点语句，体会多种表达方式的综合运用和人物描写方法。

3. 使学生感悟作者在文中流露出的思想感情。

【教学过程】

学习活动一：探究人物形象，体会多种表达方式的综合运用。

《社戏》中的主要人物有哪些？他们分别具有怎样的形象特点？请根据课文内容填写表2。

表2

要表现的关键词	所运用的表达方式	相关内容	分析表达效果
（　　）的双喜			
（　　）的桂生			
（　　）的阿发			

示例：

双喜是一个聪明、机灵、善解人意、考虑周到、办事果断的"好孩子头"。文章所运用的表达方式有记叙、描写。

① 当"我"看社戏受到波折时，双喜大悟似的提议——表现双喜聪明。

② 当外祖母担心都是孩子时，双喜大声打包票——表现双喜反应灵敏、考虑周到、善解人意、办事果断。

③ 看戏时双喜分析铁头老生不翻筋斗的原因——表现双喜聪明、细心。

④ 归航偷豆时征求豆主人阿发的意见——表现双喜考虑事情周到；双喜以为再多偷，阿发的娘知道是要哭骂的——表现双喜考虑周到；吃完豆，双喜所虑的是用了八公公船上的盐和柴，并考虑好对策——表现双喜考虑事情周到。

⑤ 双喜送"我"回到家，"都回来了！那里会错。我原说过写包票的！"——表现双喜做事有始有终。

⑥ 双喜回答六一公公的问话——表现双喜反应灵敏。

同学们，作者文中表达的情感是怎样的？请阅读文本，分析探究，与大家交流你的发现、看法与感受。

如，怀念的是和小伙伴们一起偷豆、煮豆的好玩、刺激，怀念的是六一公公的大方、友善与热情……

学习活动二：品味重点语句，赏析人物形象。

1. "百十个斜背响鼓的后生，如百十块被强震不断击起的石头，狂舞在你的面前。"

示例：运用比喻的修辞手法，把打鼓的后生比作被强震不断击起的石头，生动形象地写出了西北后生们的力量美与豪放美。

2. "一群茂腾腾的后生。他们的身后是一片高粱地。

他们朴实得就像那片高粱。咝溜溜的南风吹动了高粱叶子，也吹动了他们的衣衫。"

示例："茂腾腾""咝溜溜"这两个词用得好，叠词的运用能使语言亲切和富有韵味。

学习活动三：对比阅读，拓展延伸。

感受并思考两篇文章的作者是如何借由抒写关于灯笼的记忆来塑造人物形象、表达主旨思想的？师生交流，归纳整理写作方法及其作用。

《灯笼》（朱成玉）

"父亲做灯笼的手艺远近闻名，但父亲从不靠它来赚钱……现在我才懂得，父亲在编制那些灯笼的时候，把自己也做成了一盏灯笼，用善良做芯儿，用爱心为罩，这盏灯笼高挂在我的心里，一生都不会熄灭。"

总结：记叙、描写、议论、抒情等多种表达方式，在文章写作中往往是综合运用的。描写可以使文章更生动饱满，议论可以起到画龙点睛的作用，使文章的中心更加突出。抒情分为直接抒情和间接抒情两种，间接抒情是一种寓情于事、寓情于景、寓情于理的表达方式，把强烈的感情渗透在叙述、描写、议论之中，使感情同记人、叙事、写景、状物、议论融合在一起而自然流露出来。我们在阅读时要理解作者是如何根据写作需要综合运用表达方式的，在赏析人物形象时，要注意从用词角度上赏析，学会抓住关键字词进行分析，体会词语的表达效果。

第六、七课时　寻民风之情

【课型】

教读引领课。

【教学内容】

教材：《社戏》《安塞腰鼓》《灯笼》。

【教学知识点】

传统中寄寓的情感。

【课时教学目标】

1. 学生朗读课文，体会作者的思想感情，领会散文优美的意境。

2. 使学生品味精练的语言，学习将叙事、写景、抒情融为一体的写作手法和人物描写方法。

3. 加强学生对传统文化的热爱之情，使学生品味传统文化中寄寓的民风之情。

【教学过程】

学习活动一：观社戏，品人情之美。

课文结尾说："真的，一直到现在，我实在再没有吃到那夜似的好豆，——也不再看到那夜似的好戏了。"豆好吃吗？戏好看吗？其实那夜的戏，看得叫人"打呵欠""破口喃喃地骂"；那夜的豆，也只不过是农家极普通的罗汉豆，第二天吃起来也实在平常，那作者为什么这么写呢？他怀念的到底是什么？

总结课文中表现的民风民俗的特点和作者的思想感情，见表3。

表3

地域与时代	旧时的江南水乡（平桥村）
自然条件与社会条件： 自然条件包括地形、自然资源、地势、海拔、气候、水源、土壤、植被等。 社会条件包括经济发展水平、市场、交通、政策、劳动力、科教水平、资源能源、历史文化等	偏僻、闭塞、交通不便。 有山有水，环境优美，风光宜人。 人们生活自给自足，安定和美。 教育、文化水平不高。 ……

续 表

地域与时代	旧时的江南水乡（平桥村）
民风民俗的文化内涵。 在民风民俗中表现出的民众的情感、思想等意识形态方面的特点	民风淳朴，村民热情好客、真诚友善、彼此和睦。 封建礼教、等级观念的约束不大。 精神生活比较富有（每年各村都有社戏活动），看不到物质生活的匮乏和精神生活的闭塞与麻木。 ……
作者的思想情感（作品主题）	对美好童年生活的留恋，对理想农村的向往，对中国社会的期望……

学习活动二：听鼓声，感民风之力。

找出作者在文章中直接赞美安塞腰鼓的语句，找出全文中感情最炽烈、音调最高亢的句子。

——好一个安塞腰鼓！

——好一个安塞腰鼓！

——好一个黄土高原！好一个安塞腰鼓！

——好一个痛快了山河，蓬勃了想象力的安塞腰鼓！

"好一个安塞腰鼓！"间隔反复四次。

"好一个安塞腰鼓"在文中反复出现了四次，构成了回环往复的气势，推动文章情节和情绪向高潮发展。

"好一个安塞腰鼓"，好在哪里？（画一个大大的问号）安塞腰鼓"好"在哪里？以"好一个安塞腰鼓！"为开头，创意地读，创意地写，体会安塞腰鼓好在哪里。用"好一个安塞腰鼓，好在_____，你看（听/想）_____"表述。

资料链接：关于《安塞腰鼓》（刘成章）。

我在陕北生活多年。陕北以她的山河五谷养育了我，我在陕北发现了无数闪闪发光夺人魂魄的人类美质，因此当我决定此生以写作为业的时候，我就立誓，要长时间地写陕北，要把陕北那些令人感动的地方统统挖掘在世人面前。而在写《安塞腰鼓》之前，我已接连写了好几篇颇有影响的文章。这些文章不但使陕北骄傲地在新时期美的视野中踏出一方天地，而且都贯穿着一条红线，那就是讴歌改革开放。那个时期，我满脑子都是改革开放。因为天地的巨大变化给我个人和国家都带来了希望，我对改革开放充满了热情。

小结：其好在宏伟的场面、雄壮的响声、击鼓的后生、绮丽的舞姿。听到的是震撼人心的声音，读到的是一句句鼓点式的文字，是安塞腰鼓掀起的黄土在地上的狂飙。刘成章的《安塞腰鼓》是一首生命和力量的赞歌，是一幅鼓在搏击、情在燃烧、人在奋发的北国风情图！全文借西北汉子热情奔放的腰鼓表现了人们磅礴的力量，歌颂生命中奔腾的力量，激荡出民族的希望，洋溢着一种阳刚之美，表现要冲破束缚、阻碍的强烈渴望。

学习活动三：赏灯笼，赞爱国之情。

1. 请同学们自己默读课文，并思考文章为什么以《灯笼》为题。

明确："灯笼"是文本的线索，作者正是通过描写有关灯笼的事情以表达自己的情感。

2. 作者抒写了他关于灯笼的一些记忆，这些记忆从不同方面表现了灯笼对于他乃至民族的重要意义，请你做简要说明。

明确：有文化上的意义，在纱灯上描红，爱的是那份雅致；对宫灯的想象，体验的是深长的历史况味。

有情感上的意义，挑着灯笼，迎回祖父，长幼情笃；接过纱灯，上下灯学，母子情深；跟着龙灯跑个半夜，伴着小灯入梦，绽放着飞扬的青春；族姊远嫁，进士第的官衔灯映照着褪色的朱门，是对岁月沧桑的感慨；引述历史上保家卫国的名将，表达自己做"灯笼下的马前卒"的誓愿，是悲壮激越的家国情怀。

总结：学生进行合作探究，分享成果，进一步体会作者在文中所表达的情感内蕴与文化内涵。

第八课时　写作训练：仿写技法点拨

【课型】
写作实践课。

【教学内容】
教材：《社戏》《安塞腰鼓》《灯笼》。

【教学知识点】
读写结合。

【课时教学目标】
1. 让学生研读优秀作品，从中提取值得模仿、借鉴的内容。

2.让学生了解仿写的基本类型，掌握相应的解题方法和技巧。

3. 使学生养成读写结合的好习惯，通过模仿、借鉴课内外优秀作品，提高自己的写作水平。

【教学过程】

（一）诗文导入

"袭故而弥新""沿浊而更清"——陆机《文赋》

"夫青出于蓝，绛生于茜，虽逾本色，不能复化"——刘勰《文心雕龙》

（二）概念剖析

请同学们打开教材阅读《学习仿写》，看看这篇短文介绍了仿写的哪几方面的内容。

教师释义：何谓仿写？

所谓作文仿写，就是模仿某些范文的语言、立意、构思、表现手法等技巧，进行写作训练的一种方法。

如何仿写？

1. 点仿。

（1）仿标题。

（2）仿句子。

提起灯笼，就会想起三家村的犬吠，村中老斗呵狗的声音；就会想起庞大的晃荡着的影子，夜行人咕咕噜噜的私语；想起祖父雪白的胡须，同宏亮大方的谈吐；坡野里想起跳又跳的鬼火，村边社戏台下想起闹嚷嚷的观众，花生篮，冰糖葫芦；台上的小丑花脸，跪堂谱，"司马懿探山"。

技法指导：

句式一致（句子结构一致），找出不变的词语（字数相等或基本相等）。

修辞一致（结构形式相同，围绕一个主题）。

（3）仿细节片段。

两岸的豆麦和河底的水草所发散出来的清香，夹杂在水气中扑面的吹来；月色便朦胧在这水气里。淡黑的起伏的连山，仿佛是踊跃的铁的兽脊似的，都远远地向船尾跑去了，但我却还以为船慢。他们换了四回手，渐望见依稀的赵庄，而且似乎听到歌吹了，还有几点火，料想便是戏台，但或者也许是渔火。那声音大概是横笛，宛转，悠扬，使我的心也沉静，然而又自失起来，觉得要和他弥散在含着豆麦蕴藻之香的夜气里。

技法指导：

细节描写遵循的原则。

①细节描写必须符合生活真实（真）。

②细节描写应从小处落笔（细）。

③细节描写要能烘托主题（精）。

④细节描写必须抓住人物特征（神）。

2.全仿。

（1）仿构思。

①一线串珠法。

如《社戏》：盼社戏—社戏途中—看社戏—归航偷豆—看戏后—怀念社戏

②画面组合法。

如《春》：春草图—春花图—春风图—春雨图

《济南的冬天》：阳光下朗照的山—薄雪覆盖下的山—山村远山

（2）仿写作手法。

修辞及欲扬先抑、借景抒情等手法。

如："骤雨一样，是急促的鼓点；旋风一样，是飞扬的流苏；乱蛙一样，是蹦跳的脚步；火花一样，是闪烁的瞳仁；斗虎一样，是强健的风姿""隆隆隆隆的豪壮的抒情，隆隆隆隆的严峻的思索，隆隆隆隆的犁尖翻起的杂着草根的土浪，隆隆隆隆的阵痛的发生和排解""愈捶愈烈！形体成了沉重而又纷飞的思绪！愈捶愈烈！思绪中不存在任何隐秘！愈捶愈烈！痛苦和欢乐，生活和梦幻，摆脱和追求，都在这舞姿和鼓点中，交织"这些排比句的大量使用，使语句汪洋恣肆，有力地表现出"安塞腰鼓"气吞河山的场面和震撼人心的力量。

（三）恰当选材

"缀文者情动而辞发。"这告诉我们，作者只有感情奔腾涌动时，才能文思如泉，运用文字创造作品。这种"奔腾涌动"的"感情"就是作者写作的出发点。本单元的课文，基本都采用了围绕中心事件（事物）来串联内容的写法可见图2。

《社戏》
"乡土情结"

- 看戏前
  - 平桥概况（随母归省）
  - 伙伴游玩（乡间生活）
  - 无船出行（戏前风波）
  - 夏夜行船
- 看戏时：赵庄看戏（船头看戏）
- 看戏后
  - 停船吃豆（偷豆煮豆）
  - 深夜返回（月夜归航）
  - 再谈吃豆（戏后余波）

《安塞腰鼓》
"旺盛的生命"
"磅礴的力量"

- 表演前：呆呆
- 表演时
  - 宏伟的场面
  - 激越的鼓声
  - 有力的动作
  - 绮丽的舞姿
- 表演后：寂静

《灯笼》
"宏愿"

事件（明线）	情感（暗线）
挑灯迎祖父，祖孙情深——	（祖孙情）
接灯上学，母子情切——	（母子情）
乡俗还愿，孤客心暖——	（邻里情）
元宵张灯，乡俗情浓——	（青春情）
族姊远嫁，感伤浮沉——	（岁月情）
朱红描字，迷恋文化——	（文化情）
献帝伴灯，岁月沧桑	（家国情）
愿做马前卒，表达宏愿	

《饺子》
"思念"
"乡愁"

事件（明线）	情感（暗线）
除夕包饺子，祖孙同吃——	（祖孙情）
拜年点心，随到随吃——	（邻里情）
上学午餐，慈母亲送——	（母子情）
共享午餐，分享秘密——	（同学情）
升入初中，感伤离别沉——	（岁月情）
饺子寄情，探究文化——	（寄托乡愁）
学包饺子，寄托思念——	（文化传承）

图2

（四）由笔入心

课余时间，同学们按照老师的要求搜集了不少家乡的民俗文化，你想要写哪一种呢？请你用文字的形式为家乡绘制一份精美的名片。

① 引导学生交流、整理家乡的文化习俗。

② 小组合作完成仿写。

③ 总结：仿写是写作的入门。学习仿写，要根据内容和表达的需要，选择和确定具体的仿写点，对其进行变通和创新。本单元四篇文章的作者正是有了展现民风民俗及其背后的情感出发点，才有由这个"需要"进行选材、构思的写作过程，因此我们的仿写就要在有这个表达"需要"的前提下展开。

四、单元主题教学反思

本单元以民俗为话题，通过阅读这些文章我们能看到一幅幅民俗风情画卷，感受到多样的生活方式和多彩的地域文化，能更好地理解民俗的价值和意义。在此基础上设计教学主题活动，分别为话"年"俗、识风俗、寻民俗、赏民俗、写民俗。对本次教学设计反思如下：

1. 为了把握单元内容之间的联系，我以"民风民俗"为立足点，总结本单元文章的共同特点，按照先感知，再品味，最后应用的顺序层层深入，让学生"一课一得"，再从文本中对学生进行写作训练。

2. 在教学过程中始终以学生为中心，以活动来贯穿。我让学生熟悉本单元的单元主题，师生共话"年"俗，用活动作为驱动推进学生课堂学习。在探寻民风民俗的活动中，学生能够做到积极参与，合作探究，充分发挥学生主体性，使其深入了解民风民俗文化及其背后潜藏的价值和意义。

3. 本单元的单元教学目标之一是让学生分析课文的写作方法，使其体会多种表达方式的综合运用，品味文中富于表现力的语言。在赏读活动中，学生能结合文本，分析叙述、描写、议论、抒情等多种表达方式的综合运用，进而感受文本的主题和作者的思想感情。

在实施教学的过程中也存在诸多不足之处，如有些内容安排不合理，存在重理论轻实践的情况；设计写作训练没有充实的素材指引等。在今后的教学中，我将不断探索、反思、实践，让自己的教学在大单元背景之下，更加丰富充实！

成长的突围

统编版九年级上册第四单元

单元主题：少年生活

课题：《故乡》《我的叔叔于勒》

一、文本解读

本单元为小说单元，本单内容分别是鲁迅的《故乡》、莫泊桑的《我的叔叔于勒》，都写了作者少年时代的经历，这些不同的人生经历，构成了小说外显的情节线索。同时，正是这些人生经历与体验，让一个人发现世界、认识社会，从而推动自我的成长，这又构成小说内隐的思想线索。

《故乡》运用多角度对比，写"我"眼中的故乡与儿时的故乡和理想中的故乡的巨大反差，反映了当时真实的社会状况。《我的叔叔于勒》运用对比手法，讲了一个曲折的故事。远去美洲的于勒曾是一家人幻想中的救世主，当真相揭穿时，其形象跌落为穷困潦倒、老无可依的水手，成为家人避之唯恐不及的对象，前后的巨大反差揭示出残酷的社会现实，既刺痛了年少的"我"，也启发读者深思。

本单元语文素养的训练点是让学生掌握小说的体裁特点，学会梳理小说情节，初步感知小说的叙事手法，尝试分析人物形象，并能结合自己的生活体验，理解小说的主题。

二、单元教学目标

1. 让学生识记、理解、掌握本单元的重点字词。

2. 使学生了解小说的体裁特点，把握人物、情节、环境等要素，理解小说的主题。

3. 让学生学习运用圈点勾画、朗读品味的阅读方法，从多角度鉴赏人物形象。通过品味小说语言、借鉴写法，培养学生的想象力和创造力。

4. 让学生以少年人的视角来关注社会和人生，形成积极向上的人生观和价值观。

三、教学设计

第一课时　提要钩玄——追寻少年成长之路

【课型】

单元预习课。

【教学内容】

教材：《故乡》《我的叔叔于勒》。

【教学知识点】

小说情节的梳理。

【课时教学目标】

1. 使学生识记本单元的字词，能理解并正确书写。

2. 让学生初读课文，整体感知课文基本结构或情节发展脉络，厘清线索，感知小说叙事的艺术性。

【教学过程】

学习活动一：资料助读。

1.《故乡》写作背景：辛亥革命后，封建王朝的专制政权被推翻，但代之而起的是军阀官僚统治。帝国主义操纵了中国的财政和经济命脉，操纵了中国的政治和军事力量。1919年12月初，鲁迅从北京回故乡绍兴接母亲，亲眼看到十年间中国农村衰败、萧条、日趋破产的悲惨景象，百感交集，思绪万千，一年后就以这次经历为素材，创作了小说《故乡》。

2. 莫泊桑（1850—1893），19世纪后半期法国优秀的批判现实主义作家。他一生创作了6部长篇小说和近300篇短篇小说，被誉为"短篇小说之王"。代表作有长篇小说《一生》《漂亮朋友》，短篇小说《项链》《我的叔叔于勒》《羊脂球》等。

学习活动二：字词积累。

1. 让学生查字典解决"读读写写"中字词的读音和解释，为课堂字词检查做好准备。

2. 让学生摘录课文中的成语并解释。

学习活动三：快速默读课文，完成以下习题。

1. 默读《故乡》，回答以下问题。

① 小说是以什么为线索来组织故事情节的?

② 依据文本叙述的先后顺序，说一说小说都写了哪些事。

③ 如果按照故事发生的先后顺序来排序，有哪些事件是需要调整的?

④ 请用"故乡"这个关键词，一句话概括小说的故事内容。

明确：通过比较小说的叙事顺序和故事发生的先后顺序之间的不同，引导学生发现情节安排的错位。错位之处，亦是叙事的匠心所在，可以以此来培养学生感知小说叙事艺术的能力。

2. 默读《我的叔叔于勒》，回答以下问题。

① 请用简练的语言概括故事内容。

小说围绕菲利普夫妇对于勒态度的变化，讲述了一个曲折的故事。试根据下面的提示，从不同角度梳理课文的故事情节。

开端—发展—高潮—结局（情节）原因—结果（逻辑）

期待—破灭（心理）悬念—结局（技巧）

② 速读全文，找一找，文中对于勒的称呼有哪些?

第二、三课时　圈点勾画——成长路上有你同行

【课型】
教读引领课。

【教学内容】
教材：《故乡》《我的叔叔于勒》。

【教学知识点】
人物形象分析。

【课时教学目标】
1. 让学生学习运用圈点勾画、朗读品味的阅读方法。

2. 让学生分析小说刻画人物形象的多种描写方法，从对比变化中把握人物形象。

【教学过程】

两篇小说中都写了"变化"：《故乡》为教读课文，写了故乡的变化，人物的变化；《我的叔叔于勒》为助读课文，写了菲利普夫妇对于勒态度的变化。

学习活动一：纵横对比，揣摩"故乡人"的变化。（《故乡》）

1. 闰土。

① 请大家仔细读文，圈点勾画文中描写少年闰土以及中年闰土的句子，并完成表1。

表1

变化	少年闰土	中年闰土
外貌		
动作、语态		
对"我"的态度		
对生活的态度		

② 从中能看出少年的闰土是一个怎样的形象？中年的闰土是一个怎样的形象？

2. 杨二嫂。

杨二嫂也是作者着力刻画的一个典型形象，作者通过对比描写，写出了杨二嫂的变化。细读课文，圈点勾画出描写杨二嫂的肖像、语言、神态、动作的关键词语。

3. 从上面的对比中可以发现，作者对闰土和杨二嫂都进行了外貌描写和典型事迹记述，不同的是对闰土有动作和神态描写，而对杨二嫂的描写更侧重于体态。这是为什么呢？

明确：小说为了突出人物的个性，选取了最能体现其个性的典型特征来进行描写。

4. "我"又是怎样的一个形象？

归纳小结：人物形象的塑造方法有哪些？我们在分析人物形象时要注意什么？

学习活动二：纵向对比，感受小人物的命运。（《我的叔叔于勒》）

1. 这篇小说写到的人物并不多，有于勒、菲利普夫妇、"我"、两个姐姐、女婿和船长等，那谁是小说的主角呢？

2. 菲利普夫妇对于勒的前后态度有什么变化？从中可以看出菲利普夫妇是怎样的人？

3. 找出文中对于勒进行评价的词语，说说他到底是一个怎样的人，于勒是否值得同情。

4. 相对于菲利普夫妇和于勒，"我"这个形象在小说中又是怎样的一种存在呢？

第四课时　字斟句酌——品尝成长路上的期待与破灭

【课型】

教读引领课。

【教学内容】

教材：《我的叔叔于勒》。

【教学知识点】

小说主题。

【课时教学目标】

使学生字斟句酌解析句子的深层含义，明白作者的写作意图。

【教学过程】

学习活动：品味重点语句，感受"破灭"，理解"人性"。

1. 如果你就是菲利普夫妇，此刻你在船上遇到了于勒，你会如何选择？

2. 故事中的菲利普夫妇是如何对待于勒的？（运用咬文嚼字法重点分析以下句子）

① 我母亲吓了一跳，直望着我说："你简直是疯了！拿十个铜子给这个人，给这个流氓！"

② 那时候，只要一看见从远方回来的大海船进口来，父亲总要说他那句永不变更的话。

③ 母亲突然很暴怒起来，说："我就知道这个贼是不会有出息的，早晚会回来重新拖累我们的。"

④ 我小时候，家在哈佛尔，并不是有钱的人家，也就是刚刚够生活罢了。

⑤ 可是每星期日，我们都要衣冠整齐地到海边栈桥上去散步。

⑥ 父亲忽然看见两位先生在请两位打扮得漂亮的太太吃牡蛎……毫无疑义，父亲是被这种高贵的吃法打动了，走到我母亲和两个姐姐身边问："你们要不要我请你们吃牡蛎？"……母亲于是很不痛快地说："我怕伤胃，你只给孩子们买几个好了，可别太多，吃多了要生病的。"然后转过身对着我，又说："至于若瑟夫，他用不着吃这种东西，别把男孩子惯坏了。"

⑦ 我们回来的时候改乘圣玛洛船，以免再遇见他。

3. 从哲尔赛岛回来之后，菲利普一家的生活会发生什么样的变化？

4. 通过这篇课文，我们读到了挣扎在社会底层的小人物生活的辛酸。生活或许比小说更丰富多彩，生活的未知性和可能性需要我们调动全部的智慧去应对。那么，小说《我的叔叔于勒》是一个关于什么和什么的故事？

5. 品味重点句子"我心里默念道：'这是我的叔叔，父亲的弟弟，我的亲叔叔。'"为什么要这样说？为什么要这样排序？

6. 你从文中感受到了什么？怎么感受人与人之间的关系？

第五、六课时　熟读精思——探究少年成长突围

【课型】

教读引领课。

【教学内容】

教材：《故乡》《我的叔叔于勒》。

【教学知识点】

小说主题。

【课时教学目标】

1. 使学生理解文章标题的含义与作用。

2. 让学生了解小说视角的选取。

3. 让学生从蕴含在人物形象中的思想感情探究作品主题，使其深刻理解成长的内涵，学会正确对待成长中的孤独和挫折。

【教学过程】

学习活动一：体验成长的苦涩。

1. 在《故乡》一课中，"我"少年记忆中的故乡的风景以及人与事，与眼前所见的景象、人物，形成了多重对比。小说中所有人物的生计都每况愈下，这并

不是一个偶然现象，而是那个时代的普遍现象，人人都辛苦，人人都可悲。导致他们变化的原因是什么？那中年闰土有"希望"吗？"我"有"希望"吗？

2. 理解课文最后一段：希望是本无所谓有，无所谓无的。这正如地上的路；其实地上本没有路，走的人多了，也便成了路。

归纳总结：如何读懂小说的主题？（文中议论、抒情的句子以及分析人物——人与人之间的关系）

学习活动二：坚守少年的初心。

《我的叔叔于勒》被选进教材的时候被删去了开头和结尾，我们再来看一看，你又会从中读出什么？（出示原文被删减的首尾内容）

1. 现在再看这部小说，你又会有哪些新的发现呢？

2. 教材进行删减，又有何好处呢？

3. 课文以若瑟夫的视角叙述故事有什么好处？

归纳总结：小说的视角的选取。

学习活动三：成长的突围。

1. 学习本单元，我们认识了两位少年：从一个"纯真、自然、活泼"的"不懂事"的孩子长大后成为一个"守规矩、少言寡语"的"懂事"木偶的闰土；一个充满拜金主义的社会关系里，"富有同情心、珍惜亲情"的若瑟夫。你从这两位少年的成长经历中获得哪些启发？

小结：不一样的成长环境，会有不同的成长历程。闰土成人付出了悲苦的代价，无法突围冷酷的现实；若瑟夫成人后能否突破金钱的魔咒，实现突围？两位少年的经历引发了我们对社会、家庭、人生、人性更多的思考，也留给了我们想象的空间。这也许就是这两篇小说的魅力吧！

2. 请仿照以下格式，用诗意的语言表达你对成长的理解与感悟。

如果成长是一段策马扬鞭的路程，那么痛苦就是修行的磨炼。

如果成长是_____，那么_____。

如果成长是_____，那么_____。

第七课时　含英咀华——一切景语皆情语

【课型】

教读引领课。

【教学内容】

教材：《故乡》《我的叔叔于勒》。

【教学知识点】

小说的环境描写。

【课时教学目标】

让学生体会小说中环境描写的作用，品味小说精美传神的语言。

【教学过程】

学习活动一：用勾画批注的方法，找出两篇课文中描写环境的语句或段落，说说这些景物描写的作用。

1.《故乡》记忆中的故乡与现实的故乡的环境描写。

2.《我的叔叔于勒》中离开哲尔赛岛时的环境描写。

归纳总结：小说环境描写的作用。

学习活动二：以《故乡》环境描写为例，品味小说精美传神的语言。

1. 生动传神的词语。

（1）准确的动词：一系列动词描写了闰土的活动——月夜刺猹、雪地捕鸟，体现了人与人之间的温情。

（2）丰富的形容词：渲染了一种情绪、情感，或隔膜或融合的氛围。

（3）大量的副词：强调作用。

2. 富于变化的句式。

（1）长短句相错落。

（2）整散句相间使用。

3. 修辞手法的运用。

第八课时　触类旁通——成长的思索

【课型】

自主阅读课。

【教学内容】

拓展：徐慧芬的《小米》、若·奥埃斯特朗的《卖梦的人》。

【教学知识点】

小说阅读。

【课时教学目标】

1.使学生掌握小说的阅读方法，学以致用。

2. 让学生在阅读中学会辩证看问题，体会作者的思想感情并丰富情感体验、多元思考。

【教学过程】

学习活动一：温故知新，整理小说知识点。

1. 小组交流展示自己整理的小说知识点，小组做好汇总。

2.学生派代表展示，其他同学补充完善，教师最后总结点评。

学习活动二：整体感知，概说成长经历。

1.默读文章《小米》《卖梦的人》。

默读要求：以1分钟500字的速度快速默读文本，要求不发声、不唇读、不指读。

默读任务：尝试着分别用简洁的语言概括两篇文章的内容。

2.学生默读完后交流，教师对学生进行引导。

学习活动三：分析关键人物，品味成长忧欢。

1. 再次默读文章《小米》《卖梦的人》，运用圈点勾画法分析小米、卖梦人这两个人物形象。

2.朗读、交流、分享。

学习活动四：把握主旨，感受成长的纯与真。

1.圈点勾画摘录出表明作者观点的语句，把握文章主旨。

2. 通过对小米、卖梦人的形象分析，让我们感受到作者对少年纯真、善良的天性的热烈赞颂。请并结合文中内容，说说你对成长的思考。

第九课时　博采众长——感受小说的魅力

【课型】

阅读展示课。

【教学内容】

教材：《走进小说天地》。

【教学知识点】

小说的魅力。

【课时教学目标】

1. 激发学生阅读兴趣，拓宽学生阅读视野。

2. 让学生把握小说人物形象，根据阅读经历再现人物形象。

3. 让学生发挥想象力和创造力，学习虚构故事的方法。

【教学过程】

（一）导入

培根说："读书足以怡情，足以傅彩，足以长才。"小说是最受人们喜爱的一种文学体裁，那一个个生动的故事、一个个鲜活的人物、一个个精彩的画面总能给我们留下深刻的印象。有人说小说是一部生活的教科书，它能引领我们走进五彩缤纷的大千世界，能陶冶性情、净化心灵。今天就让我们携手走进小说中的天地吧！

（二）学习活动

学习活动一：小说故事会。

请你回顾自己阅读小说的经历，想想哪一篇、哪一部或哪个情节最吸引、打动你？以流程图的形式将小说的情节梳理清楚，最好能够尝试用自己的话语复述小说情节。

学习活动二：小说人物大家谈。

任务一：形象竞猜说人物。

老师今天准备了一些小说人物的相关信息，由同学们来竞猜"他"是来自哪部作品的人物，有什么性格特点。

竞猜1."阿呀阿呀，真是愈有钱，便愈是一毫不肯放松……""忘了？这真是贵人眼高……"

竞猜2.看到油灯里多点了一根灯草而不肯断气，两根手指一直比着"二"……

竞猜3."多乎哉，不多也""排出九文大钱"的是谁？

竞猜4.三拳打死镇关西的英雄是谁？

竞猜5.《水浒传》中有一个人物，原来是个"浮浪破落户子弟"，只因踢得一脚好球，受到皇帝的赏识，没到半年时间，直抬举他做到殿帅府太尉职事。他把持朝政，无恶不作，他是谁？

任务二：知识卡片识人物。

同学们对《水浒传》非常感兴趣，不仅仅是因为它是我们本学期的必读名著，更在于作者从中刻画了众多栩栩如生的英雄形象。本学期，同学们为书中的各路英雄制作了人物卡片。请同学们先小组展示，推选出本组最优秀的作品，上台展示并评说。

任务三：生动剧本演人物。

英雄好汉们的光辉事迹已经深入人心了，为了检验同学们的学习成果，也为了给下学期的剧本学习做个铺垫和让你们热身，今天，我们准备让同学们真实上演一场《水浒传》中振奋人心的《武松打虎》桥段课本剧。

学习活动三：展开想象的翅膀。

小说在塑造人物形象时离不开虚构和想象。我们读小说，实际上也是随着小说的笔触，神游于小说虚构的世界中，与小说中的人物同呼吸、共命运。我们也可以展开想象的翅膀，重新设计小说人物的命运；还可以为小说续写；也可以穿越时空跟小说中的人物展开对话。在此基础上，我们就可以学习到如何创作小说。

1. 任务：续写《我的叔叔于勒》。

2. 展开想象的翅膀，寻找你周围生活中的小说素材，尝试进行虚构、演绎故事，或试着写一篇小小说。

小说是别人的故事，但它能帮助我们塑造人生，使我们的命运更掌握在自己手中。读书吧，多读书，读好书。我们的精神将因此而富足，我们的人生将因此而多彩！

第十课时　长文短读——学习缩写

【课型】

教读引领课。

【教学内容】

教材：《学习缩写》。

【教学知识点】

缩写的方法。

【课时教学目标】

1.通过缩写训练，培养学生整体把握文章内容要点和思路的能力。

2.通过缩写训练，培养学生的归纳概括能力。

3.让学生掌握缩写的方法。

【教学过程】

（一）课前导入

学生初二读了《钢铁是怎样炼成的》这部名著，让学生用100字概括这部作品的内容，引出缩写的概念。

（二）展示缩写例文，归纳缩写要点

1.下发缩写例文《谈骨气》，让学生进行小组探讨。

（1）"突出主事件"的常用方法。

（2）"缩减修饰语"的常用方法。

（3）缩写有哪些基本原则？

2.全班交流，教师归纳总结。

（三）小说缩写训练

1.分小组活动，每小组以本单元的一篇课文为例，进行如下训练。

（1）利用思维导图，绘制出这篇小说的情节结构，明确主次。

（2）利用思维导图中的主次，简要复述该作品的故事梗概。

2.组内分项练习

（1）情节结构梳理：利用刚才的经验，小组内分工，分别缩写情节发展的各个阶段。

（2）老师到小组内进行指导，最后组合成文。

（3）各小组派代表进行展示。

（四）缩写小结

缩写三字歌：缩写文，意不变；抓核心，画导图；主要留，次删减；找词句，连成串；有头尾，有重点。

（五）布置作业

将《水浒传》缩写成700字左右的文章。

第十一、十二课时　笔尖上的灵动——书写成长

【课型】

写作实践课。

【教学内容】

教材：《主题写作》。

【教学知识点】

成长类话题作文。

【课时教学目标】

1. 加强作品与现实生活的多元化链接，让学生掌握成长类记叙文的一些写作技巧。

2. 帮助学生积累成长类记叙文的一些素材。

【教学过程】

（一）借助文本导入话题"成长"

回忆你曾经读过的与成长有关的文学作品，就其中印象最深刻的某一个片段或细节进行点评，体会作者对成长的感受。

（二）七嘴八舌话"成长"

1. 你们能说说什么叫成长吗？

2. 你觉得成长的表现有哪些呢？

3. 回忆你成长路上印象最深的一件事，这件事给你什么启发？与大家分享一下。（要求讲具体）

4. 我们对成长有了更深入的理解，谁能用你积累的名言警句总结一下对成长的感悟？既自我鞭策，也勉励同学。

（三）妙笔生花，抒写成长

1. 教师出示有关成长的题目，运用"三问法"和"关键词法"对学生进行审题训练，归纳此类作文的命题特点。

2. 教师出示关于成长的三个作文题目：《以_____的姿态前行》《追寻那渐远的》《成长的路上，有你真好！》。每个同学挑选一个进行立意、选材和构思。

3. 学生小组交流，然后全班交流讨论。

（四）牛刀小试，写作实践

1. 作为中学生，我们的生活中可能有阳光，同时也会有阴霾相伴。这段青春成长的足迹有可能歪歪斜斜，也有可能一路坦途。请你以"我的成长故事"为题，写一篇500字以上的作文。

2. 师生交流，教师在交流中提醒同学们注意：要根据表达需要，确定表达的内容和中心；在记事记叙文中，对事的选定、叙事时材料的取舍、详略的处理、结构的安排以至语言的运用，都要围绕中心进行。让学生运用议论、抒情的表达方式写出自己的成长感悟。

四、单元主题教学反思

本单元包含阅读、写作、综合性学习三大板块。阅读板块所选小说均是现代名家名作，或话及与少年好友的深厚情谊，或从少年视角观察世间百态，或涉及少年成长的话题。文中的少年主人公，都感受了人间的冷暖和世态的炎凉，他们遭遇过生活的磨难后，懂得了友情和亲情的可贵，在猝不及防的风雨中逐渐成长。这一单元作为初中阶段首个小说单元，单元导语已明确指出"阅读本单元小说，要学会梳理小说情节，试着从不同角度理解人物形象，并结合自己的生活体验，理解小说的主题"。因此，本单元的主题教学，以单元目标为导向，以"成长的突围"为核心，由浅入深，条分缕析，层层递进，对文章进行横向的比较与纵向的深挖，让学生更好地理解"成长"二字的含义并书写成长。

总览设计，仍有不足之处，一是阅读、写作、综合性学习三大板块仍是割裂的，未能有机结合在一起。二是对学生积极性的调动，对学生的高阶思维、分析和解决实际问题等的能力的培养还有所欠缺。

本单元教学，还可以通过创设情境，例如以"创建小说天地，以建设书香校园为情境"，驱动学生研读小说文本并完成"故事展示栏""人物特色栏""主题文化栏""艺术魅力栏"的项目式学习任务，让学生围绕着驱动性任务展开问题解决式的实践活动；还可以将阅读、写作、综合性活动学习融合在一起，譬如让学生续写《故乡》宏儿和水生长大后见面的情景，或者"发挥想象，假设你就是杜小康，现在回到学校学习，老师布置一篇名为《成长》的作文题目，你会怎么写"。

教学一定是不完美、留有遗憾的，正是这些不足，让我不断反思，不断前行，不断成长。

多重对比中的委婉情致

统编版九年级上册第六单元

单元主题：人物百态

课题：《智取生辰纲》《范进中举》《三顾茅庐》《刘姥姥进大观园》

一、文本解读

本单元所选的四篇小说都是我国古代经典长篇小说中的精彩片段，情节引人入胜，人物形象分明，展现出了我国古典小说极高的艺术魅力。分析这四篇小说会发现，它们情节的起伏跌宕、人物的鲜明特点和深刻主题，都离不开小说中的多重对比的运用造成的反差。

在《智取生辰纲》中，此消彼长，明暗较量。杨志的精明机警与众军汉的放松形成了鲜明的对比，也构成了矛盾，为他的失败埋下了伏笔。

在《范进中举》中，对比在范进之悲喜癫疯、胡屠户之谄媚变脸和众人之冷热变化。

在《三顾茅庐》中，备亮之急缓相对、关张之直婉差互，都运用了对比衬托手法。

刘姥姥进大观园，似给大观园投入了一枚极不和谐的因子，自然形成了刘姥姥之愚丑与精明的对比、庄与谐的对比、大观园之雅与俗的对比。刘姥姥的贫穷粗陋、见什么都新鲜的俚言俗语、生愣滑稽的搞笑动作，都显得与大观园的富贵雅致、奢华奢侈，与大观园里的太太姑娘、大家小姐们格格不入。

二、单元教学目标

1. 让学生积累生字词和古代白话词汇，了解古代白话小说。

2. 使学生了解章回体小说的特点，学会章回检索联读、梳理概括情节。

3. 让学生体会古典小说多重对比之中的委婉情致，进而把握小说的人物形象和主题，体会古典小说的丰富文化内涵。

4. 激发学生阅读白话小说的兴趣，使其了解中国古典小说的魅力与艺术成就，加深学生对中华优秀传统文化的认同。

三、教学设计

第一课时　走进古典小说——观其大略

【课型】

单元预习课。

【教学内容】

教材：《智取生辰纲》《范进中举》《三顾茅庐》《刘姥姥进大观园》。

【教学知识点】

朗读、词语。

【课时教学目标】

1. 使学生能认读理解并正确书写本单元的生字，以及积累一定的古代白话词汇。

2. 让学生初读感知课文，了解古代白话小说。

【教学过程】

学习活动一：默读课文。

圈出文中出现的生字及不理解的方言白话。

学习活动二：字词积累。

结合上下文语境、书下注释，查字典解决"读读写写"中字词的读音释义，理解其中的一些方言白话。"读读写写"的词语，要求学生能够给出拼音和释义，准确写出词语。

《智取生辰纲》：

嗔（chēn）：对人不满，生人家的气。

歇息（xiē xi）：稍作休整。

干系（gān xì）：牵涉到责任或能引起纠纷的关系。

怨怅（yuàn chàng）：埋怨。

分晓（fēn xiǎo）：指以逻辑或推理为根据所达到的东西、解答等意思。

逞能（chěng néng）：指炫耀、显示自己的才能，含贬义。

颠倒（diān dǎo）：上下、前后跟原有的或应有的位置相反。

勾当（gòu dàng）：本领、能耐，今多指坏事情。

聒噪（guō zào）：指声音杂乱，吵闹，也指客套话，打扰，麻烦。

（方言白话）

（1）要取六月十五日生辰。取：这里有"赶"的意思。

（2）这干系须是俺的。干系：责任。

（3）且睡了，却理会。却：且。

（4）白日里兀自出来劫人。兀自：尚且，还。

（5）你好不知疼痒！只顾逞辩！逞辩：卖弄口舌。

（6）也合依我劝一劝。合：应该。

（7）早是我不卖与你吃。早是："幸亏"的意思。

（8）卖一桶与你不争。不争：这里是不要紧的意思。

（9）连累我们也吃你说了几声。吃：被。

（10）那计较都是吴用主张。计较：计策。

《范进中举》：

腆（tiǎn）：丰厚，凸出或挺起。

作揖（zuò yī）：两手抱拳高拱，身子略弯，向人敬礼。

见教（jiàn jiào）：指教。

盘缠（pán chan）：路费。

心窍（xīn qiào）：指认识和思维的能力。

星宿（xīng xiù）：指中国古时二十八宿星座。

桑梓（sāng zǐ）：古代人们喜欢在住宅周围栽植桑树和梓树，后来人们以此借指故乡。

侥幸（jiǎo xìng）：偶然得到成功或意外地免于不幸。

不省人事（bù xǐng rén shì）：指人昏迷，失去知觉。

不由分说（bù yóu fēn shuō）：不容人分辩解释。

《三顾茅庐》：

拜谒（bài yè）：拜见，瞻仰。

失礼（shī lǐ）：违背礼节。

傲慢（ào màn）：轻视别人，对人没有礼貌。

疏懒（shū lǎn）：懒散而不习惯于受拘束。

愧赧（kuì nǎn）：羞愧脸红。

鄙贱（bǐ jiàn）：卑贱。

如雷贯耳（rú léi guàn ěr）：形容一个人的名声很大。

经世奇才（jīng shì qí cái）：整治天下的罕见才能。

思贤如渴（sī xián rú kě）：思慕贤才，有如口渴急需饮水。形容求才的心情非常迫切。

箪食壶浆（dān shí hú jiāng）：形容军队受到群众热烈拥护和欢迎的情况。

顿开茅塞（dùn kāi máo sè）：比喻忽然开窍，醒悟或明白了一个道理。

《刘姥姥进大观园》：

调停（tiáo tíng）：调解，或指照料，安排。

发怔（fā zhèng）：发呆。

岔气（chà qì）：指呼吸时两肋觉得不舒服或疼痛。

促狭（cù xiá）：刁钻，爱捉弄人。

筵席（yán xí）：饮宴时所设的座位，借指酒席。

学习活动三：资料助读。

1.章回体小说

2.《水浒传》

3.《儒林外史》

4.《三国演义》

5.《红楼梦》

作业：课后拓展阅读。

本周阅读与杨志、范进、诸葛亮、刘姥姥有关的章回，了解课文选段与这些章回的关系。

1.阅读《水浒传》有关杨志的回目。

第十二回　梁山泊林冲落草　汴京城杨志卖刀

第十三回　急先锋东郭争功　青面兽北京斗武

第十六回　杨志押送金银担　吴用智取生辰纲

第十七回　花和尚单打二龙山　青面兽双夺宝珠寺

第五十八回　三山聚义打青州　众虎同心归水泊

第九十九回　鲁智深浙江坐化　宋公明衣锦还乡

2. 阅读《儒林外史》有关范进的回目。

第三回　周学道校士拔真才　胡屠户行凶闹捷报

第四回　荐亡斋和尚契官司　打秋风乡绅遭横事

第七回　范学道视学报师恩　王员外立朝敦友谊

3. 阅读《三国演义》有关诸葛亮的回目。

第三十七回　司马徽再荐名士　刘玄德三顾草庐

第三十八回　定三分隆中决策　战长江孙氏报仇

4. 阅读《红楼梦》有关刘姥姥的回目。

第四十回　史太君两宴大观园　金鸳鸯三宣牙牌令

第四十一回　栊翠庵茶品梅花雪　怡红院劫遇母蝗虫

第四十二回　蘅芜君兰言解疑癖　潇湘子雅谑补余音

第二课时　走进古典小说——此消彼长，明暗较量

【课型】
教读引领课。

【教学内容】
教材：《智取生辰纲》。

【教学知识点】
章节联读、双线并行。

【课时教学目标】
1. 使学生通过章节联读，了解前因后果，把握文章情节。
2. 让学生理解小说双线并行的结构，体会人物性格特点。

【教学过程】

学习活动一：浏览课文，完成情节梳理表（见表1）。

表1

回目	本文选自第_____回，回目：_____	
团队成员	杨志团队（押送金银担）	吴用团队（智取生辰纲）
劫案过程	杨志是如何带领团队押送金银担的？	吴用是如何带领团队一步一步开展行动的？
原因	请你根据以上梳理的情节和人物形象，说说杨志团队失败的原因/吴用团队取胜的原因	
双线并行		

学习活动二：分析人物的"智"。

选文虽题为"智取生辰纲"，却主要写杨志"押送金银担"，那么吴用一行人的"智"是怎样表现出来的？

学习活动三：分析人物性格。

杨志处处谨小慎微，却还是失了生辰纲，请结合相关情节分析杨志的性格特点。

明确：杨志一路押送生辰纲明明很谨慎，不想让众军汉吃酒，可还是松了口。因为他此时承受着巨大的压力，这压力不单来自下层的众军汉的怨怼，还来自和他同阶层的老都管等管理阶层的矛盾。此时的杨志并不是真的放心这酒，"杨志见众人吃了无事自本不吃，一者天气甚热，二乃口渴难熬，拿起来，只吃了一半"，可见，杨志始终保持机警怀疑。因此，杨志的内心是矛盾错位的，既谨慎小心又急功近利。杨志这种矛盾错位致使他不坚持行事原则，盲目从众，最终失了生辰纲。

当然失了生辰纲还有一重要原因，即是杨志一行人的内部矛盾重重，嫌隙渐生，另一边是精密团结的谋划和配合，作者明里写杨志一行人矛盾激化，失了生辰纲，暗里却写晁盖一行人计谋的高妙。

作业：结合本文及《水浒传》中有关杨志的其他回目，写一篇《杨志小传》。

第三、四课时　走进古典小说——范进之悲喜癫疯　胡屠户之嗔媚变脸

【课型】

教读引领课。

【教学内容】

教材：《范进中举》。

【教学知识点】

人物描写方法、对比夸张手法、讽刺艺术。

【课时教学目标】

1. 让学生抓住文中人物语言、动作、神态等的描写，感知和评价人物形象。

2. 让学生通过分析对比、夸张手法，体会小说的讽刺艺术，理解小说的主题。

【教学过程】

学习活动一：品味细节。

小说善用细节描写来刻画人物。读课文，勾画文中对范进和胡屠户的细节描写，体会其表达效果，在文中进行批注。

学习活动二：对比变化。

小说围绕范进中举，写了范进及众人的不同变化，请你说一说小说中有哪些"变"。

明确：范进之悲喜癫疯。范进的矛盾错位在于，范进多年参加科举考试，穷困潦倒、地位低微，命运本是极不幸的，多年的失败，加之众人尤其是岳父胡屠户的冷落与贬斥，范进已经接受自己是个失败者。本是读书人，进了学将要做官的人，此时却如此癫狂无形，这形成了巨大的反差。醉心于科举功名的范进可怜、可悲、可鄙，科举制度对于读书人的戕害和荼毒可见一斑。本是一件喜事，却变成了悲剧，本是一出悲剧，却写成了一出喜剧，与国外小说"含泪的微笑"是有异曲同工之妙的。作者越是细细描摹范进的癫疯丑态，达到的讽刺力量就越大。

胡屠户之嗔媚变脸。在范进中举前后，他的变化最大。胡屠户本是个杀猪的，地位十分低下，却对读书人范进大呼小叫，甚至是辱骂。即便是中了秀

才，胡屠户原本去道贺，却也是一通数落。胡屠户的自大和优越，在范进中了举人之后就消失殆尽了，不但没有了优越，还自卑起来，还掺杂着卑微和讨好："范举人先走，屠户和邻居跟在后面。屠户见女婿衣裳后襟滚皱了许多，一路低着头替他扯了几十回。""不三不四"的姑爷变成了"才学又高，品貌又好"的"贤婿"。前后一百八十度的大逆转，让胡屠户这个势利刻薄的人变得滑稽可笑，甚至在可恶中生出几分可爱来，这便是吴敬梓的讽刺艺术。

众人之冷热变化。又一层次的对比是范进邻居在范进中举前后的变化。范进乡试回来后放榜那天，范进的母亲已然是"饿得两眼都看不见了"，无奈只得让范进将家中生蛋的母鸡拿集市上去卖，不然只能活活饿死。范进母亲在饿死的边缘，无人问津，而范进一朝中举，便人群簇拥，拿鸡蛋的、拿白酒的、拿米的，还有捉两只鸡来的，跑前跑后出谋划策的，都有了，还有送房送银子的张乡绅。这一冷一热形成了鲜明对比，作者用冷静传神的笔墨将人物形象和社会世态刻画得入木三分。

学习活动三：探究主题。

情境：方方和文文同学看了"范进中举"的故事后，想把这故事改编成课本剧，但两人对剧本主题风格意见不同：方方认为这可改编成一部喜剧，因为剧中人的言行非常可笑；文文则说应该改成一部悲剧，因为荒唐可笑的言行背后是可悲的。你支持谁的观点？请结合课文内容及范进后来的经历和表现（阅读原著中与"范进"有关的章节）说明理由。

学习活动四：赏析语言。

《儒林外史》被称为"白话之正宗""白话文学的典范"，请你细读《范进中举》，标注出给你留下深刻印象的词语或句子并进行语言赏析，完成语言赏析表（见表2）。

表2

语言例举	语言赏析	其他例子补充
像你这尖嘴猴腮，也该撒抛尿自己照照！不三不四，就想天鹅屁吃！趁早收了这心，明年在我们行事里替你寻一个馆，每年寻几两银子，养活你那老不死的老娘和你老婆是正经（第三回）	多用四字格结构，口语化的语言表达贴近人物性格。丑化的词语如"天鹅屁"更是杀人诛心，刻画出了鲜明的人物形象	

续　表

语言例举	语言赏析	其他例子补充
范进不看便罢，看了一遍，又念一遍，自己把两手拍了一下，笑了一声，道："噫！好了！我中了！"说着，往后一跤跌倒，牙关咬紧，不省人事	多处短句，展现中举时的复杂心情：既有梦想实现的欣慰，又有多年贫苦生活与饱经冷嘲热讽的艰辛。语言风格简洁有力	
那邻居飞奔到集上，一地里寻不见；直寻到集东头，见范进抱着鸡，手里插着个草标，一步一踱的，东张西望，在那里寻人买		
屠户见女婿衣裳后襟滚皱了许多，一路低着头替他扯了几十回		

作业：阅读《儒林外史》前七回，选择几处进行语言赏析，为课上的语言赏析表再增添几处生动的例子。

第五课时　走进古典小说——多重对比中的委婉情致

【课型】

单元整合课。

【教学内容】

教材：《三顾茅庐》《刘姥姥进大观园》。

【教学知识点】

多重对比中突出人物、凸显主题。

【课时教学目标】

让学生体会古典小说多重对比之中的委婉情致，进而使学生把握小说的人物形象和主题。

【教学过程】

学习活动一：回顾迁移。

此消彼长，明暗较量——《智取生辰纲》中杨志的谨小慎微和众军汉的不以为意的对比，杨志团队的矛盾重重和吴用团队的团结的对比，使情节一波三折，人物形象鲜明。

范进之悲喜癫疯，胡屠户之谄媚变脸——《范进中举》中通过范进中举前后的对比，突出范进的可悲、胡屠户的趋炎附势和众人的世态炎凉，揭示封建科举制度对人的毒害这一主题。

活动二：备亮之急缓、关张之直婉对比。

读《三顾茅庐》，思考：本文多处的对比反差使故事读来非常具有张力和神秘感，选择一组进行对比，体会其中突显的人物性格特点。

提示：刘备与诸葛亮、刘备与张飞、张飞与关羽。

明确：备亮之急缓相对。刘备访孔明两次不得，第三次方得始见。开篇即进行了一个铺垫与渲染：刘备求贤之心急，而诸葛亮出山之心缓。通过刘备一次次地拜访，一次次地认错人，以及关羽和张飞对诸葛亮的猜疑与不屑，突出了刘备对诸葛亮的高度肯定和求贤若渴，也侧面烘托诸葛亮有着卓尔不群的大才。诸葛亮说出隆中对策后，刘备是"顿首拜谢""拱听明诲"，诸葛亮却仍是"不能奉命"，当刘备"泪沾袍袖，衣襟尽湿"时，诸葛亮方才"愿效犬马之劳"。一个是屡次寻访，一个是避而不见；一个是求贤若渴，一个是孤高淡泊；一个是谦恭耐心，一个是雄才大略。一急一缓，张弛有致，更突显了刘备和诸葛亮的人物个性。

关张之直婉差互。面对迟迟见不到面的诸葛亮，刘备还是如此地谦恭有耐心，对此关羽和张飞都不赞同，却又在同中有不同。张飞是急性子，"量此村夫，何足为大贤！今番不须哥哥去；他如不来，我只用一条麻绳缚将来"。在刘备恭恭敬敬地等着诸葛亮醒来的时候，张飞气得要去后屋放火。相对张飞的粗率急躁，关羽更为理智和稳重，虽然反对刘备第三次去卧龙岗，但语言委婉，对张飞要放火也是再三劝阻。

学习活动三：刘姥姥之愚与精、庄与谐的对比。

读《刘姥姥进大观园》，思考：

1. 社会底层的农家老妇刘姥姥来到京城贵族之家闹出了哪些笑话？

2. 有人说此次"笑剧"的导演是凤姐和鸳鸯，链接材料认为"刘姥姥玩转贾府"。究竟是谁导演了这场剧？请结合课文和链接材料说说你的观点。

链接材料：刘姥姥玩转贾府。当人们认为整个贾府都在耍猴似的看笑话的时候，刘姥姥就像一个乐队的指挥家，完全彻底地调动了贾府所有人，在他们敏感而兴奋的神经条上翩翩起舞，她让整个贾府为之倾倒。刘姥姥有卓越的见识，风趣幽默、勇于自嘲、机敏识趣，更难能可贵的是刘姥姥阳光自信，她很清楚自己的角色，安于自己的角色，把自己的这个角色表演得恰到好处又淋漓尽致。

明确：刘姥姥之愚丑与精明、庄与谐。刘姥姥二进荣国府，走进大观园，上演了一出滑稽喜剧。从"老刘，老刘，食量大如牛""鼓着腮帮子，两眼直视"，到"满碗里夹鸽子蛋夹不住滚地上叹道：'一两银子也没听见个响声就没了'"真真是让人捧腹。但是，刘姥姥真的是无知愚傻可笑吗？还是她大智若愚有意配合凤姐和鸳鸯演的一出谐剧？答案当然是后者。刘姥姥明知要拿她取乐，她不但没有生气，反而卖力表演，只图得个老太太的欢喜。虽然这一次刘姥姥进荣国府是为了表达感谢，并不是来求救济的，但她的出色"表演"，实在博得老太太及众人的欢喜，最后也是满载而归。这样看来，刘姥姥虽面上出尽"洋相"，其实内心里却雪亮、精明得很呢。

刘姥姥说话也是相当得体的，虽透着农家人的粗俗，却滴水不漏，让人听着感到顺耳舒服。如吃过饭后，刘姥姥在李纨与凤姐吃饭的时候，叹道："别的罢了，我只爱你们家这行事！怪道说，'礼出大家'。"这一翻话说得郑重，说得高明，说得真诚，说得凤姐和鸳鸯自觉不好意思，连忙赔不是，更体现出刘姥姥与一般农家没见过世面的老妇人不同，看似愚丑，其实精明，但又不是油嘴滑舌的骗子，不然也不会有后文刘姥姥在贾家大厦将倾之际救巧姐于水火之中的事了。可见，刘姥姥是看似愚傻，其实精明，于呆萌可爱中又透着真诚和朴实，在她身上庄与谐有着完美的统一。

大观园之雅与俗。在这里，有一组特别有意思的对比：大观园是雅的，大观园的主子们是雅的，发生在大观园里的戏弄刘姥姥这件事并不是雅的；刘姥姥是俗人，讲俗语，做俗事，可是在大观园里扮丑角哄老太太开心，凭一个老农妇导演了一场戏，让这一群会吟诗懂风流的雅人们笑得捧腹，这又是不俗的。在这雅与俗之间，封建贵族的奢华与农家百姓的贫苦也就映照了出来。

3. 在愚与精、庄与谐的对比中，体现了刘姥姥怎样的性格特点？

对比的委婉情致，使情节曲折，突出人物形象，丰富小说意蕴，揭示小说主题。

作业：《儒林外史》好似一面哈哈镜，照出百样人生：有醉心科举的可怜可悲的读书人，有欺世盗名的骗子，也有无意功名的真正的读书人，还有一些人前后发生变化……阅读整本书，另外选择其中的一个人物或者一组人物，分析其对比的妙处。

四、单元主题教学反思

本单元的核心教学内容是让学生了解明清白话小说的一般特点，把握小说情节，分析人物形象，探究故事的时代背景，使学生感受明清白话小说的艺术魅力。文学作品单元主题教学设计遇的困难主要是不容易找到一个整合点。这四篇小说，可以说各有特色，各有风格，在多番思考的基础上，我选择了对比这一切入点。应该说，从对比切入，使文本解读有了突破口。但在具体的设计上，仍然遇到了一些困难。如何整合，如何恰当处理单篇与单元、基础与提升、统筹与分工，也是难点。最终我把这个单元的四篇课文分成三个课段，第一课段是基础落实，重在浏览课文，观其大略，让学生了解什么是章回体小说，了解这四部名著的梗概与影响，并学会章节联读。第二课段是单篇研读，其中《智取生辰纲》一课时，《范进中举》两课时，两篇在继续教学生如何阅读章回小说的同时，各有侧重点。第三课段是四篇小说的整合联读，在前两篇单篇解读的基础上，让学生从对比的角度解读《三顾茅庐》《刘姥姥进大观园》，从这个切入点解读主要人物的性格特点，体会小说的主题。

这四篇小说可以学习的内容远不止于此，因此在反思后我认为，还可以再做一些探究补充。比如告诉这四篇小说的情节也是各具特点的，如《三顾茅庐》情节上富有特点的"三"以及延迟的表达，《智取生辰纲》并列推进、双线并行的结构等。再如让学生从这四篇小说看古典小说人物形象塑造的方法及前后变化。

世间万象·人生百味

统编版九年级下册第二单元

单元主题：人物画廊

课题：《孔乙己》《变色龙》《溜索》《蒲柳人家》

一、文本解读

本单元围绕"人物画廊"这一中心，选取了四篇中外小说，它们风格迥异，都是描写人的经典佳作。《孔乙己》描写了孔乙己精神上迂腐不堪、麻木不仁，生活上四体不勤、穷困潦倒，在人们的嘲笑戏谑中混度时日，最后被封建地主阶级吞噬的悲惨形象，深刻揭露了当时科举制度对知识分子精神的毒害和封建制度"吃人"的本质。《变色龙》通过对见风使舵、媚上欺下的奥楚蔑洛夫这个忠实走狗的刻画，揭露了俄国警察制度的反动和虚伪，讽刺了腐朽黑暗的沙皇专制统治。《溜索》以其独特的视角，用传神凝练的语言，舒徐有致的节奏，层层烘托，描绘了滇西马帮的生活。其中，怒江峡谷的孤悬、高峻、险恶，突出表现了人在自然面前接受挑战、战胜艰险的气定神闲、沉着冷静的姿态，写出了作者对马帮汉子粗犷豪迈的性格和勇敢无畏的精神的钦敬和赞颂。《蒲柳人家》（节选）通过塑造何满子、一丈青大娘和何大学问的形象，将20世纪30年代京东北运河一带农村的风景习俗、世态人情展现在读者面前，为我们勾勒出了当时生活在京东北运河边的农民的性格和命运，热情地歌颂了那些淳厚朴实的农民，充满了浓郁的民族风格和审美情趣。

结合课标，本单元对学生的要求是能够较熟练地运用略读和浏览的方法，扩大阅读范围，拓展自己的视野。欣赏文学作品，能够在多篇经典佳作中，发现作品刻画人物手法上的异同点，能有自己的情感体验，领悟作品的内涵，从中获得对自然、社会、人生的有益启示。

二、单元教学目标

1. 让学生梳理小说情节，关注人物形象，了解作品中折射的世态人情和时代风貌，理解小说主题，感受作品的社会意义。

2. 使学生学习刻画人物的手法，通过比较阅读的方式，让学生体会不同风格的小说写人手法的异同，增进对小说这一文学体裁的了解。

3. 让学生品味欣赏小说的语言，把握小说的不同风格，提高文学鉴赏力。

三、教学设计

第一课时　凡人小事·晓情节

【课型】

单元预习课。

【教学内容】

教材：《孔乙己》《变色龙》《溜索》《蒲柳人家》。

【教学知识点】

小说情节的梳理。

【课时教学目标】

1. 让学生识记本单元的生字词，能正确书写并理解。

2. 让学生浏览课文，通过速读、跳读等方式，梳理小说的情节。

【教学过程】

学习活动一：资料助读。

1. 作者与作品。

2. 鲁迅、契诃夫、阿城、刘绍棠。

学习活动二：字词积累。

1. 结合课后"读读写写"的要求，让学生读准字音，并会书写和解释。

2. 让学生积累四字词语，堂上限时完成词语运用题，学以致用。

3. 让学生多形式朗读课文以熟悉内容，如听读、默读、师生共读、角色朗读等。

学习活动三：梳理情节。

本单元每篇小说都有完整的故事情节，分别按小说的开端、发展、高潮、结局概括课文内容，引导学生抓住重点复述故事情节。

1. 在《孔乙己》中多次写到人们的"笑"，请找出具体的语句，看看人们为何笑。这样写有什么用意？

2. 在《变色龙》小说中，随着"狗的主人是谁"的猜测，奥楚蔑洛夫的态度和裁断有怎样的变化？完成课后表格。

3. 在《溜索》中主要人物首领的英雄本色是如何体现的？在文中圈画相关语句。

4. 在《蒲柳人家》中，体会生动的人物形象，感受文中充满乡土气息的人物语言。

第二、三课时　人物画廊·析形象

【课型】

教读引领课、自主阅读课。

【教学内容】

教材：《孔乙己》《变色龙》《溜索》《蒲柳人家》。

【教学知识点】

人物形象的刻画。

【课时教学目标】

让学生分析人物形象，把握人物性格特征，拓宽学生小说鉴赏的宽度。

【教学过程】

学生在自主阅读课文、反复熟悉小说内容的基础上，以圈点勾画的方法进行批注、阅读，小组合作交流品析文中人物的形象，并在理解的基础上写出自己的思考。

学习活动一：教师引导学生学习描写方法，把握人物鲜明性格。

1.《孔乙己》。

教学提示：辨析人物描写，分析人物性格。

《孔乙己》在刻画孔乙己这一形象时，运用了多种描写方法，且用得十分精准，生动刻画出孔乙己的形象与性格特征。此处选取部分示例，教师引导学生在文中做分析，深入把握。

孔乙己的形象之所以让人如此印象深刻，除了文章记叙事件本身具有的典型性外，更得益于文中精彩的人物描写。请你找出人物描写的句子并加以赏析，说说运用了哪些人物描写方法，突出了孔乙己怎样的性格特征。

如：肖像描写。

（1）"他身材很高大；青白脸色，皱纹间时常夹些伤痕；一部乱蓬蓬的花白的胡子。穿的虽然是长衫，可是又脏又破，似乎十多年没有补，也没有洗。"

赏析：运用了肖像描写，青白脸色、乱蓬蓬的胡子揭露了孔乙己的生活条件相当差；穿着长衫却又脏又破，这是他自命清高的有力铺垫，又是他穷困潦倒、生活无法自理的有力表现。

（2）"他脸上黑而且瘦，已经不成样子；穿一件破夹袄，盘着两腿，下面垫一个蒲包，用草绳在肩上挂住。"

赏析：这是他第二次出场的肖像描写，"黑而且瘦"是贫困与被打后病痛的折磨所致，而孔乙己的穿着与姿态，更是生动诠释了这个时代贫苦之人仅能做到的一点医疗保护。在简短的描写中，更多的是体现了孔乙己命运的悲苦。

如：语言描写。

（1）"窃书不能算偷……窃书！……读书人的事，能算偷么？"

赏析："窃"和"偷"自然是同一个概念，说"窃书不能算偷"，是强词夺理；"读书人的事，能算偷么？"这体现的是自命读书人的清高之态和自欺欺人。

（2）"不多不多！多乎哉？不多也。"

赏析：孔乙己身上保留着封建腐儒的迂腐。但是难能可贵的是他自己就只有为数不多的茴香豆，却愿意将它们分给孩子，而孩子们再次把"眼睛都望着碟子"，他不是谩骂，不是恐吓，竟也"着了慌"哼起了《论语》里的调子直哀求。这里的语言描写，使一个善良与有透明心性的老头形象跃然纸上。

如：神态描写。

"孔乙己便涨红了脸，额上的青筋条条绽出。"

赏析：这是孔乙己为自己的偷窃做辩解时的神态描写。"涨红了脸"，既是酒客的讥笑戳痛了他内心的伤疤，也是他极力为自己争辩的最好表现方式。他的内心仍旧有着文人的一丝尊严，对该行为有不屑，也有羞愧。

如：动作描写。

（1）"便排出九文大钱。"

赏析：这是孔乙己第一次出场时的付钱动作，一个"排"字，表现孔乙己拮据而穷酸的本相，他要向酒店卖弄分文不少，表明自己是规矩人，并对短衣帮的耻笑表现出若无其事的神态。这一"排"的动作，恰如其分地显示他掩饰自己虚荣的心理。

（2）"摸出四文大钱。"

赏析：这是孔乙己再次出场的付钱动作，一个"摸"字，表明孔乙己穷酸潦倒到了极点。从"排"到"摸"的动作变化，说明孔乙己的经济状况每况愈下，穷酸潦倒至极，也再无显摆之意。

（3）"原来他便用这手走来的。"

赏析："走"本来只适用于脚，而孔乙己却用"手"来"走"，说明孔乙己只能用手来支撑身体的全部，腿已经完全被打断，受伤严重，突出了丁举人的残忍霸道。此时的孔乙己已全无人的尊严，更突出了孔乙己命运的悲惨。

2.《变色龙》。

为了刻画奥楚蔑洛夫的趋炎附势及其势利形象，作者运用了大量人物描写方法，请你结合具体的语句做简要分析。

（1）"警官奥楚蔑洛夫穿着新的军大衣，提着小包，穿过市场的广场。"

赏析：运用外貌描写。"军大衣"是沙皇警官的标志，也是他装腔作势、用以吓人的工具，交代了奥楚蔑洛夫的身份。

（2）"你把这条狗带到将军家里去，问问清楚。就说这狗是我找着，派人送上的。告诉他们别再把狗放到街上来了。"

赏析：运用语言描写，强调狗是自己找到的，这是邀功的小人的谄媚姿态，表现了奥楚蔑洛夫趋炎附势、当面说谎的特点。

（3）"他哥哥来啦？是乌拉吉米尔·伊凡尼奇吗？"奥楚蔑洛夫问，整个脸上洋溢着含笑的温情。

赏析：运用语言、神态描写。"洋溢"是充分流露的意思，形象刻画了奥楚蔑洛夫趋炎附势、阿谀奉承的丑态。

（4）"'我早晚要收拾你！'奥楚蔑洛夫向他恐吓说，裹紧大衣，穿过市场的广场径自走了。"

赏析：运用语言、动作描写，写出了他力图保持自己的威风，但对于自己不光彩的表演，却又感到难堪的感受，呈现在人们面前的是一个沙皇走狗夹着尾巴狼狈而逃的形象。

学习活动二：学生小组合作，完成上节课的思考题。

教学提示：在四篇小说中，运用人物描写的地方很多，这里仅作抛砖引玉之用，教师引导学生自主分析，从多角度把握小说中的人物形象。

1.《溜索》首领是一个怎样的人？默读课文，找出描写首领的语句，分析首领的性格特征。

（1）"领队稳稳坐在马上，笑一笑。"

赏析："稳稳""笑一笑"与"我"和牛的恐惧形成对比，衬托出首领从容不迫、胸有成竹的性格。

（2）"领队缓缓移下马，拐着腿走到索前，举手敲一敲那索。"

赏析：溜索前首领下马用手"敲一敲那索"，体现了他细心、认真、负责的性格特征。

（3）"（我）战战兢兢跨上角框，领队吼一声：'往下看不得，命在天上！'"

赏析：带"我"溜索时提醒"我"不要看下面，体现了首领对他人的关爱。

（4）"猛听得空中一声呼哨，尖得直入脑髓，腰背颤一下。回身却见领队早已飞到索头，抽身跃下，拐着腿弹一弹，走到汉子们跟前。"

赏析：首领打着尖细的呼哨，"飞到索头""抽身跃下"，最后一个溜索，这些行为都表现出首领非凡的身手、粗犷的为人、领袖的气质。

总结：首领是一个认真负责、关爱他人、身手非凡、从容不迫、具有领袖气质的人。

2.《蒲柳人家》小说中的主要人物有哪些？他们分别具有怎样的形象特点？找出相应的语句，品读并赏析人物形象。

何满子：机灵顽皮、聪明伶俐、纯真稚气、关爱爷爷。

一丈青大娘：爱憎分明、泼辣大胆、溺爱孙子、勤劳善良。

何大学问：仗义疏财、慷慨豁达、侠肝义胆、好说大话、喜戴高帽、重视知识、向往美好生活、有民族气节。

学习活动三：师生交流，归纳整理方法和作用。

师生共同归纳：孔乙己是一个地位低下的读书人，追求功名，深受封建思想毒害。他穷困潦倒，又好喝懒做；迂腐不堪、死要面子又自欺欺人；遭人嘲笑又孤芳自赏、自命清高；凄苦惨绝但麻木不仁，至死不悟。但是他也有热心、善良的一面，非十恶不赦，却终究因身份卑贱而沦为被嘲弄的对象。

第四、五、六课时　人情冷暖·见人性

【课型】

教读引领课。

【教学内容】

教材：《孔乙己》《变色龙》《溜索》《蒲柳人家》。

【教学知识点】

比较阅读（把握异同点）。

【课时教学目标】

1. 让学生了解《孔乙己》与《变色龙》中人性的复杂。

2. 让学生分析《溜索》与《蒲柳人家》中的风土人情之美。

3. 推荐学生阅读《棋王》《麦琪的礼物》。

【教学过程】

学习活动一：在《孔乙己》中"众人的笑"。

通过反复诵读，让学生揣摩鲁迅小说含蓄、富有表现力的语言，使学生深刻理解人物形象，进而整体把握内容。

孔乙己在咸亨酒店这个独特的环境中，无时无刻不成为他人的笑料，你如何理解众人的"笑"？

明确："笑"是贯穿始末的一个关键词，首先从"只有孔乙己到店，才可以笑几声"的基调开始，孔乙己便注定是众人的笑料；果然，辩解盗窃"引得众人都哄笑起来"；质疑他是读书人，"众人也都哄笑起来"；给孩子们吃茴香豆，"孩子都在笑声里走散了"；他最后一次出现，也是"在旁人的说笑声中，坐着用这手慢慢走去了"。然而，这个"笑"字在文中只是"轻松活泼"的假象，它是森然的、沉重的。"笑"里面表现的是人与人之间的冷漠，是世态人情的薄凉。也是从这"笑"中，我们感受到了作者写在其中的怒，对社会

与人的薄凉的控诉。

四次哄笑，描写的是众人四次戏弄、嘲笑孔乙己的情景，孔乙己尴尬狼狈、穷于招架的样子让他们很开心。众人的冷酷、麻木、对弱者的践踏由此可见一斑。

孔乙己在笑声中出场，在笑声中活动，在笑声中走向死亡。一面是悲惨的遭遇和伤痛，另一面不是同情和眼泪，而是无聊的逗笑和取乐。这样让悲剧在喜剧的气氛中进行，以"喜"衬"悲"，增强了小说的悲剧效果。表示孔乙己的悲剧不是个人的悲剧，而是社会的悲剧，"以乐写哀，倍感其哀"。

学习活动二：在《变色龙》中"他的变与不变"。

在小说中，随着"狗的主人是谁"的猜测不断变化，奥楚蔑洛夫的态度和裁断有怎样的变化？学生自主阅读，在书上圈点勾画摘录，再小组合作讨论，完成课后表格（见表1）。

表1

	变化	对小猎狗	对赫留金
1	不知狗的主人是谁		
2	有人说好像是将军家的狗		
3	巡警说不是将军家的狗		
4	巡警说是将军家的狗		
5	厨师说不是将军家的狗		
6	厨师说是将军哥哥家的狗		

在短短的时间里，随着狗的主人身份的不断变化，奥楚蔑洛夫的态度也发生了五次变化。变化之快，跨度之大，令人瞠目。奥楚蔑洛夫之所以几次变色，是因为他不敢得罪权贵，哪怕仅仅是权贵家的一条狗。这样的一个小官僚，面对一般群众的时候，他往往会摆出一副官架子，在众人面前拿腔作调、作威作福。而面对权贵，却是一副奴颜婢膝的样子。像奥楚蔑洛夫这样的小官僚，为了生存，不得不以丧失人格和尊严来换取生存的空间。作者批判的锋芒其实更多的是指向当时腐朽专制的社会，指向孕育这种奴性人格的土壤。通过这条变色龙，我们看到了俄国社会中媚上欺下、见风使舵的腐败风气，看到了俄国社会的黑暗与腐朽，也看到了作者对这类社会现象的深恶痛绝和辛辣的讽刺。

　　《孔乙己》与《变色龙》，一中一外，两篇经典小说，无不在诉说人性的复杂，人情的冷漠。我们从孔乙己身上看到了远比科举制危害更烈的东西，那就是整个社会的冷漠。那些短衣帮的声声嘲笑，所表现的不只是麻木，还有透骨寒冷的残酷，根深蒂固的人性。在《变色龙》中，奥楚蔑洛夫成为见风使舵、善于变相、投机专营者的代名词，这也是因冷漠的社会环境而产生的。小说的最后，当将军的厨师带着狗走了，"那群人就对着赫留金哈哈大笑"，这和短衣帮不是一样的冷漠吗？两位时代的大师笔下都刻画了病态社会中人们的病态心理。

　　学习活动三：《溜索》与《蒲柳人家》中的"人情美"。

　　在《溜索》中，写了一处奇险的环境，一群过河的马帮汉子，一次溜索的经历。小说语言简洁凝练，选词炼句颇为考究，阅读时需要学生细细品味。

　　在《蒲柳人家》中，学生通过跳读、精读的阅读方式，感受小说活泼伶俐、凝练而富有动感、充满乡土气息的语言，进而感受到生动的人物形象。

　　学习活动四：推荐阅读，拓展延伸。

　　师生共读中外小说：阿城的《棋王》和欧·亨利的《麦琪的礼物》，先让学生以自己喜欢的方式自主阅读作品，课堂上以小组活动形式展示自己的阅读收获，运用小组合作法、品读赏析法、探究归纳法等，使学生碰撞出智慧的火花。

第七课时　人生百态·悟内涵

【课型】

教读引领课、自主阅读课。

【教学内容】

教材：《孔乙己》《变色龙》。

【教学知识点】

小说的续写。

【课时教学目标】

1.让学生理解小说的内涵和意义。

2.让学生用拓展延伸法续写小说。

【教学过程】

学习活动一：结合上节课的比较阅读，更为深刻地体会主人公的命运和品质。

《孔乙己》作者以极俭省的笔墨和典型的生活细节，塑造了孔乙己这位被残酷地抛弃于社会底层，最终被强大的黑暗势力吞没的读书人形象。孔乙己的悲惨结局，既是旧中国广大下层知识分子不幸命运的生动写照，又是中国封建传统文化氛围"吃人"本质的具体表现，揭示了封建社会的世态炎凉、人们冷漠麻木的精神状态以及社会对不幸者的冷酷。

《变色龙》作者主要通过精彩的对话、细节描写和夸张、对比突显人物性格，同时运用环境描写，烘托冷清、凄凉、黑暗的社会氛围，这正是对军警宪兵当道的沙皇统治下社会的真实写照。

学习活动二：拓展延伸，续写小说。

写作热身：续写，指从原文出发，遵循着原文的思路，对原文做延伸。续写前，做到熟读原文，故事情节烂熟于心，人物性格准确把握，全文旨意透彻理解。

1. 承接上文时，要自然地过渡，根据给定的开头和想要表达的中心思想，构建故事情节，上下文要紧密联系，能融为一体。

2. 进行合理的联想和想象，但不能天马行空，脱离实际，要合情合理地续写出故事情节的发展。

3. 续写要尽量生动，有血有肉，适当地加上一些描写使人物性格明显，故事情节更加精彩，例如描写人物的神态、心理反应……

结合以上几点，学生展开小组合作讨论，再读小说，展开想象的翅膀，进行写作迁移。

1. 学习完《孔乙己》之后，让学生发挥想象，以"走出咸亨酒店的孔乙己"为题续写小说。

2. 在《变色龙》中，请设想一下文章最后奥楚蔑洛夫离开广场后去了哪里？要求设计的情节符合人物的性格特征。

四、单元主题教学反思

英国科学家培根说："读书给人以乐趣，给人以光彩，给人以才干。"多数教师是教教材而并非用教材教，语文课堂也紧紧围绕教学目标开展师生问答形式的阅读教学。单元主题教学则是一个全新的尝试，带给师生以新的体验。

给学生一个"交流的开放的课堂"。教师不倾向于告诉学生固定的答案，而是把阅读的自主权还给学生，给学生一个"多元的课堂"，组织学生一起围绕着文本进行建构，真正意义上实现文本对话、师生交流和生生交流。如《溜索》中意蕴深刻的事物，如鹰、马、牛三种动物形象的隐喻和人与自然的关系等，让学生直接理解的话难度较大，放开来让学生猜想、探讨，原本没想展开深入研究，最终是学生理解了马帮汉子的形象及品格后，再回头思考，反而得出了满意的答案。

给老师一个"思考的挑战的课堂"。从"一篇"到"一群"，这意味着"教"的改变和方法的突破，让学生自己去读，让学生在阅读中学会阅读。"一节课读一群文章"的课堂里，教学不可能做到"面面俱到"，教师要学会抓住重点、突出要点、把握难点，要做到"有舍有得"。如何让单元主题的教学价值最大化实现？突破点是在组合文章，它考验着教师的视野、眼光、智慧和对阅读教学的理解。在单元主题教学后段，考虑推荐学生阅读拓展延伸的篇目时，倾向于读鲁迅的作品，读《蒲柳人家》的全文，从《变色龙》奥楚蔑洛夫的"变"和文章主题"揭露了当时沙皇俄国的黑暗社会现实，无情地鞭挞了沙皇走狗的丑恶灵魂"的角度，反其道而行之，选取了真挚动人的短篇小说《麦琪的礼物》。而阿城的《棋王》则较好地体现了文学作品深度阅读的要求，进而实现"学而有所得，学而有所悟"。

舞台投影人生，戏剧投射人心

统编版九年级下册第五单元

单元主题：舞台人生

课题：《屈原》《天下第一楼》《枣儿》

一、文本解读

本单元是主题为"舞台人生"的戏剧单元，也是活动探究单元，其人文主题通过教材中《屈原》《天下第一楼》《枣儿》三个剧本来展现。通过阅读这些典型的剧本，学生要对剧本所反映的社会状况有充分的感受和了解，还要将内容与自己的生活、成长建立连接，提升自我教育、自我辩证的能力。因此，本单元教学侧重通过活动探究来提升学生鉴赏、合作、发现和解决问题的能力，使其能从更广阔的语文生活中提升语文素养。学习本单元，还需了解剧本的形式特点，把握剧本中的戏剧冲突，理解人物形象，品味戏剧台词，思考剧本所反映的社会主题，了解戏剧排演的相关知识，参与到排练演出实践中。

创作于1942年的《屈原》，是一部激发爱国热情的艺术作品。选段只写了屈原一天的生活经历，主要由人物对话完成，也安排了大段独白表达人物的心理和情感。作者借古讽今，表达了抗战时期人民群众坚持抗战反对妥协、坚持团结反对分裂、坚持进步反对倒退的强烈要求，歌颂了中华民族同仇敌忾的民族精神。《天下第一楼》，以民国初年老北京一家饭馆"福聚德"的兴衰为时代背景，通过对这部剧的学习，能提高学生分辨真善美的能力，同时能提高学生综合艺术素养。在《枣儿》这部剧中，老人和男孩之间的对白，不仅仅是老人对儿子、男孩对父亲的呼唤。文章题目"枣儿"就是"亲情的象征""故乡的象征""传统生活的象征""精神家园的象征"，这种复杂的情感交织在了一起。教师要带着学生慢慢体会，感知生活，感知人物形象的特点，感知剧中情感的深刻。

二、单元教学目标

1.让学生阅读戏剧作品，把握戏剧冲突和戏剧人物。

2.使学生对作品有自己的理解和感受。

三、教学设计

第一课时　心里满了，就从戏剧里溢出

【课型】

单元预习课。

【教学内容】

教材：《屈原》《天下第一楼》《枣儿》。

【教学知识点】

戏剧的文学常识。

【课时教学目标】

1.让学生了解戏剧与戏剧文学的概念。

2.让学生知晓戏剧的分类。

3.使学生明确剧本的特点、组成和阅读方法。

【教学过程】

1.用例子解释文学常识。

用PPT出示概念并做解析。

戏剧的起源　戏剧　戏剧文学

戏剧的类别　剧本　剧本的特点　剧本的组成

2.教师提供实例，引导学生结合文学常识，掌握生活中常见的影视剧作品。

用例子演示如何阅读。

厘清剧情与冲突（矛盾），厘清人物的关系、身份、心理活动、性格、思想、感情。

关注舞台的作用。

了解故事发生的背景，每一个文学作品都有创作意图。

举例感知：配音秀，有声就有戏。

选择最喜欢的几个段落，做朗读标记，并说明为什么这样处理。

教师示范前两段做的朗读标记，教给学生注重运用重音、停连、语气和节奏等朗读知识，并以规范的标记进行个性化处理。

符号标记说明：

① 停连："/"一般指短停顿，"//"句群停顿或长停顿，"⌒"连起来读。

② 重音："。"轻读（空心圆点），"."重读（实心圆点），"——"尾音拖长。

③ 语调：平调不用标，"↗"升调，"↘"降调。

④ 节奏：节奏快慢用汉字说明即可。

第二课时　悲剧英雄的内心独白

【课型】

教读引领课。

【教学内容】

教材：《屈原》。

【教学知识点】

戏剧的独白。

【课时教学目标】

1. 让学生了解话剧剧本的主要特点。

2. 让学生在朗读、分类概括中体会舞台说明和独白的作用。

3. 让学生把握戏剧的矛盾冲突。

【教学过程】

（一）资料链接

1. 屈原，名平，字原，号灵均，我国第一位伟大的爱国主义诗人，战国时楚国人。早年受楚怀王信任，任左徒、三闾大夫等职。他提倡"美政"，对内主张举贤任能，修明法度，对外力主联齐抗秦。他用楚辞的形式写了我国第一首政治抒情诗《离骚》。后来遭奸人陷害，罢官放逐，但心仍系国。楚国郢都被秦军攻破后，投汨罗江，以身殉国。

2. 写作背景：《屈原》写于1942年1月，正是抗日战争的相持阶段，半壁河山沦于敌手，国民党政府消极抗日、积极反共，悍然发动"皖南事变"。郭沫若面对这样的政治现实义愤填膺，借历史剧《屈原》，批判国民党反动派的黑暗统治，展示了现实世界光明与黑暗、正义与邪恶、爱国与卖国的尖锐斗争，起到了"借古讽今，古为今用"的作用。《屈原》在当年国民党统治的中心——重庆上演，产生过巨大的影响。尤其是"雷电颂"一幕中的独白，激起过许多爱国者的共鸣。周恩来曾说："……这是郭沫若借屈原的口说出自己心中的怨愤，也表达了蒋管区人民的愤恨之情，是向国民党压迫人民的控诉，好得很！"《屈原》每次演出都被观众爆发出的雷鸣般的掌声淹没，这个剧最终被国民党当局禁演。

3. 作品介绍：

全剧分为："橘颂""受诬""招魂""被囚""雷电颂"。

（课文节选的是第五幕的第二场，是全剧的高潮）

4. 人物介绍：

屈原——执着理想、宁折不屈、人格高尚的诗人。

南后——柔媚骄横的贵妇、私重情浓的母亲。

张仪——执着目的、不择手段、多谋善辩的政治家。

楚怀王——志大胸狭、喜怒无常的君王。

靳尚——身居高位的小丑。

郑詹尹——是邪恶的化身，他卑鄙、狡诈、胆怯。他是朝廷中奸臣的帮凶，他毫无正义感，对毒死屈原有疑问，不是同情屈原，而是怕"惹出乱子"，舍不得他的东皇太一庙。一旦靳尚说到不按南后的意旨办事，她可以大义灭亲，处死他这个南后的父亲时，他便下定了毒死屈原的决心。

5. 舞台说明（舞台提示）：是写在剧本每一幕的开端、结尾和对话中间的说明性文字。

（1）提示剧情发生的时间、地点、环境、道具、布景等。

作用：为故事的发展提供背景，渲染气氛，有助于刻画人物形象，推动情节的发展。

（2）提示人物的动作、表情等。

作用：刻画人物形象，推动情节发展，为演员提供表演的依据。

（3）提示人物上下场。

作用：提示人物上下场信息。

如："东皇太一庙之正殿……各室均有灯，光甚昏暗，室外雷电交加，时有大风咆哮。"

"命卫士乙""鞠躬""迟疑地""惊异""含怒"

"靳尚除去面罩，向郑詹尹走去。""把面巾带上，向卫士""向风及雷电"

"屈原手足戴刑具，颈上并系有长链，仍着其白日所着之玄衣，披发，在殿中徘徊。因有脚镣，行步甚有限制，时而伫立睥睨，目中含有怒火。手有举动时，必两手同时举出。如无举动时，则拳曲于胸前。"

"靳尚带卫士二人，各蒙面，诡谲地由右侧登场。"

"向湘夫人神像左侧门走入。"

"俄顷，一瘦削而阴沉的老人，左手提灯，随卫士乙由左侧门入场。"

"靳尚与二卫士由左手下场。"

"郑詹尹立在神殿中，沉默有间，最后下定决心，向东君神像右侧走入。俄顷，将屈原带出。"

（二）体验活动

学生分角色朗读，感知剧本内容：屈原在风雨交加、雷电大作的夜晚，呼唤与歌颂风雷电这些自然伟力，进而对东皇太一庙里的诸多神灵发出质问、诘问。

独白：通过人物内心表白来揭示人物隐秘的内心世界，充分地展示人物的思想、性格，读者更深刻地理解人物的思想感情和精神面貌。

大段的独白，是本文的一大特色。今天我们就借助于这些同类的语言群落来走近屈原这位伟大诗人的内心世界。

投影一：

（1）在这暗无天日的时候，一切都睡着了，都沉在梦里，都死了的时候，正是应该你咆哮的时候，应该你尽力咆哮的时候！

（2）尽管你是怎样的咆哮，你也不能把他们从梦中叫醒，不能把死了的吹活转来，不能吹掉这比铁还沉重的眼前的黑暗，但你至少可以吹走一些灰尘，吹走一些沙石，至少可以吹动一些花草树木。

（3）你可以使那洞庭湖，使那长江，使那东海，为你翻波涌浪，和你一同地大声咆哮啊！

（4）我思念那洞庭湖，我思念那长江，我思念那东海，那浩浩荡荡的无边无际的波澜呀！那浩浩荡荡的无边无际的伟大的力呀！那是自由，是跳舞，是音乐，是诗！

（5）你们风，你们雷，你们电，你们在这黑暗中咆哮着的，闪耀着的一切的一切，你们都是诗，都是音乐，都是跳舞。

（6）你把我载着拖到洞庭湖的边上去，拖到长江的边上去，拖到东海的边上去呀！

自由朗读以上语言群落，赏析其表达效果。（提示：从内容和形式考虑）

这组句群，是对风雷电这些自然伟力的歌颂，实则对变革现实社会伟大力量的歌颂，这是摧枯拉朽的力量，是改朝换代的力量，是重生的力量，是无可抗拒的力量。

风雷电：象征人世间追求正义、光明的变革力量。

洞庭湖、东海、长江：象征人民群众。

没有阴谋、没有污秽、没有自私自利的没有人的小岛：象征寄托灵魂的一方净土。

作者用了大量的排比句，句式整齐，节奏感强，朗朗上口，铿锵有力，造成了一种宏伟的气势，表达了屈原壮阔的情感，波澜起伏，汹涌澎湃。

该怎样朗读呢？

齐诵。由弱到强，一个接一个，一组接一组，用此起彼伏的声浪式推送，反复咏唱，将简短有力的排比排山倒海式地表达出来。读出风雷电的力量，他们能够摧毁一切的黑暗，是舞蹈的力量，是音乐、诗歌一样美好的东西，能够迎来光明。

投影二：

（1）风！你咆哮吧！咆哮吧！尽力地咆哮吧！

（2）发泄出无边无际的怒火，把这黑暗的宇宙，阴惨的宇宙，爆炸了吧！爆炸了吧！

（3）你劈吧，劈吧，劈吧！把这比铁还坚固的黑暗，劈开，劈开，劈开！

（4）把一切的有形，一切的污秽，烧毁了吧！烧毁了吧！把这包含着一切罪恶的黑暗烧毁了吧！

（5）我要把你烧毁，烧毁，烧毁你的一切，特别要烧毁你那匹马！

（6）把一切沉睡在黑暗怀里的东西，毁灭，毁灭，毁灭呀！

这组句群，不同于第一组，使用了反复的手法，对某个动作一而再、再而三地强调、呼喊，是生命的颤动，是灵魂的呼叫。

思考作者为什么抓住"咆哮""爆炸""劈""劈开""烧毁""毁灭"这些词语进行反复？

"咆哮""爆炸""劈开""烧毁""毁灭"，词性上都属于动词，而且充满力量，对旧事物有巨大的杀伤力，会带来变革，促使新事物的产生。

作者都使用"感叹号"，采用直抒胸臆的方式，将屈原对黑暗的无比愤懑，渴望摧毁黑暗，改变现实的愿望变得像火山一样喷薄而出。

"吧""呀"这些语气词，高昂地、激越地、淋漓尽致地直抒胸臆。

短句该怎样朗读呢？

指名读。用短促、激昂的语气和语调来抒发强烈的情感。

投影三：

（1）风！你咆哮吧！咆哮吧！尽力地咆哮吧！

（2）雷！你那轰隆隆的，是你车轮子滚动的声音？

（3）啊，电！你这宇宙中最犀利的剑呀！

（4）你，你这宇宙中的最伟大者呀，火！

呼告：在行文中直呼文中的人或物的一种修辞手法，也就是对本来不在面前的人或物直接呼唤、倾诉。一般可分为呼人、呼物两种形式。运用呼告，可以抒发作者强烈的思想感情，加强感染力，并能引起读者强烈的情感共鸣。

这组句群的特点是？

屈原与风、雷、电、火对话，采用直接呼告、拟人的修辞手法。屈原向风雷电发出邀请，请这些自然伟力来摧毁这世间的黑暗，带来火一般的光明！

投影四：

（原文）你，你东君，你是什么个东君？别人说你是太阳神，你，你坐在那马上丝毫也不能驰骋。你，你红着一个面孔，你也害羞吗？啊，你，你完全是一片假！你，你这土偶木梗，你这没心肝的，没灵魂的，我要把你烧毁，烧毁，烧毁你的一切，特别要烧毁你那匹马！你假如是有本领，就下来走走吧！

（改文）你东君，你是什么个东君？别人说你是太阳神，你坐在那马上丝毫也不能驰骋。你红着一个面孔，你也害羞吗？你完全是一片假！你这土偶木梗，你这没心肝的，没灵魂的，我要把你烧毁，烧毁，烧毁你的一切，特别要烧毁你那匹马！你假如是有本领，就下来走走吧！

请学生为这段文字加一个舞台说明，指出屈原当时的动作和神态。（手指目视，面带愤怒）

指名进行表演朗读。

对比以上两个语段，把红色的"你"去掉之后，表达效果有何不同？

原文一共用18个"你"，而且有5处是连用两个"你"，造成了反复之势。此处的"你"其实是屈原有明确的矛头所指，加重了诘问的语气。东君是太阳神，是给人光明和希望的，而现实却是黑暗的，所以屈原首问东君。简短有力直指东君是虚假，是"土偶木梗"，无德无能，是产生黑暗的父亲和母亲。

比较朗读。如果去掉重复的5个"你"，诘问的语气就会减弱。

与投影三中呼告的"你"比较朗读。感受屈原截然不同的情感——对风雨雷电的颂扬和对神灵的诘问批判，爱憎分明。都使用了第二人称，更直接，更有利于直抒胸臆。

投影五：

郭沫若《天狗》（节选）

我飞奔，/我狂叫，/我燃烧。/我如烈火一样地燃烧！/我如大海一样的狂叫！/我如电气一样地飞跑！/我飞跑，我飞跑，我飞跑，/我剥我的皮，/我食我的肉，/我嚼我的血，/我啮我的心肝，/我在我神经上飞跑，/我在我脊髓上飞跑，/我在我脑筋上飞跑。

郭沫若的《天狗》大量运用排比、反复、拟人等手法。读一读，比一比屈原的独白和郭沫若的诗歌语言的异曲同工之妙。

"神"到底是一个怎样的存在？屈原对鬼神发难的本质到底是什么？

投影六：

卜者知其指意，曰："足下事皆成，有功。然足下卜之鬼乎！"陈胜、吴广喜，念鬼，曰："此教我先威众耳。"——选自《陈涉世家》

公曰："牺牲玉帛，弗敢加也，必以信。"对曰："小信未孚，神弗福也。"——选自《曹刿论战》

那一年，我家是一件大祭祀的值年。这祭祀，说是三十多年才能轮到一回，所以很郑重；正月里供祖像，供品很多，祭器很讲究，拜的人也很多……——选自《故乡》

且壮士不死即已，死即举大名耳，王侯将相宁有种乎！——选自《陈涉

世家》

哪吒："去他个鸟命！我命由我，不由天！是魔是仙，我自己决定！"——选自《哪吒之魔童降世》

"剧本理解"评价表（见表1）。

表1

内容评价	自评			他评			师评		
	5分	3分	1分	5分	3分	1分	5分	3分	1分
能把握剧本主题									
准确把握戏剧冲突									
对人物理解到位									
把握剧本语言特点									
能利用舞台说明加以理解									
能独立、清晰地发表见解									
作品评论	凡能独立完成作品评论的同学加10分								

说明：满分100分。

第三课时　是楼，更是楼中百态之人

【课型】

教读引领课。

【教学内容】

教材：《天下第一楼》。

【教学知识点】

戏剧的冲突。

【教学目标】

1.学生梳理主要情节，把握文本戏剧冲突。

2.学生分析人物形象，理解人物内心。

3.学生品味语言，揣摩具有深刻意义的台词，并代入情景，有感情地朗读台词。

4.使学生了解故事背景，深入理解主题。

【教学过程】

（一）资料连接

1. 作者简介：何冀平（1951—2023），中国剧作家。中央戏剧学院戏剧文学系毕业，毕业后从事专职戏剧创作。1988年，何冀平创作的《天下第一楼》演出后轰动京城，演出场次仅次于《茶馆》，被誉为当代现实主义经典。

2. 情节简介：名噪京师的烤鸭老字号"福聚德"创业于清代同治年间。传业至民国初年，老掌柜唐德源因年迈多病而退居内室，店业全仗二掌柜王子西协助两位少掌柜惨淡经营。怎奈两位少爷与鸭子无缘，大少爷迷戏玩票，二少爷崇尚武林，闹得店铺入不敷出，王子西几次向老掌柜推荐他的换帖兄弟卢孟实来操持店业。光阴荏苒，十年一晃而过，"福聚德"名噪京华。然而，事违人愿，就在福聚德发展正盛时，却又遭到了东家、官府等内外逼压，最终走向没落。

通读剧本，梳理出主要情节和冲突，并用自己的话概括。

明确：①唐茂昌强行要钱，王子西勉强应对。

②克五以罗大头藏烟土为要挟骗吃喝，遭卢孟实赶出。

③卢孟实处罚不成器小伙计，厚赏成顺。

④罗大头自恃烤鸭技艺自大，侮辱卢孟实并撂挑子离开。

⑤唐茂盛借机要钱，挖走堂头常贵。

3. 研讨活动：通过《天下第一楼》全剧，分析人物关系和他们的悲剧色彩。

卢孟实曾说："好一座危楼，谁是主人谁是客？"请依据节选部分的人物身份、关系，在这座危楼的思维导图中找到合适的位置，并说明理由。

（二）分析卢孟实人物形象

生性聪慧的卢孟实立誓要干出一番事业来，以泄人间不平。面对势如累卵的"福聚德"，他绞尽了脑汁，在不长的时间里竟使这三间老屋翻盖起了二层楼。卢孟实之所以能使"福聚德"东山再起，除了靠他本人的精明干练，还得助于与他相好的青楼妓女玉雏姑娘，更靠技艺超群的厨师罗大头和善于迎来送往的堂头常贵。

（三）课堂小结

何冀平说，《天下第一楼》这部剧讲述的是发生在民国初年一家老字号烤鸭店的故事，但她不愿满足于对饮食文化或某个家族兴衰的简单呈现，而是从"盘中五味"上升到"人生况味"，"起初是生活，再升华到文化，最后归结到时代造就的人生苍凉。故事写的是'楼'，其实折射了'天下'"。

第四课时　静止在时间里的"枣儿"

【课型】

教读引领课。

【教学内容】

教材：《枣儿》。

【教学知识点】

戏剧的人物和冲突。

【课时教学目标】

1. 使学生把握文中枣儿的象征意义。

2. 让学生熟悉剧情，领悟剧中人物矛盾冲突。

3. 让学生揣摩情节、语言，理解作品现实意义。

【教学过程】

1. 检查学生预习情况。

2. 让学生按照以下条目，为这个小品拟一张宣传海报。

编剧：孙鸿

剧情：枣树下老人和小孩等亲人归来（什么地点什么人在干什么）

主要人物：老人和小孩（枣儿叔，孩他爹）

精彩看点：（提示：戏剧是以矛盾冲突来推动故事情节发展的艺术，可以说，没有矛盾就没有戏剧，正是有了一对对矛盾，戏剧才有精彩看点）

上演时间：1999年

3. 品读剧本，分析矛盾。

《枣儿》这部剧本有哪些精彩看点呢？（矛盾冲突双方是谁？矛盾焦点是什么？）学生细读总结汇报：

（老一代）（等待）老人—男孩（新一代）

清贫简单（枣儿）↓（留）↓（走）

的乡村生活（不归）枣儿叔—孩他爹

甜蜜幸福的城市生活（巧克力）

4.角色朗读，分析人物。

朗读矛盾焦点一：老人的等待与儿子的不归。

品析矛盾焦点二：男孩的期盼与父亲的不归。

自主品析矛盾焦点三：男孩的走与老人的留。（详见课本113页）

总结剧本所呈现的人物形象：

老人是老一辈农民形象，他们一生劳作，不离故土，如今年迈仍留守家园，他满怀亲情、富有爱心，他们怀旧而又传统；

男孩是新一代的形象，他思念父亲、亲近老人、好奇懂事、纯真可爱，他渴盼父亲，渴盼巧克力，是时代变化的特征；

枣儿叔不再像老一辈那样，固守乡土，他们为了美好生活闯荡于外面，是勇于创新，是大胆追求的代言；

孩他爹离开农村定居城市，抛弃旧家另成新家，是冷漠的表现。

5.课堂总结：

舞台小天地，天地大舞台。戏剧是生活的镜子，是浓缩的人生。欣赏戏剧和影视剧，可以使我们见识人生百态，品尝生活百味。《枣儿》就以一颗普通的小小枣儿向我们展示了一个广阔的生活背景，让我们认识了百味人生，了解了生活的复杂。我们要学会欣赏戏剧，欣赏文学剧本。

第五课时　有声就有戏

【课型】

教读引领课。

【教学内容】

教材：《屈原》《天下第一楼》《枣儿》。

【教学知识点】

戏剧表演的语气语调。

【课时教学目标】

1.让学生把握语气语调，塑造戏剧人物。

2.让学生了解戏剧排演的相关知识，参与到排练、演出实践中。

3.让学生结合时代背景感知人物形象、戏剧冲突、剧本主旨。

【教学过程】

（一）把握语气语调，塑造戏剧人物

1.明确人物特征。

准备戏剧表演时，首先要明确自己所演人物的特征，如人物的性格、人物的身份、人物的年龄、人物的情感心理等，这些决定了我们该选择怎样的语气、语调来演绎台词。

以课本戏剧《天下第一楼》中罗大头与克五的对话片段为例，通过研读剧本，我们可以做如下标注。

人物：罗大头。

身份：福聚德烤鸭师傅。

年龄：中年。

性格：固执狭隘，脾气暴、直率。

人物心理：自恃技艺高瞧不起克五，对自己的手艺很在意。

2.明晰语气语调。

语气种类繁多，主要是说话的感情力度，不同的感情会呈现不同的语气，如遗憾、兴奋、愤怒、绝望等，需要根据文本推想台词要传递的情感，决定要使用的语气。

语调主要有平调（→）、高声调（↗）、降抑调（↙）、曲折调（∧、∨）等。

平调，表达陈述语气或较为严肃的内容，朗读时语调前后变化不大。如"这是全赢德的地契、账簿，你盖章就过户了"。（《天下第一楼》）

高声调，表达疑问、反问、惊讶、愤怒等语气。朗读时前低后高，逐渐上扬语调。如"侦缉队打点好了"。（《天下第一楼》）

降抑调，用在感叹句或祈使句，往往表达赞扬、坚定等情绪或沉痛、悲愤等情绪。朗读时语气要在句尾沉下来。如"风！你咆哮吧"。（《屈原》）

曲折调，用来表达复杂情绪，如讽刺、双关等，朗读时需用重音等强弱调整部分字的读法，同时语调在一句之内有升有降。如"大爷拿钱买行头置场面干的是正事儿，不像他拿钱养婊子"。（《天下第一楼》）

3.掌握语气语调的调整方法。

①通过重音和停顿调整语气语调。

在话剧表演上，不同的重音和停顿可以呈现不同的语气语调，这里我们重点介绍一下语法重音和强调重音。

对于一般语句，从语法上来说往往谓语部分或动宾结构的宾语部分会读得重一些，如"爹带巧克力回来，我分给你吃"。（《枣儿》）

强调重音不受限制，又称"逻辑重音"或"感情重音"，想要突出强调的部分即可重读。如"出去，出去，谁让你进来的"。（《天下第一楼》）

重音不一定单纯靠重读完成，延长音长也可以体现重音。与重音类似，停连也可以根据语法，即句子结构停顿，根据语句要传递的心理在恰当的位置停顿，在强调处停顿等。

②通过控制语速、音高、强度调整语气语调。

语速快、声调高、强度大，可以形成高、强相对尖利的语气语调；语速慢、声调低、强度小，可以形成低缓的语气语调；语速快而声调低、强度小，往往适用于自言自语的情形；语速慢而声调高，则容易表达尖酸刻薄好讽刺一类的人物；语速快、声调高但强度小，适合表达带有崇敬景仰心理的内容。总之，在表演前我们可以尝试通过控制语速、音高、强度调整语气语调，使台词更切合人物特征。比如《天下第一楼》中的罗大头，作为一个自恃本领、脾气暴躁的中年男性，语速是中等稍慢的，强度较大，声调相对较低。

③通过调整发声部位调整语气语调。

用好我们身体的共鸣腔，有助于我们达到想要的语气语调效果。

口腔、头腔共鸣——声音清亮清脆，语调较高。

胸腔、口腔共鸣——声音沉稳、偏浑厚，往往语调也不高。

此外，我们还可以借助鼻腔发出鼻音，借助牙齿发出类似咬牙切齿一类的声音，以满足不同语境下对语气语调等表达的不同要求。

（二）针对戏剧中人物特征与语言环境，选用恰当的语气语调

基于以上内容，我们可以通过各种方法调整语气语调，以适应表达不同人物特征的需要。在准备过程中，我们还需要考虑戏剧的场景，即语言环境，如课本《天下第一楼》的小片段。

首先分析人物特征，克五人品卑污，到处混吃混喝，好敲诈蒙骗；罗大头的身份特征前面已有分析。那么我们根据两人特征可以在台词旁批注两人的语气语调如下：

克五——罗大头！你身上就有烟！（大声、降调，威吓地）

罗大头——没错，烤一只鸭子两烟泡儿，刚才帅府赏的。（声音浑厚、得意、满不在乎）

克五——烟泡儿也不行，拿出来！（降调、故作威严）

罗大头——帅府成箱的，有能耐上那儿闻去。（调侃地、看不起对方）

克五——烟太多我就闻不出来了。（嬉笑）得了，给俩鸭脖子还不行？！（谄态、低声商量）

总结：我们要运用好重音、停连，控制好语速、音高、强度，运用调整发声部位等方法，根据戏剧人物特征与语言环境，使用恰当的语气语调，从而能更好地突出人物特征、表现人物精神特点。

"戏剧"表演评价表（见表2）。

表2

内容评价	自评			他评			师评		
	5分	3分	1分	5分	3分	1分	5分	3分	1分
表扬自然、大方									
台词准确，吐字清晰									
语音、语调凸显人物									
动作、手势具有表现力									
感情充沛、表情丰富									
与其他角色配合默契									
优秀作品Q群展播	凡作为优秀作品展播的个人与组别均加10分								

说明：满分100分。

第六课时 戏里戏外相映生辉

【课型】

教读引领课。

【教学内容】

教材：《屈原》《天下第一楼》《枣儿》。

【教学知识点】

戏剧表演。

【课时教学目标】

1. 让学生深入研读剧本，尝试用自己的设计再现剧本内涵。

2. 让学生从剧组分工的角度收集有关剧目表演的资料，借助PPT展示舞台构思。

3. 在排演活动中培养学生合作协调能力，提升学生语文综合素养。

【教学过程】

（一）剧组活动

请各个剧组按"导演说戏""剧务说舞美""演员说台词"三个环节展示排练进展情况。

1. 导演说戏。

导演在深入研读剧本的基础上，结合课外搜集的资料和所撰写的导演手记，从戏剧冲突、戏剧主题、人物形象等方面谈谈自己对剧本某一片段演出的整体设计。

2. 剧务说舞美。

结合剧本舞台提示谈设想，展示人物服装、收集到的背景图片或者舞台背景设计。

3. 演员说台词。

结合剧本台词，先谈自己对剧中某人物的理解，再展示对台词语气、语调的设想。

（二）剧组展示

1.《屈原》剧组。

（1）导演说戏。

学生可从如下角度进行思考和准备：

① 自我介绍，剧组成员与分工（PPT展示）。

② 剧本的特色和主要矛盾冲突、屈原的人物形象分析。

③ 表演节选的片段及选择理由。

④剧组的准备工作及对剧组人员的要求。

（2）剧务说舞美。

学生可从如下角度进行思考和准备：

①屈原的服装、妆发设计和依据（要有图片展示）。

②舞台的道具、背景、音响设计和依据（要有图片或音频的展示）。

（3）演员说台词。

2.《天下第一楼》剧组。

（1）导演说戏。

学生可从如下角度进行思考和准备：

①自我介绍，剧组成员与分工（PPT展示）。

②选段情节、主要矛盾冲突分析及选择理由。

③卢孟实的性格分析和选段中较重要的配角性格分析。

④可展示优秀表演片段的视频资源。

⑤对手戏的配合等排练的注意事项。

（2）剧务说舞美。

学生可从如下角度进行思考和准备：

① 对不同人物的服装设计并阐释依据，注意不同角色的异同处理（要有图片展示）。

②舞台的道具、背景、音响设计和依据（要有图片或音频的展示）。

（3）演员说台词。

学生可从如下角度进行思考和准备：

①对卢孟实台词的语气、语调、情感的设想（对具体台词进行分析）。

②饰演者可在导演的指导下朗读一小段台词。

③是否存在难以处理的部分，提出自己的困惑之处，请制片人提出建议。

3.《枣儿》剧组。

（1）导演说戏。

学生可从如下角度进行思考和准备：

①自我介绍，剧组成员与分工（PPT展示）。

②独幕剧的特点、选段主要矛盾冲突分析及选择理由。

③人物内心情感分析。

④ 组织本剧排练对剧务和演员的具体要求。

（2）剧务说舞美。

学生可从如下角度进行思考和准备：

① 对两位主要人物的服装设计并阐释依据，注意地域特色（要有图片展示）。

② 舞台的道具、背景、音响设计和依据（要有图片或音频的展示）。

（3）演员说台词。

学生可从如下角度进行思考和准备：

① 如何理解剧本中的人物形象（可以谈谈为什么选择这个角色）？

② 如何进入角色的心理状态并用台词呈现（对具体台词进行分析）？

（三）师生点评

三个剧组的呈现各有特色。同学们，作为制片人，你会受到哪部剧的吸引，你更愿意给哪一个剧组投资？说说你的理由。

第七课时　剧本里的世间万象

【课型】

教读引领课。

【教学内容】

教材：《屈原》《天下第一楼》《枣儿》。

【教学知识点】

剧本的编写。

【课时教学目标】

1. 让学生了解剧本创作的要素和创作方法。

2. 让学生感知剧本与故事、戏剧和生活的联系。

【教学过程】

（一）知识链接

剧本是舞台表演或拍戏时编导与演员演出的文字依据，是戏剧活动的基础和起点。

（二）拓展感知

世界上最短的剧本（1932年）独幕剧：

流亡者（特里斯坦·勃纳德）

（幕启）边境附近一个山间木屋里，一个山里人正在路边烤火。

一阵敲门声，流亡者进屋了。

流亡者：不管您是谁，请可怜可怜一个被追捕的人吧，他们在悬赏捉拿我呢！

山里人：悬赏多少？

流亡者马上离开（幕落）。

（三）诗歌与剧本

剧本这种文学样式不是文学大花园里孤立的存在，它跟其他文学样式可以相互转换。比如《清明》这首诗，就有人给它转换成了一个独幕剧。

诗歌：

《清明》（杜牧）

清明时节雨纷纷，路上行人欲断魂。

借问酒家何处有？牧童遥指杏花村。

《清明》（独幕剧）

清明时节，雨纷纷。

路上

行人：（欲断魂）借问酒家何处有？

牧童：（遥指）杏花村。

这种改写非常简单，有的人在改写前会充分了解诗的写作背景，融入自己合理的想象，写出来的剧本更加引人入胜。我们来看又一个改写的剧本。

《清明》（独幕剧）

清明时节，雨纷纷。

路上。

行人：（悲伤的）当年贫穷困苦，好不容易有了好的生活，妻子却去了，就算金银车马又有何用？（隐隐有牧笛声传来）

杜牧：（杜牧持酒上，口中道）落魄江湖载酒行，楚腰纤细掌中轻，春风十里扬州路，卷上珠帘总不如。

行人：（迎上前道）先生好雅兴，为何口中诗歌仿佛是我与妻子见面的情景，当年多少红粉佳丽不如我的妻子。（擦擦眼泪）阁下也是来扫墓的吗？

杜牧：（胡乱答道）我是来埋葬过去的。

行人：（惊到）先生何意？

杜牧：（悲伤地）我与妻子度过了一段美好时光，而现在我却孤独一人。想我杜牧，不敢说有经天纬地之才，但还是想做些事情的，如今却功不成名未就，现在我就葬了这沮丧的过去。

牧童：（牧童上，牧笛声渐大）世界微尘里，毋宁爱与恨——

杜牧与行人：（惊讶）。

杜牧：（上前问）这句话大有深意，好像李商隐先生的文笔，你如何知道？

牧童：不是李什么的，在前面一酒馆曾听人唱起。

杜牧：（低头思，对行人说）李先生说得对，爱与恨在这小小的世界原不足道，但对生命短暂的我们来说却又是逃不了的啊。你我一个丧失爱人，一个失意，不如去酒馆一醉。（问牧童）酒馆何处去？

牧童：一直走，杏花村处是醉乡。

（杜牧与行人一起随牧童前去）

画外音：雨下了很久很久，在这清明时节。

（幕落）

这位改写者通过诗意确定了三个人以及其中的冲突矛盾，三个人物性格鲜明，心理描写细致入微。

（四）小说与剧本

小说和戏剧的关系更加亲密，现在很多热播的影视剧都是由小说改编的。

练习：以《抗疫英雄谱》为剧名，创作一个多幕剧本。

审题：多位英雄。

选材：全民总动员，抗疫英雄层出不穷，抗疫故事唾手可得。

结构：纵向构思——上至国家，下到个人。

横向构思——自己身边。

情感：抒写铮铮铁骨，礼赞脉脉柔情。

示例：（见图1）

3月5日，武大人民医院东院，上海复旦大学附属中山医院支援湖北医疗队队员刘凯医生在护送病人做CT的途中，停下来让已经住院近一个月的87岁老先生欣赏了一次久违的日落。刘凯医生是中山医院第四批支援湖北医疗队队员，自2月7日起他和队员们一直在武汉前线奋战。3月5日下午四点多，刘凯推着一位87岁的老先生去做CT检查，在回病房的途中，刘凯看老先生心情挺好，就提议停下来看一会儿夕阳。对于老先生而言，他已经一个月没有看到阳光。刘凯每天早出晚归，一直待在病房，也很少看到太阳。所以当沐浴在夕阳下时两人都很高兴。"您觉得怎么样？"刘凯问老先生，后者答"夕阳蛮好"。这个珍贵瞬间被人无意中拍下来后上传网络，立刻引发共鸣，让许多人感受到安宁和温暖的情感。

图1

时间：2020年3月5日

地点：武汉大学人民医院东院

天气晴好，太阳下落到西边的楼群里，正好停在一栋楼的上边，发出耀眼的光亮，整栋楼像是被点燃的一支巨大蜡烛，阳光铺在了院子里，烘得人身上暖暖的。

刘凯：（看着老先生挺高兴的，就问）您要不要看一会儿？

老人：好。

刘凯：（用手指着夕阳）看太阳。

老人也缓缓地把手抬起来，指着太阳，似乎想亲手摸到它。两人沐浴在夕阳下，挺高兴的。

几分钟后。

刘凯：您觉得怎么样？

老人：夕阳蛮好。

刘凯：（独白）太多人期待重见阳光，愿阳光照亮人们阴霾多日的心。

（五）作业

完成多幕剧剧本《抗疫英雄谱》。

"剧本创作"评价表（见表3）。

表3

内容评价	自评			他评			师评		
	5分	3分	1分	5分	3分	1分	5分	3分	1分
具备舞台说明									
人物形象突出									
台词符合人物身份									
具有个性化									
有矛盾冲突									
主题鲜明、健康									
团队协作默契									
个人独立创作									
原创或创新性改编	凡原创作品或具有较好的创新性改编均加5分								
优秀作品Q群展播	凡作为优秀作品展播的个人与组别均加10分								

说明：满分120分。

四、单元主题教学反思

本单元的单元主题教学采用项目式学习和训练的方式建立情景化体验和任务式引领，将教学组织成由浅入深、由简单到复杂的过程，能够帮助学生形成核心素养。在整个设计过程中，我重点关注了以下几点。

（一）关注起点差异，突出分层设计

学生间的差异一直存在，尤其在对核心概念"典型艺术形象的创作"的建构过程中，学生已有的相关知识与技能对学习的影响尤为突出。特别是对"表演技能"有所不足的学生，他们很难顺利完成整个"创作"任务。因此，教学设计时，应该进行分层设计，为学生提供丰富多样的、难度不同的学习任务，以多元智能理论为基础，既考虑学生共性，也观照学生个性和学生的学习起点，让每一个学生都有成功体验，比如在表演环节中，采用不同评价标准给予学生指导与鼓励。

（二）关注过程差异，突出语文教学的活动性

本单元根据不同的教学内容设计多样的活动方式，由师生共动逐渐转到学生独立活动，注重小组合作活动与个人活动相结合。如在戏剧项目式教学设计中，在典型艺术形象的鉴赏环节，以学生为主体，由教师引导开展鉴赏活动；在典型艺术形象的创造环节，设计学生独立活动的经典配音、人物对比鉴赏、写微剧本，小组活动的课本剧改编、戏剧表演，层层深入地引导学生学会鉴赏与创造。

（三）关注结果差异，突出全面评价

全面评价不仅是指将过程性评价与终结性评价相结合，也要求将自评与他评、个体评价与小组评价相结合，全面评价更关注全体学生的发展与每位学生的全面发展。首先，教师往往最关注的是学生小组的表现，特别是对小组的最终作品的评价，这就导致学生在整个学习过程中的边缘化。因此，通过设计一些关于戏剧鉴赏与创作的测试和个人任务评价能够帮助每位学生自觉融入学习过程。其次，充分调动学生参与评价，帮助学生自我反思，促进学生之间的相互学习。聚焦教学实践活动进行评价，以学生为本，多元评价、多方评价，注重参与、注重过程体验、注重发展、注重激励。每项活动设计单项评价标准，在赋分之后，采用优秀作品展播的方式，调动每一个参与主体的积极性。每项活动主要从内容、形式、效果、创新性的方面进行评价设计。

下　篇

初中文学作品单元主题教学课例

思接千载　视通万里

——结合统编教材七年级上册第六单元解密文学作品中的联想与想象手法

一、教学目标

1.依托本册本单元文学类文本，让学生了解联想和想象手法的特点。

2.联系现实生活和自身经历，提高学生对世界的认知力，锻炼学生想象力，发展学生创造性思维。

二、课前预习

让学生细读课文《皇帝的新装》《天上的街市》《女娲造人》《寓言四则》，熟悉课文内容。

三、课堂教学实践

（一）导：联想与结构

热身活动激趣，创设情境任务：教师展示道具———一盒土，问学生看到了什么，想到了什么。

（二）悟：活动与体验

学习活动一：回顾经典，思接千载

卢梭说过："现实的世界是有限度的，想象的世界是无涯际的。"但是作为一种表现手法，联想和想象也是有规可循的。

PPT展示：

> 课中小讲座：
>
> 联想和想象手法：联想和想象是人类特有的思维活动。联想是由一事物想到与之相关的另一事物，而想象则是在头脑中创造出未曾有过的新的形象。联想是想象的基础，想象是联想的拓展与生发，联想和想象经常处于"伴生"状态。

合作探究：赏读《天上的街市》《皇帝的新装》《女娲造人》及前面所学课文，思考其中运用的联想和想象手法。

如：

远远的街灯明了，好像闪着无数的明星。天上的明星现了，好像点着无数的街灯。（1921年10月，郭沫若，思维导图见图1）

图1

母亲啊！你是荷叶，我是红莲。（1922年7月，冰心，思维导图见图2）

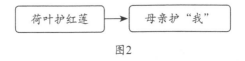

图2

如：这些衣服轻柔得像蜘蛛网一样，穿的人会觉得好像身上没有什么东西似的……（19世纪，丹麦安徒生）

探究结果：抓住事物的相似性进行联想。（这类似于比喻手法，本体、喻体有相似性）

如：人们提到他，总是说："皇上在更衣室里。"（19世纪，丹麦安徒生）

又是秋天，妹妹推我去北海看了菊花……（21世纪初，史铁生）

探究结果：抓住事物的相关性进行联想。

如：危楼高百尺，手可摘星辰。不敢高声语，恐惊天上人。（唐朝，李白）

"那真是理想的衣服！"皇帝心里想，"我穿了这样的衣服，就可以看出在我的王国里哪些人是不称职的；我就可以辨别出哪些人是聪明人，哪些人是傻子。"……

"我的老天爷！"他想，"难道我是愚蠢的吗？我从来没有怀疑过自己。这一点决不能让任何人知道。难道我是不称职吗？不成！我决不能让人知道我看不见布料。""哎，您一点意见也没有吗？"一个正在织布的骗子说。

"哎呀，美极了！真是美极了！"老大臣一边说一边从他的眼镜里仔细地看，"多么美的花纹！多么美的色彩！是的，我将要呈报皇上，我对这布料非常满意。"（19世纪，丹麦安徒生）

探究结果：因果联想，由因而果，或由果而因。

如：朱门酒肉臭，路有冻死骨。（唐朝，杜甫）

你看，那浅浅的天河，定然是不甚宽广。（神话传说中的天河深且宽，阻隔了有情人）

探究结果：相反联想，逆向思维，由一件事物联想到它的反面。

如：街市上陈列的一些物品，定然是世上没有的珍奇。……我想他们此刻，定然在天街闲游。

不知道在什么时候，出现了一个神通广大的女神，叫作女娲。据说，她一天当中能够变化七十次。

……揉黄泥造人……挥洒泥浆造人（远古神话传说：女娲有"神"的非凡能力、神奇方法）

探究结果：想象——超于生活，大胆奇特。在原有材料的基础上延伸，创造出人们没有经历过的，甚至是现实中根本不存在的事物形象。借助想象可思接千载，驰骋于古今中外之文学原野。

如：他们装作从织布机上取下布料，用两把大剪刀在空中裁了一阵子，同时用没有穿线的针缝了一通……两个骗子各举起一只手，好像拿着一件什么东西似的……两个骗子装作一件一件地把他们刚才缝好的新衣服交给他。他们在他的腰周围弄了一阵子，好像是为他系上一件什么东西似的——这就是后裙。皇上在镜子面前转了转身子，扭了扭腰肢……

探究结果：想象——大胆扩展，添枝加叶。借助想象，骗子织布做衣服的画面变得清晰、细腻、生动、形象。

如：女娲也会寂寞"孤独"，会"满心欢喜，眉开眼笑"，会自豪欣慰，也会"疲倦不堪"。（远古神话传说：女神也有"人"的心理、情感、活动，"神性"和"人性"有相似性）

探究结果：想象——立足生活，巧妙编织。归于生活，合情合理。

（三）用：本质与变式

学习活动二：立足生活，视通万里

立足生活：《皇帝的新装》中作者为何利用奇特的想象手法，塑造了诸如皇帝、大臣，甚至全城百姓这么一大批滑稽可笑的人物形象？《天上的街市》为何反其道而行，借助联想和想象手法改写了"牛郎织女—年一会"的悲剧收尾？

结合两篇文章的背景可知，童话《皇帝的新装》的作者安徒生通过想象把揭露的锋芒直指当时社会的统治阶级，无情地嘲讽了贵族、宫廷的丑恶行径，深刻地解剖了当时社会的病状，也寄寓了"求真"的美好愿望；诗歌《天上的街市》作者也借联想和想象寄寓了对当时黑暗现实的痛恨，对光明、自由、美好生活的向往。

表1

联想类型（写笔记）	联想的载体：立足生活（一盒土）	想象路径：超于生活，思接千载，视通万里	想象的目的地：归于生活
（　　　　）			
（　　　　）			
（　　　　）			
（　　　　）			

探究结果：自然恰切的联想，天马行空的想象，荒诞的艺术形象，都基于作者所处的时代背景和个人经历结合的"真实"生活，也是为了表达源自背景和真实生活的真实情感。联想和想象，源于生活，超于生活，最后又归于生活。

视通万里：回归我们的生活。根据本节课所学，请你选择一种类型对开课时老师展示的"土"进行联想，然后从你的联想出发，发挥想象，完善情节（50字内，简要概括即可）。做完后，小组内轮流分享，再推选代表进行全班分享。

表2

等级	指标描述	我的等级
☆☆☆☆☆	严格遵守任务要求，根据联想类型进行联想，想象奇特却合理，且有明确主题，表达生动	
☆☆☆☆	基本遵守任务要求，根据联想类型进行联想，想象虽牵强，但基本符合逻辑，有主题但不够明确，表达流畅却不生动	
☆☆☆	未能遵守任务要求，联想无目的，想象过于天马行空，无逻辑，表达生涩	

联想和想象思维发散路线图表（见表1），评价量规表（见表2）。

活动小结：正如巴尔扎克所说的"想象是双脚站在大地上行进，他的脑袋却在腾云驾雾"，大地上的"生活"和"腾云驾雾"的想象是"生死之交"。生活是想象力的土壤，是文学创作的起点，也是我们阅读文学作品的起点和终点。

（四）改：迁移与运用

1. 继续利用"联想和想象思维发散路线图表"（见表3），自定一个载体（如一把伞），思接千载，视通万里，做想象力思维训练。

表3

联想类型	联想的载体：立足生活（ ）	想象路径：超于生活，思接千载，视通万里	想象的目的地：归于生活
相似联想			
相关联想			
因果联想			
相反联想			

2. 请从联想和想象的角度赏析下列句子：

① 天河何处？远远的海雾模糊。怕会有鲛人在岸，对月流珠？（《静夜》）

② 天空是云和太阳的战地，电闪雷鸣是云嚣张的挑战，碧空如洗是太阳胜利的旌旗。朝霞里孕育着新的厮杀，晚霞预示着太阳的又一场胜利。（老师写于雨后）

（五）课堂小结

1. 学生用一句话评价小结本课所获：联想和想象让我……

2. 爱因斯坦曾说过：想象力比知识更重要。知识是有限的，而想象力却是无限的。思接千载，联想和想象挖深了我们阅读的深度；视通万里，联想和想象拓宽了我们阅读的视野。联想和想象手法，由点及面，让文章内容更丰富，表达更生动。让我们立足生活，触发联想，放飞想象，拓展思维！

（六）板书设计

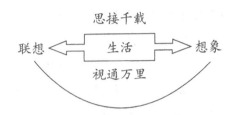

四、教学反思

这堂课的设计灵感来自语文期末考试七年级的作文题：说到"土"，有泥土、沙土、黄土、黑土、陶土、黏土……近期，"嫦娥五号"还给我们带回了珍贵的月亮上的土。这些土，引起了你的哪些联想和想象？你和土有哪些故事？七年级上册第六单元的写作训练点正是"发挥联想和想象"。诚然，我要设计的并不是一节写作课。没有对阅读的深度挖掘和细腻解析的输入，何来学生写作表达的输出？因此，在整合第六单元的基础上，我回望了七年级上册的其他文学作品文本，设计了这堂关于"联想和想象"手法的课。

七年级上册第六单元在初中阶段的整体教学中十分关键，可以说，本单元是初中阶段学习想象类文章的起点。对本单元课文文本价值的正确解读，可以帮助学生明确以后怎么读和怎么写想象类文章。因此，在学生对本单元大部分文本内容都熟知的前提下，课堂以"是什么—为什么—怎么用"为思路设计，符合七年级学生的能力层级和认知规律。这可以锻炼学生的想象力，发展其创造性思维，跟《义务教育语文课程标准（2022年版）》中所要求培养的学生的"语言运用""思维能力"素养也是吻合的，甚至学生的"审美创造"素养也得到了濡养。

基于大单元教学的背景，关于学生的阅读方法，主要是抓住关键词带动学生速读、跳读等方法的综合运用；在反复阅读的过程中，教给学生从联想和想象手法的角度品读课文的方法和技巧，提高学生阅读课文的能力。

活动过程，以学生自主、合作学习为主，质疑探究的过程以小组合作、探究学习为主。通过师生、生生互动，培养学生的听说能力；通过思维拓展训练，培养学生的深度阅读和写作能力，使学生最后能用评价量规对自我进行客观评价。

学生的课堂情况有时并不在预设之中，但教师对教材文本的详尽分析和学生学情的准确把握，使教师能以教学机制和临场应变力掌控课堂，让老师的主导地位和学生的主体地位都能得以体现。

在本次课堂教学中，也有一些遗憾。学生在探究联想的类型时，不会推敲前后事物的因果关联，需要多加指导训练——引导七年级的学生在课堂内外主动丰富其词汇量，拓宽其阅读视野。教师自己的课堂语言还可以更加利落精练。

为心灵做注脚

——结合统编教材七年级下册第二单元解密文学作品的心理描写

一、教学目标

1.让学生揣摩体会人物的心理、情绪；

2.使学生领会母爱的伟大和无私，学会珍惜亲情、向母亲表达爱意。

二、课前预习

1.让学生重读《散步》《金色花》《秋天的怀念》，再次熟悉文本。

2.让学生根据学案提示，完成自学任务。

三、课堂教学实践

（一）场景导入

问：请回想一个你和父母闹矛盾的场景，妈妈/爸爸说的哪一句话让你印象最深刻？她/他为什么要这么说？

引入：很多时候读懂一个人的心并不是那么容易的事，需要我们用心体会，细心揣摩。今天就让我们一起通过对课文的学习，为心灵做注脚。

（二）探·人物身份

问：在《散步》中，儿子和奶奶产生了分歧，最后大家是如何解决的？

答：听儿子的走了小路。

思考：大家最终达成一致，但是在做决定的时候每一个人心里究竟是怎么考虑的呢？

学习活动一：将班上的同学分为爸爸组、儿子组、妈妈组、奶奶组四组，进行"角色扮演"。

每一个组的成员都可以就自己阅读时产生的疑惑向相关组的成员提出问题，被提问组中的任何一个成员也可以就提问进行回答。老师作为第五方扮演读者，也可以随时就小组成员进行提问。

例：

儿子组提问奶奶组：奶奶，为什么爸爸说了走大路，你也想走大路，最后却还是选择了走小路？

奶奶组：因为你想要走小路，奶奶希望你开开心心、快快乐乐的，所以选择走小路。

儿子组问爸爸组：为什么我喊出了那句话，你们都笑了呢？

爸爸组：因为觉得你聪明又可爱，能够发现我们都没注意到的东西。

奶奶组问儿子组：为什么你想要走小路？

儿子组：因为走小路有趣。（引用原文）

儿子组问爸爸组：为什么最后你选择遵从奶奶的意愿走大路？

爸爸组：因为我能陪奶奶的时间不多了，而陪你的时间却还有很久。

……

（提问可以无限进行下去，任由学生们发挥，过程中老师要注意引导，在学生不知道如何回答的时候可以代替他们回答，在没有合适的提问的时候也可以进行提问，最终要让学生在问答中得出问题的结论）

活动总结：

问：通过刚刚的问答活动，大家发现这个家庭中的人物是基于怎样一种共同的心理而达成共识的？

答：为家人着想。

问：他们之所以会有这样的想法是由他们的什么决定的？

答：身份。

（总结：揣摩人物心理要结合他的人物身份）

（三）品·人物行为

阅读《金色花》《秋天的怀念》，品味下列句子，说一说"我"的心理。

示例：（1）"望着望着天上北归的雁阵，我会突然把面前的玻璃砸碎；听着听着李谷一甜美的歌声，我会猛地把手边的东西摔向四周的墙壁。"

（2）"'不，我不去！'我狠命地捶打这两条可恨的腿，喊着，'我可活什么劲儿！'"

明确：愤怒、绝望、无助。

（3）"我要悄悄地开放花瓣，看着你工作。"

（4）"当你吃过中饭，坐在窗前读《罗摩衍那》，那棵树的阴影落在你的头发与膝盖上时，我便要投我小小的影子在你的书页上，正投在你所读的地方。"

明确：快乐、喜悦，依恋母亲

问：你是通过哪些词能够看出"我"的这些心理？

答："砸""摔""捶打""开放花瓣""投"等动词。

（总结：揣摩人物心理要观察他的行为）

（四）联·文章语境

学习活动二：请同学们齐读一遍《咏雪》。

进行小组讨论，分配角色、熟悉台词，上台将《咏雪》中描绘的场景表演出来（要求有旁白，要脱稿）。

老师采访"谢太傅"扮演者：你刚刚为什么要乐？

（引导"谢太傅"扮演者回答出：因为觉得谢道韫的比喻说得好）

问：同学们感觉谢太傅更欣赏谁的比喻？

答：谢道韫。

问：你们是如何看出来的？

答：他在谢道韫说完之后"大笑乐"。

问：只是"大笑乐"这一个简单的动作，为什么大家就能看出来他在想什么？

答：因为在谢朗说完之后他没有乐，而谢道韫说完之后就笑了。

（总结：这就是文章为我们营造的语境，揣摩人物心理还要联系上下文的语境）

（五）迁移与运用

引：在《秋天的怀念》中也塑造了一个母亲形象，请阅读全文，结合揣摩人物心理的三要素，还原母亲在面对一个双腿瘫痪的儿子时她内心的活动。

学习活动三：老师给出示例，学生们结合上下文及自己的理解，以第一人称的口吻将母亲的心理补出来。

（老师给出引导：用"躲""听""扑""抓""挡""不说了""出去了"等关键动词把握人物心理）

示例：

原句：母亲就悄悄地躲出去，在我看不见的地方偷偷地听着我的动静。

补：他现在这么难过就让他发泄吧，他一定不希望我看到他这个样子，我还是出去好了。但不能走远，我得留心点，就怕他一个不小心伤到了自己。

习题：

（1）母亲扑过来抓住我的手，忍住哭声说："咱娘儿俩在一块儿，好好儿活，好好儿活……"

（2）母亲进来了，挡在窗前："北海的菊花开了，我推着你去看看吧。"

（3）她高兴得一会儿坐下，一会儿站起："那就赶紧准备准备。"

（4）她忽然不说了。对于"跑"和"踩"一类的字眼，她比我还敏感。她又悄悄地出去了。

（学生展示，老师点评）

（总结：我们能够揣摩"母亲"的心理，是因为结合了以下要素：身份、言行、上下文语境）

问：揣摩人物心理一共要考虑哪些要素？

答：人物身份、人物行为、上下文语境。

联想：回想课堂开头你想的与父母吵架的场景，结合以上三个要素，你能明白妈妈/爸爸当时的内心活动吗？请尝试用第一人称说出来。

结语：希望我们在生活中不要重演史铁生"子欲养而亲不待"的遗憾与懊悔，让我们学着用心体会、细心聆听父母内心的真实声音，让我们做泰戈尔笔下的那朵"金色花"，不吝于用自己的方式向母亲（以及其他的亲人）表达自己的爱和依恋。为心灵做注脚，读懂那些无法开口的关切与爱。

（六）作业

1.一封寄往天堂的信。

假如你是史铁生，成年后的你想要对在天上的母亲说些什么呢？请你写一封短信，天堂邮递员将帮你把信送给母亲。

2.一首送给母亲的诗。

找出一种你心中最能够代表母亲的事物，以此发挥联想，写一段话送给母亲。

四、教学反思

这是一堂很有收获的课，学生有收获，我自己亦是。

一堂课下来，上得酣畅淋漓，课后回味，既有亮点也有遗憾。

亮点在于课程设计有新意，以"揣摩人物心理"为主线知识点，串联起整个第二单元的主题教学。三个活动任务层次分明、层层递进，由读"人物身份"到"人物行为"最后到"上下文语境"，由浅入深，最终逐步解锁揣摩人物心理的三个要素。由此而联系到生活，呼唤学生在生活中也要学会读懂父母的言行背后的用意，勇于说爱。

但同时，我认为还有以下几点需要进行改进提升。

1.课堂环节时间分配不恰当。初始第一个环节其实难度并不大，不宜花费过长的时间去引导学生，以至于后面环节想要深入拓展，但时间上显得有些捉襟见肘，节奏略赶。

2.与文本的结合还需更紧密。虽然课程中有很多的深入研读和对人物的挖掘，但是与课本的结合略显薄弱，最后还需要回归课本。我会认真去读本篇文章的"预习""思考探究""积累拓展"等部分，做到更好地紧扣文本。

3.提前做好导学案的学习。本堂课的教学内容含量很大，为在课堂上更好地引导学生理解领悟，要注意做好课前导学案的学习工作，扎实课外，升华课堂。

这堂课，最后说说我感受到的学生的收获。课后的作业是"一封寄往天堂的信"，以史铁生的口吻给天上的母亲写一封信。本次作业完成质量非常之不错，很多信都发自肺腑，感人深切，看得我几度泪目。我想不用问，这次的课堂至少我达到了最终的教学目的，就是让学生感悟亲情。这也让我再度反思，教语文，究竟要教给学生什么？他们这次的作业，又引发了我进一步的思考，希望未来我能持续地在教学中发掘真正有价值的东西。

在矛盾处深深浅浅

——结合统编教材七年级下册第三单元解密文学作品的矛盾写法

一、教学目标

通过师生重读《老王》，帮助学生从关键句类型之一——矛盾句入手，理解文章意蕴的理念，使学生学会自主破解文本的方法。

二、课前预习

1.重读《老王》《阿长与〈山海经〉》《台阶》，再次熟悉文本。

2.根据学案提示，完成自学任务。

三、课堂教学实践

（一）导：联想与结构

1.重读单元导语，了解从文中关键语句中感受文章意蕴这一方法。

2.非连续性语料探讨：哪些句子可能是文中关键语句？

（1）《阿长与〈山海经〉》。

她教给我的道理还很多，例如说人死了，不该说死掉，必须说"老掉了"；死了人，生了孩子的屋子里，不应该走进去；饭粒落在地上，必须拣起来，最好是吃下去；晒裤子用的竹竿底下，是万不可钻过去的……此外，现在大抵忘却了，只有元旦的古怪仪式记得最清楚。总之：都是些烦琐之至，至今想起来还觉得非常麻烦的事情。

（2）《说和做》。

"做"了，他自己也没有"说"。他又由唐诗转到楚辞。十年艰辛，一部"校补"赫然而出。别人在赞美，在惊叹，而闻一多先生个人呢，也没有"说"。他又向"古典新义"迈进了。他潜心贯注，心会神凝，成了"何妨一下楼"的主人。

做了再说，做了不说，这仅是闻一多先生的一个方面，作为学者的方面。闻一多先生还有另外一个方面，作为革命家的方面。这个方面，情况就迥乎不同，而且一反既往了。

作为争取民主的战士，青年运动的领导人，闻一多先生"说"了。起先，小声说，只有昆明的青年听得到；后来，声音越来越大，他向全国人民呼喊，叫人民起来，反对独裁，争取民主！

（3）小说《孔乙己》（节选）。

我从此便整天站在柜台里，专管我的职务。……不一会儿，他喝完酒，便又在旁人的说笑声中，坐着用这手慢慢走去了。

3. 自学型任务。

（1）知识卡片：何为文本矛盾？（浅层理解）

（2）根据知识卡片提示，重读《老王》，在文章句子中寻找矛盾点。

（二）悟：活动与体验

学习活动一：自相矛盾型——"不敢坐"VS"常坐"。

1. 思考："我自己不敢乘三轮"，却"常坐老王的三轮"。再准确点，"不敢乘三轮"，却敢叫老王用三轮送钱先生，为何？（注意思维全面性）

2. 信息筛选与仿写：为质朴的善良写诗。

学习活动二：双方对立冲突型——"不要钱"VS"给钱"。

思辨性活动，小组探究：结合全文谈谈，你觉得老王想要什么？老王想要的东西，"我"给了没有？

（要求：有观点，并要有文章内容支撑）

（三）用：本质与变式

学习活动三：旧文迁移。

《阿长与〈山海经〉》（选段）

选段一：我们那里没有姓长的；她生得黄胖而矮，"长"也不是形容词……然而大家因为叫惯了，没有再改口，于是她从此也就成为长妈妈了。

选段二：大概是太过于念念不忘了，连阿长也来问《山海经》是怎么一回事……她确有伟大的神力。谋害隐鼠的怨恨，从此完全消灭了。

请仔细阅读选段一、二，找出矛盾点，并尝试解读矛盾点的意蕴。

（四）改：迁移与应用

学习活动四：课外应用

传家宝（凌晶年）

有一档《家有传家宝》电视节目，开播几期，就引起了不少观众的兴趣与好评，说是比有些墨宝节目有品位，收视率很快飙升。……突然，观众席上爆发了长久的掌声。

请阅读《传家宝》，思考以下问题：

1.你发现了文中的哪些矛盾？

2.假如你是《2021中国年度小小说》一书的责任编辑，拟按主题分设专辑，你准备把文本收录进下面哪个专辑里？

A.似水流年　　　　B.良善家风　　　C.宝物风范

（五）课后作业

1.必做题：

重读《赫尔墨斯与雕像者》，在句中寻找一个矛盾点，并由此推出一个与文中最后一句"这故事适用于那些爱慕虚荣而不被人重视的人"不同的寓意。

2.选做题：

重读七年级下册第三单元《台阶》，寻找其中的矛盾点，并尝试推理其中的意蕴。

四、教学反思

陪着学生在阅读路上成长、有学生陪着自己在文学教学之路上成长，这是一件多么幸福与幸运的事儿。

此课自己有比较满意的地方。首先，旧文新读。将初一文章拿到初三，从新的角度重读，加深了学生对文本的理解，也教授了学生新的解读文本方法——矛盾分析法，与中考文学类文本复习高度契合，充分体现了教材的示范作用。其次，语文主题学习。本课以"矛盾"为主线，链接了七年级下册的五篇文章、九年级的《孔乙己》与一篇课外文，语料丰富，课堂容量较大。再就是，一课一得。目标单一但非常明确——抓矛盾点，解析理解文章，学生学有所获。最后，学生参与度高，与老师的默契度强，课堂难度符合学生中考复习后阶段的拔高要求。

但也有需要及时调整与提高的地方。首先，对"矛盾"的分类有待商榷。本课只是简单地将"矛盾"分为自相矛盾（同一个人）与双方对立矛盾两种类型，忽略了矛盾的其他类型（如情理矛盾等）。其次，学习任务三《阿长与〈山海经〉》矛盾点分析时，没有非常严谨地沿用学习任务一与学习任务二讲解的"自相矛盾"与"双方对立矛盾"两种类型分析法，讲解时应该再次带领学生明晰此方法。

教学是一门艺术，带领学生深度解读文本、教会学生自主深度解读文本更是一门艺术。这需要老师极强的文学修养与教学功底。在准备此课与教授此课的过程中，我深感自我知识的匮乏与深度的欠缺。在实践中发现不足，及时充电、大量充电，是目前教好课、领好课的重要途径。

寻找最美民俗风情

——结合统编教材八年级下册第一单元解密文学作品的教学评价

一、教学目标

1. 为学生提供学习支架，让学生学会撰写、展示推介文案，把握本单元作品民风民俗的特点，感受民风民俗的魅力。

2. 设置情境答辩，让学生理解民风民俗的意义和价值，归纳读懂民风民俗作品的方法。

二、课前预习

（一）前置作业

"世界读书日"即将到来，校团委开展主题为"在经典中寻找最美民风民俗"的阅读活动。本次活动要求参与者在阅读经典文学作品时找出自己感触最深的民俗风情，并撰写一份推介的文案进行展示，为答辩做好准备。

请以小组合作的方式，从本单元的《社戏》《回延安》《安塞腰鼓》《灯笼》中任选一篇作品，参加活动。

（二）任务支架

1. 民俗，是民间流行的习俗、风尚，是由民众创造并世代传承的民间文化；民风，指民间的风尚、风气，一般指好的方面。

2. 推介文案包含以下内容：作品中民俗或风土人情的介绍、推荐的原因、广告宣传语。

3. 在介绍传统文化习俗和风土人情时，先分点概括其特点，然后结合作品中的内容来分析，必要时可以通过网络来查找相关资料。撰写时可以综合运用多种表达方式，增强表达效果。

4. 推荐的理由可以结合自己的阅读体验或者联系实际生活来谈。

5. 撰写广告宣传语可以回顾七年级下册综合性学习《我们的语文生活》中"我来写广告词"的相关知识。广告宣传语不宜过长，可以适当使用对偶、比喻、双关等修辞手法。要将传统文化或民俗风情最突出的特点熔铸其中，也可以化用作品中的能凸显主旨的词句或者其他合适的词句。

6. 为作品中的传统文化习俗和风土人情配上合适的图画；图画可以从网络转载，也可以自己原创。

示例：

秦川大地上的戏曲奇葩——秦腔

——源自贾平凹散文《秦腔》

简介：

秦腔，中国汉族最古老的戏剧之一，起于西周，源于陕西西府核心地区陕西省宝鸡市的岐山（西岐）与凤翔（雍城）。秦腔成熟于秦。秦腔拥有与秦川大地一样辽阔黄褐的底色，更映照着秦人粗犷敦厚的精神气质。

1. 秦腔咬字沉重，声韵绵长，情感激烈浓郁。它如烈性炸药爆炸一般的吼唱，涤荡劳动人民的困乏，也可以熨平人们心中愁苦的皱纹。

2. 秦腔的表演形式独特，除了吹、拉、弹、奏、翻、打、念、唱，男女演员出场时一律背身掩面，先是卖弄身段与施展绝技，吊足观众胃口后再亮相。

3. 秦腔有着深厚的群众基础。从演员组成来看，都是劳动人民，人人都可参与其中，没有礼法的限制。他们往往在农闲的夜里集合到古寺庙里排演，而且观看排演的也大有人在。参与演出的演员也令人瞩目，受到更多的优待。从演出的频率来看，每月的节日、三月一次的盛会以及村里每逢红白丧喜之事，都会有秦腔的演出。从观演的观众看，正式演出时，人头攒拥，观众是形跟影随，忘乎所以，轻重缓急，心心相印。秦腔融入了秦人的血脉，融进了他们的生活，世代相传，具有了神圣不可侵犯的象征意义。

推荐理由：阅读《秦腔》，我感受到了秦腔那种本真、原始的艺术感染力。它与秦川大地上劳作人们的悲喜交织融汇在一起，发出了最热烈最酣畅的生命之声。戏曲中上演的善与恶，美与丑，不仅能使人获得美的艺术享受，也能让人获得美的教育。秦腔就是秦川文化浇灌出的一朵戏曲奇葩。作为中国传统文化的重要组成部分，这些古老的艺术形式在现代化的过程中开始离我们越来越远，我们都应该给予它们更多的关注。

广告宣传语：听了秦腔，酒肉不香。（此为原文摘录，也可以自己创写，图片见图1）

图1

三、课堂教学实践

（一）学习活动

学习活动一：小组代表进行推介文案的展示，小组间根据评价量表进行互评。

评价量表：见表1。

表1

评价项目	8—10分	4—7分	0—3分
民风民俗介绍	能用准确的语言概括出民风民俗的特点，能结合文本内容进行阐述，综合运用多种表达方式，逻辑性强，内容充实	基本能概括出民风民俗的特点，基本能结合文本内容进行阐述，运用至少两种表达方式，有条理，内容比较充实	不能准确概括出民风民俗的特点，很少或没有结合文本内容进行阐述，表达方式单一，缺乏条理性，内容单薄
推荐理由	能结合真实独特的阅读体验来谈；能从文本本身及现实意义等多个角度推荐	能结合真实的阅读体验来谈；能从文本本身或现实意义的一个角度推荐	没有结合阅读体验来谈或阅读体验不够真实，缺乏或没有推荐的意识
广告宣传语	广告宣传语简洁精当，能凸显民风民俗的特色，运用至少一种恰当的修辞手法，富有感染力	广告宣传语简洁，基本切合民风民俗的特色，运用至少一种修辞手法	广告宣传语不够简洁，不能表现民风民俗的特色，没有运用修辞手法，直接摘录原文中不够准确的句子

评价项目	8—10分	4—7分	0—3分
配图	图片广告宣传语匹配度高，民风民俗元素鲜明突出	图片基本与广告宣传语契合，有民风民俗元素	图片与广告宣传语不协调，缺乏民风民俗元素
表达效果	讲解时声音响亮清晰，语言流畅富有感染力，举止大方，与听众有较好的互动	讲解时音量不够响亮，语言基本流畅，举止得体，与听众互动较少	讲解时音量过小，语言不够流畅，举止不自然，与听众没有互动

学习活动二：展示答辩。教师出示答辩问题，小组间进行讨论并汇总，派代表进行答辩。

答辩问题：在关涉到民风民俗的作品中，内容上常常会出现"过去"与"现在"两种时空结构里的叙述。这种艺术构思往往最能体现作者的写作意图。请从《社戏》《回延安》《灯笼》中任选一篇分析其中所叙述的有关"过去"与"现在"的内容，并据此探讨作者书写民风民俗的目的和意义。

教师明确：见表2。

表2

作品	过去	现在	意图
社戏	少时在平桥村感受到质朴淳厚、和谐美好的民风	在北京看戏的两次看戏感受到的混乱、污浊、压迫	批判/呼唤
回延安	延安对诗人的培养（延安的物产；我在延安参加革命斗争和学习的生活）	延安城的新风貌（街道、楼房、电灯、绿树）	赞颂
灯笼	与灯笼有关的亲情片段、乡村风俗的描绘、历史文化的幽思	念及国难当头，愿做"灯笼下的马前卒"，报效国家	言志

教师总结：

民风民俗类作品中的四要素：人、环境、时空、文化。

由此可以衍生出常见的主题表达的模式：人在当下的新环境中对积极的旧文化的追求与呼唤（传承）、人在当下的新环境中对消极的旧文化的批判与揭露（摒弃）、人在当下对旧环境中催生积极新文化的歌颂与赞美（发展）。

（二）课堂总结

中华民族源远流长的文明史、丰富深厚的民族文化始终与民族繁衍相伴随，百代不绝。今天我们和鲁迅撑着乌篷船走进平桥村，感受水乡人情之美；我们跟着诗人贺敬之重返延安城，抚今追昔，感受红色革命传统的豪情；我们与刘成章踏进黄土地，感受安塞腰鼓的磅礴与壮美，我们循着吴伯箫的记忆，点一盏灯笼映照那乡俗风情与报国豪情。

关注民俗，可以了解民生和民间文化；了解民俗，可以洞悉我们民族的过去、现在与未来，可以让我们传承传统文化，凝聚民族精神，激发民族自豪感。

（三）作业布置

本单元的课文为我们展开了一幅幅不同的民俗风情画卷。"百里不同风，千里不同俗。"每一处地方的民俗风情就是它最好的名片。你的家乡有哪些令你印象深刻的民俗风情呢？请以"家乡的名片"为话题写一篇不少于500字的文章。

四、教学反思

《义务教育语文课程标准（2022年版）》指出，语文课程评价是为了促进学生核心素养的整体提升。语文课程评价包括过程性评价和终结性评价，而学习任务群评价重在过程，重点关注学生在学习过程中的行为表现，以及这些表现反映出的思维特征和情感态度倾向。在进行本单元整体教学设计时，为了更好地促进学生开展以"寻找最美民风民俗"为主题的学习任务，我设计了评价量表。

在量表的运用上，我要求学生根据活动一的推介文案展示进行小组互评。我的预设是学生在课堂上能根据量表的标准有的放矢地对同伴进行点评，言之有理。然而在正式上课时，一向活泼的课堂却遭遇了鲜有人发声的尴尬。即使是平时语言表达能力不错的学生也只是脱离量表泛泛而谈，课堂于此陷入了僵局。

课后，我对以上问题进行了梳理与反思，对过程性评价的设计与操作有了更深的体悟。

（一）在进行评价的设计要处理好两对关系

1. 评价目标与任务支架导向的一致性。

评价量表应该成为学生学习的一个支架，而绝不仅仅是对学生学习表现评价的生硬工具。学生可以对照评价标准有意识地调整自己的学习态度、学习行为、学习策略，以追求更接近标准的学习结果。应该说，这也是我设计评价量表的一个明确的初衷。而课堂实践效果的不理想，在于我没有处理好评价应该与学情同构化这一关系。在设计量表时，我更多地从教学内容上进行考虑，而忽略了学情。我所任教的班级学生语文素养水平分化大，整体水平不高，学生对量表的内容并不熟悉，对这样基于评价的课堂活动也很少经历过。而解决这个问题的最好办法就是让学生参与评价量表的设计。在参与设计的过程中，学生对学习任务要求及其实现的路径会更加清晰，作为学习主体的他们也会被激发出更强的学习兴趣。最为重要的是，量表的设计充分考虑并尊重学生认知水平，这会让评价的可行性大大增强。

2. 评价量表与任务发布的同时性。

评价量表在课前才开始发放，这直接导致了学生对评价内容的不熟悉，无法在课堂上针对任务内容进行有效的评价。教师应该在发布学习任务的同时发布评价量表，评价量表与学习任务的对照可以帮助学生进行深度学习。

（二）评价的实施要讲究时效性

在课堂中，我为了节省时间，在各个小组集中展示完后才进行小组互评。由于学生短时注意力有限，在连续面对多个小组的展示内容后，先前接收的信息会出现模糊弱化、重叠含混的情况，评价也失去了明确的问题靶向。这也是部分学生在点评时只能泛泛而谈的原因。因此，在实施评价时，要尽可能让评价主体学生或教师及时开展评价。

总而言之，尽管在实践和探索的过程中会遇见这样或那样的问题，但只要开始尝试，便会拥有蜕变与前进的机会。

江山如此多娇

——结合统编教材八年级下册第五单元解密文学作品的名片写法

一、教学目标

1. 让学生梳理四篇课文的游踪，并画出思维导图。

2. 让学生用表格整理四篇文章对景物的描写，任选一个文段进行赏析，归纳写景的角度和方法。

3. 迁移运用：让学生用所学的方法描绘一处自己游览过的景点，写一写游览过程中的感受和思考。

二、课前准备

（一）学习时段分配

以任务为驱动，让学生在真实的情境中寻美、悟美、创美，培养学生的民族自豪感。

寻美：踏遍青山，风景独好。（2课时）

悟美：行思坐忆，物我两观。（2课时）

创美：指看南粤，胜游珠海。（2课时）

（二）情境

暑期将至，中考、高考结束后的学生将开启毕业旅行，不少学生把有着"青春之城，活力之都"的浪漫海滨城市——珠海，列入自己的打卡清单，旅行社纷纷推出"珠海一日游"产品。

（三）任务

1. 以小组为单位（共三个小组），成立一家旅行社，设计一款"珠海一日游"产品，要求：

给自己的旅行社和"一日游"产品分别取一个名字；

设计好"一日游产品"并展示，内容包括产品特色、景点路线、出行方式、服务项目、费用价格等，展示时间限3分钟。

2. 选择其中一个景点进行现场讲解，要求：

（1）符合导游词的基本要求；

（2）脱稿讲解，配合相应的图片，讲解限时5分钟。

（四）支架

1. 旅行网站的一日游产品。

示例：北海涠洲岛一日游。

2. 导游词讲解视频链接：

（1）九寨沟长海

（2）武陵源天子山

三、课堂教学实践

（一）温故知新

重读《壶口瀑布》《在长江源头各拉丹冬》《登勃朗峰》《一滴水经过丽江》，了解导游词。

导游词的要求和示例：

（1）导游词的定义：导游词是导游人员引导游客观光游时的讲解词，是导游员同游客交流思想、传播文化知识的工具，也是应用写作文体之一。

（2）导游词的特点：口语化、知识性、文学性、礼节性。

（3）导游词的结构：见面用语+概括介绍+重点介绍+告别话语。

（4）示例：

黄山导游词

游客们，大家好！欢迎大家来到世界遗产——黄山风景名胜区。很高兴成为大家的导游！我叫王诗诗，大家可以叫我王导。

俗话说："五岳归来不看山，黄山归来不看岳。"黄山以奇松、怪石、云海、温泉、冬雪"五绝"闻名中外。今天我就给大家重点介绍黄山的奇松吧。

大家请看，黄山的松树能在岩石缝中生存，生命力极强。它们形状各异，姿态万千，黑虎松、龙爪松、连理松、迎客松等很多松树都因为它们的形状而得名呢！迎客松是黄山著名的景点之一，外形更是特别。它的树干中部伸出长达7.6米的两大侧枝展向前方，恰似一位好客的主人，挥展双臂，热情欢迎海内外宾客来黄山游览，成为中华民族热情好客的象征。等会儿我们还可以在那儿尽情拍照，可以作为旅游纪念。

黄山的奇观说也说不完，看也看不够。现在，请大家尽情去欣赏黄山的美景吧！请大家在游玩的时候不要乱扔果皮和和食品包装袋，不要到危险的地方去。祝大家玩得愉快！

（二）学习任务

学习任务一：评选最具人气的"珠海一日游"产品（12分钟）。

三个小组分别派代表上台介绍自己的"珠海一日游"产品，剩余的非展示小组根据评分表打分，评选出最具人气的"珠海一日游"产品。

附：评分表（见表1）。（本评分表由师生共同讨论后制定）

表1

推荐理由（评判标准）	推荐指数（得分）
性价比（提示：可从产品价格是否"美丽"，性价比高不高等方面考虑）	☆☆☆☆☆
服务（提示：可从是否有接送、导游讲解、提供餐饮和拍照等服务以及出行安全等考虑）	☆☆☆☆☆
产品特色（提示：可从产品特色是什么、是否具有吸引力等方面考虑）	☆☆☆☆☆
行程安排（提示：可从路线规划是否合理、景点游览时间是否充裕等方面考虑）	☆☆☆☆☆
展示效果（提示：可从展示人员语言是否流畅、内容是否充实、体态是否得体、是否达到宣传效果等方面考虑）	☆☆☆☆☆
最终得分	

师生对三个小组的展示进行点评。（根据时间弹性安排）

学习任务二：景点现场讲解（8分钟）。

获得"最具人气奖"的小组派代表上台作为导游，选择自己的"珠海一日游"产品中的一个景点进行现场讲解。

学生对导游的讲解服务进行评价，教师补充。

学习任务三：发一条朋友圈（15分钟）。

情境一：

刚从一中毕业的小梅将珠海作为毕业旅行的起点，她参加了旅行社的"珠海一日游"项目。游览结束后，她迫不及待地想要发一条朋友圈给大家分享她在珠海一日游中的所见所感。

任务：请你先帮小梅选照片，再帮她编辑一句话作为朋友圈的文案并陈述理由。

支架：优雅的朋友圈需要优秀的文案。

优秀文案示例：

港珠澳大桥日出：黑龙与金乌，正在云海里痴缠。

珠海渔女：海天交汇处没有咆哮，只剩相拥的温柔与孤独的曼妙。

日月贝夜景：天上的街市，倒映在伶仃洋上。

凤凰山：会当凌绝顶，一览众山小。

教师归纳总结：好的文案需要注意修饰词和色彩的运用、对比反差的强调、直接引用或化用诗词等。

情境二：

小梅的好友小华看到小梅发的朋友圈以后评论了一句："你在珠海待了好几年了，这些地方还没看腻吗？"

任务：请你帮小梅回复一下小华的评论。

设计目的：引导学生思考我们在旅行和游览时发朋友圈的目的是什么？

明确：目的是分享所见所感，在饱览了美丽的自然景观和富有特色的人文景观后，我们想把这些美好的体验和感想分享给朋友，从而传递美好，共享快乐。而这些美好与快乐都建立在对这一片土地的认同和热爱的基础之上，因此，即使我们在珠海待了好几年，对珠海的方方面面都已经相对了解，但我们仍需继续见证珠海不断用青春活力创造的精彩，继续保有对珠海的归属感与自豪感，形成我们坚实的文化自信。

（三）课堂总结

在今天的课程中，我们在"珠海一日游"这个情境之下，通过设计"一日游"产品的任务来加深了对所至（游踪）的理解，通过导游词讲解的任务训练了对所见（风貌）的描绘，通过发朋友圈的任务来表达所感（感悟），从而完成了对游记文体特点的把握。在完成这些任务的过程中，我们也达成了寻找珠海的美、体悟珠海的美、创造珠海的美这个学习目标。更重要的是，我们将目光集中在珠海，去发掘和分享珠海的美，目的是增强我们对这片土地的热爱。珠海是960万平方千米的神州大地的一部分，珠海的山水人文景观是中华民族风貌风情的有机组成部分，我们对珠海的热爱就是对中国的热爱，对珠海的自豪感就是对民族的自豪感。当有一天同学们走出国门，遍览世界各地美景与风情时，要记得举头望明月，月是故乡明，江山如此多娇，我因祖国而自豪。

（四）板书设计

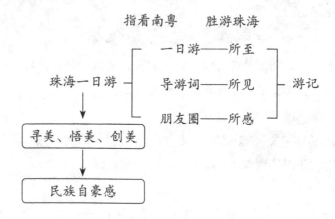

（五）作业布置

1.必做：

青铜：选择珠海的一个景点，撰写一篇推荐语或点评语，发在大众点评上。

白银：请你为珠海或者你家乡的某个景点写一段介绍语。

黄金以上：选择你在珠海或其他省市游览过的某个景点，写一篇完整的游记。

2.选做：请你为"珠海旅游"官方微信公众号写一篇推文推荐珠海的旅游景点，或撰写一份珠海旅游攻略。

四、教学反思

本教学设计是统编版语文教材八年级下册第五单元"游记"主题的总结性

教学设计。通过设计任务，学生在一定的情境之下达成了对游记文体特点的把握。本教学设计围绕"单元整体教学""情境"和"深度学习"展开。首先，本单元的四篇游记对景物均有精彩的描写，表达了作者独特的情思，但在写法和风格上又具有各自的特点，因此特别适合进行横向对比教学。其中，《壶口瀑布》作为一篇典型的传统游记佳作，可以作为游记阅读的示范性教学，再让学生对剩下的三篇文章进行自主学习和探究。其次，在游记作品中，作者寄寓在景物中的特殊体验和人生感悟是学生理解的难点。传统的知人论世和词句品读很难准确把握作者的感受，因此这个难点的突破点可以放在与作者的"共情"上，具体来说就是在一定的情境之下把握景物和情感之间的联系点。于是，本教学设计将"珠海一日游"作为情境，通过设计"一日游"产品、现场导游词讲解以及游览之后"发朋友圈"来落实对"所至""所见""所感"的把握，更能激发学生对珠海的归属感和自豪感。结合2022年颁布的新课标，本教学设计将落脚点定于学生对所学知识和技能的运用，即将学生在课本中学到的对游踪的确定、对景物的描写、游览的感悟迁移运用到"珠海一日游"这个情境和系列任务之中，在对珠海所独有的山水人文的体验中升华为对这一片土地的热爱，再上升为对民族的自豪感，从而达成四个核心素养的培养目标。

本教学设计也存在一些明显的缺陷。首先，课堂容量较大，特别是第一个任务"一日游"产品的展示会占用较多时间，甚至占到课堂时间的一半。然而这个任务的训练点"所至"并不是特别难，因此在设计和操作上可以再进行优化。其次，对"一日游"产品的评价量表更多的是从实际体验的角度进行，即语文的工具性，缺乏人文性，因此需要对其进行调整，例如增加一些语言表达、景物描绘方面的考量因素。最后，由于前面两个任务所占用的时间较长，第三个任务——用发朋友圈的形式表达所感的生成性不足，主要是教师的引导占主体，学生的表达比较单薄。

总之，本教学设计将教学和学习活动置于"珠海一日游"的情境之下，通过三个连贯的学习任务来训练学生对游记三要素的把握，使其在此过程中将课本所学的知识和技能迁移运用到实际生活中。

谁持彩练当空舞

——结合统编教材九年级上册第四单元解密文学作品中小说景物的色彩描写

一、教学目标

1. 使学生了解运用色彩描写景物的作用。

2. 使学生巧妙运用色彩描写景物为作文升格。

二、课前预习

让学生阅读课文《故乡》《我的叔叔于勒》，找出环境描写中表色彩的字词。

三、课堂教学实践

（一）导：联想与结构

《天净沙·秋》勾连导入。

（二）悟：活动与体验

学习活动一：找色彩，明作用。

分析课文《故乡》《我的叔叔于勒》运用色彩描写景物的句子的作用。

PPT展示：

> 知识卡片：
>
> 景物描写：是自然环境描写的一部分。
>
> 景物描写主要作用：1. 渲染气氛；　　　2. 衬托人物心情；
>
> 　　　　　　　　　3. 推动情节发展；　4. 暗示、揭示主题

（三）用：**本质与变式**

学习活动二：**用色彩，美作文。**

跟随名家学用色：完成学案任务二。

探究结果一：用色要贴切。

1.基本的颜色：赤（红）、橙、黄、绿、青、蓝、紫、白、灰、黑。

2.颜色的相互搭配：黄绿、青绿、青紫、灰黑、黑灰、灰白、紫红。

3.色彩程度：淡、浅、嫩、浓、深。

4.事物词+颜色词：玫瑰红、葡萄紫、芙蓉红。

5.感情词+颜色词：忧郁的深蓝，清凉般的蓝。

探究结果二：对比中用色。

用色彩升格作文：

小试牛刀：

增加有颜色的词语，使下面一段文字分别表现出清新明丽和凄清苍凉两种意境来。

早晨，太阳发出光芒，树上的鸟儿叫着，树下的流水流向远方。

参考：

1. 早晨，暖融融的橙色的太阳发出金子般的光芒，随风轻摆的树枝上鸟儿婉转地唱歌，树下绿绿的流水哗啦啦地笑着流向远方。（衬托出抒情主人公欢快愉悦的心境）

2. 早晨，太阳发出凄清而白寂的光芒，光秃秃的枯黄的树上，鸟儿在讲着一个无奈的故事，树下的流水在冬日里显得分外寒瘦，分外苍白，屈曲着流向不知是何处的远方。（衬托出抒情主人公的苦闷伤感）

在作文开头和结尾添加景物描写。（要求：开头和结尾色彩形成对比，体现人物心理的变化）

（四）改：**迁移与运用**

课后作业：你觉得《我战胜了自己》这篇文章在哪里还需要增加环境描写？需要或不需要都要说明理由。如果需要添加，请把添加的句子写出来。

（要求：适当加入色彩描写）

例：

我战胜了自己

① 乌云变成打翻了的黑墨汁，浸染了整片天空。豆大般的雨点打落了枯黄的落叶，它们散在积水中，如同失落的鸽子，如同此刻我破碎一地的心情。我是否该就此放弃呢？

② 回忆起上学期的语文竞赛，我很兴奋，认为又可以表现自己了，便向老师兴高采烈地报名了。在之后的日子，我一直在努力着。

⑤ ……努力果然没有白费，在竞赛中，我超常发挥，给班里拿了个第一。

⑥ 窗外，枝头上的新叶，经过雨水的洗刷后仿佛更绿了，更亮了。灰蒙蒙的天空终撕去了它的面具，变得蔚蓝如洗。金色的阳光透过云层，洒向大地，也照进了我的心里，让我懂得了：没有永远的黑云，只要你有渴望阳光的力量。只要有拼搏的精神，乌云密布的天空也会变得阳光普照。

四、教学反思

九年级上册第四单元的单元导语已明确指出"阅读本单元小说，要学会梳理小说情节，试着从不同角度理解人物形象，并结合自己的生活体验，理解小说的主题"。情节、人物形象、主题这三个选点可以体现深度阅读，比如可以从多角度梳理情节，理解小说情节的"震荡性"，或抓住一个"变"字，在对比中分析人物形象。但这样的课型或内容其实很多老师已有过尝试。于是我反复阅读教材以及教参，发现《故乡》的课后练习题提及小说自然环境描写的作用，并且发现名家们在描写景物时都喜欢用到色彩，特别是用色彩的对比衬托，人物心情的变化，暗示主题。于是，我查阅了大量资料，再结合最近批改初三学生作文时发现的问题，如描写不够细腻，行文过于平淡，就形成了这样的教学思路：以两篇课文的运用色彩描写景物的句子为例，分析其作用并给出策略性支架，再到运用色彩描写景物升格作文完成支架。我设计了两个活动内容，即找色彩明作用到用色彩美文章。

我认为，这是一节读写结合的课，抓住了我们没有发现甚至忽略的领域，让学生有意识地关注与运用色彩，体现了学科交融的特点。在教学设计上，目的明确，思路清晰。在教学过程中不仅整合教材的资源，还穿插名人名家对"色彩"的理解，增加课堂的底蕴和文学色彩。学生在课堂活动中，在赏析文句和练笔方面都得到了较好的训练。这节课上完后，学生的收获与提高还是比较明显的。在设计活动环节时，考虑到容量相对较大，课堂时间不够用，而且在散文教学时，学生对环境描写的作用已有所了解，所以我先做好了导学案，让学生在预习时根据学案上给出的景物描写的4个作用分析两篇课文运用色彩描写景物的10个句子。因此在堂上进行分析时，学生能够较为准确地完成这一任务，也使学生更熟练地掌握了小说中自然环境描写的作用。其次，在迁移运用升格作文时，我设计了跟名家学用色的两个探究活动，一是让学生学会如何表示色彩，积累形容色彩的词汇；二是让学生理解在对比中用色反映人物情感的变化。有了这个梯子，学生在升格作文时就有了抓手，在给作文开头和结尾添加景物描写，要求用色彩的对比体现人物心理的变化这一任务时，大部分学生都能高质量完成。

当然，这节课也有很多不足的地方：学生练笔时间较长，导致最后展示的时间不够；没有展示的同学没能评价自己的练笔，完成质量上的提升。对此，课后我又进行了修改：一是作为作文的开头或结尾，篇幅不宜过长，可以限定字数和时间来提升孩子课堂练笔的紧张感；二是不需要对10个句子都进行赏析，可以精挑有代表性的句子，使前面的内容更加紧凑；三是利用评价量表的形式让学生自评或互评了解自己的练笔完成质量。

"运用色彩描写景物"评价量表（见表1）。

表1

评价指标	自评	互评
1.选取景物是否恰当？		
2.是否运用色彩描写景物？		
3.前后色彩运用是否形成对比？		
4.景物描写是否衬托人物心情？		
5.补充的开头结尾与前后文是否连贯？		
6.篇幅是否合适？		
总分		

（评价指标每项1分，符合即得1分，否则不得分）

对教学的探索永远在路上。作为一线教师，我们有教学和升学的压力，经常会在教学中更多希望通过给予学生作文技术性层面上的指导来快速提升学生作文，这反而使学生产生怕写作文、作文难写的恐惧心理，甚至会造成学生作文匠气太足，模式化。因此，我们的作文教学应进行从陈述性知识到程序性知识再到策略性知识的传授。

简约之中蕴丰富，反复里面味无穷

——结合统编教材九年级下册第二单元解密文学作品中小说的反复式情节结构

一、教学目标

让学生了解小说中的反复式情节结构，理解其对小说人物塑造和主题表达的作用。

二、课前预习

学生重读《孔乙己》《变色龙》，阅读契诃夫的小说《苦恼》，完成学案上的任务一、二。

三、课堂教学实践

（一）导：联想与结构

回顾勾连导入。

（二）悟：活动与体验

《孔乙己》：众人对孔乙己的四次哄笑。

《变色龙》：奥楚蔑洛夫的六次断案。

反复式情节结构：

小说中的反复式情节结构，是指小说的情节是由多个重复的细节单元构成，但细节单元在每一次重复时都发生变异，若干个重复变异的细节叠加相连之后，整个作品就产生了一种新的艺术质变，进而实现作者的写作意图。

（三）用：本质与变式

任务一：阅读契诃夫的小说《苦恼》，梳理情节，完成表1。

表1

第几次	倾诉对象	对象的反应	倾诉是否成功
第一次	粗暴的军人		失败
第二次	三个游荡的年轻人	"大家都要死的……得了，你赶车吧，你赶车吧！"打约纳的后脑勺。谢天谢地，终于到了，不愿意再听	失败
第三次		"你停在这儿干什么？把你的雪橇赶开！"仆人没等约纳开口就终止了谈话	失败
第四次	马		

任务二：

1. 文中哪一处对约纳苦恼的描写让你印象最深刻？在文中进行勾画批注。

2. 你觉得约纳最后找到倾诉的对象了吗？你怎么理解小说的结尾？

（四）改：迁移与应用

任务三：请结合情境，在第36段为小说补写一次约纳找人倾诉失败的情节。（反复式情节结构写作训练）

学生练笔，并进行自评、互评与展示。

原文：

墙角上有一个年轻的车夫站起来，带着睡意噭一噭喉咙，往水桶那边走去。

"你是想喝水吧？"约纳问。

"是啊，想喝水！"

"那就痛痛快快地喝吧……我呢，老弟，我的儿子死了……你听说了吗？这个星期在医院里死掉的……竟有这样的事！"

约纳看一下他的话产生了什么影响，可是一点影响也没看见。那个青年人已经盖好被子，连头蒙上，睡着了。老人就叹气，搔他的身子……如同那个青年人渴望喝水一样，他渴望说话。他的儿子去世快满一个星期了，他却至今还没有跟任何人好好地谈一下这件事……应当有条有理，详详细细地讲一讲才是……

（五）作业布置

A类作业（必做）：

1. 中考链接：完成"三复情节"探究卡片。（2021·广东佛山顺德区九年

级二模）

2. 情境写作：二模考试结束了，你错了一道不该错的题，于是不同的人在不同的情境、不同的角度对你说了这句话："这道题你不应该错。"请你根据这一情节，运用反复式情节结构布局谋篇，写一篇作文，不少于600字。

B类作业（选做）：

拓展阅读：阅读《契诃夫短篇小说选》中的《查询》《一个文官的死》，完成探究表格，体会反复式情节结构的作用。

四、教学反思

九年级下册，绕不开小说的阅读。我研究了写作《孔乙己》《变色龙》的两位作家的渊源以及对他们的作品进行了比较，想以"个体的痛苦与群体的冷漠"为主题，以小人物和看客这个角度对两位作家的小说进行一种解读。但是随着阅读，我又发现了另外一个有趣的问题。教材名著导读《儒林外史》，读法指导是讽刺作品的阅读。因此，我想通过这次课教给学生讽刺小说的阅读方法。在读《契诃夫短篇小说选》的时候，结合《孔乙己》《变色龙》，就会发现很有趣的一种小说情节结构——反复式的情节结构。然后就找了很多相关的论文和专著，思考以这个角度切入是否可行。因而就有了这样的思路：以教材课内的《孔乙己》和《变色龙》为例，给出策略支架——迁移到课外一篇《苦恼》，完成支架——再由单篇到整本阅读（勾连《契诃夫短篇小说选》，运用支架）——由一本到一类阅读（学会策略，自主阅读《我是猫》《儒林外史》《格列佛游记》《围城》）这样的一种设计构想。

这种构想，我认为不失为探索讽刺小说教法与学法的一把钥匙。但是在实际上课中，只能以此作为一个切入点，解决一个问题。解密讽刺小说这是一个更大的课题，在不断地进行修改调整后，这一节课最终只能解决反复式情节结构对小说主题表达的作用。

这节课是比较成功的。首先，学生进行了比较充分的预习。根据学案，学生对《孔乙己》和《变色龙》的情节、结构、主题再次进行了梳理和复习，因此在课上进行勾连总结时，学生能够较熟悉地完成这一任务。课前要求学生对《苦恼》进行熟读，并进行了批注，这是学生上课能够理解课文并与教师进行互动的基础。其次，由课堂上学生的回答来看，学生能有一定的阅读体悟，在老师的点拨下，学生能够理解反复式情节结构，走进文本，深入理解作者想要表达的东西，在思考中学生有思辨，并能学以致用。

但是本节课尚有一些遗憾。第一，有不少学生的练笔非常不错，但未能展示出来。第二，对学生练笔的点评与指导不足。虽然客观上来说是因为时间不足，但更深层原因，还是对这一环节的备课、研究不够充分。所以，课后，我选择了两篇比较典型的反复式结构的散文，带领学生继续体会散文中的反复结构，并自然引申到将反复式结构用到自己的作文上。

当然，一节课的收获远不止这些。在课堂中我收藏到了钻研的快乐、阅读的充实、收获的喜悦……我将带着满满的收获，再出发。